善政思想与治理创新
主编 郑万军

罗尔斯的政治自由主义转向

On Rawls's
Political Liberalism
Turn

王 涛 | 著

社会科学文献出版社
SOCIAL SCIENCES ACADEMIC PRESS(CHINA)

"善政思想与治理创新"编委会

（按姓氏笔画排名）

顾　　问　朱光磊　周光辉　徐　勇
主　　编　郑万军
编　　委　刘昌雄　宋玉波　张邦辉
　　　　　陈　跃　吴　江　邹东升
　　　　　周学馨　周振超　谢来位

总　序

汤之《盘铭》曰："苟日新，日日新，又日新。"历经四十余载的改革开放，中国迈入了新时代。实践是理论孕育、生发的沃土，伟大的实践需要理论的阐发与擘画。事实上，自近代以来中国学人就已积极投身创作迄今世界最为宏大的民族复兴史诗，尽管这一历史巨作时下方入佳境。民族复兴，大国崛起，既需勇于实践创新，又要及时进行理论建构，不断推进国家治理体系和治理能力现代化。有效回应时代需求，是每个学人的责任与荣耀。作为政治学和公共管理学的青年学者，应自觉融入中国梦的伟大实践，为国家治理的"中国智慧"尽绵薄之力。基于此，我们策划出版了"善政思想与治理创新"丛书。

"善政"是古往今来治国理政的不懈追求，亦是国家或政府优良与否的评判标准。自夏商国家初成以往，历代思想家和政治家为今人留下了丰富的思想遗产和治理经验。新时代推进国家治理现代化，不仅要充分发掘中华民族先贤智慧的滋养功能，还应秉持国际视野和全球胸怀，善于在不同思想和文化的激荡、交融、扬弃中讲好中国故事、发出中国声音、坚定中国道路，以善政之举谋善治之效。

创新是社会发展的永续动力。"明者因时而变，知者随事而制。"国家治理既要勇于革故鼎新，及时完善顶层设计，也应发挥地方在实践创新中第一行动集团的作用。地方治理创新为我国政治改革、社会变革和经济发展提供了丰富的试验样本，实现了单一制国家政体下地方差异化发展，推动了世界超大规模社会结构的整体性提升，为中国道路的合法性提供了有力支撑，具有"价值理性"和"工具理性"的双重意义。

本套丛书是诸位青年朋友学术兴趣的展现和已有学术成果的总结，也是对当下这场跨世纪社会变革的思考与回应，体现了青年学者应有的时代责任与担当。尽管小如苔花，但有前辈时贤的提携与编辑的支持，亦学牡丹开。时代在巨变，改革在继续，创新无止境。"维天之命，於穆不已。"我们将不忘初心，砥砺前行，以期对国家治理现代化研究和实践有所裨益。

谨序。

郑万军
2018 年初秋于重庆嘉陵江畔

代序
正确认识和借鉴罗尔斯：一个文本分析的成果

  罗尔斯的《正义论》是在中国拨乱反正、改革开放全面展开的背景下被翻译成中文的。随着20世纪80年代改革的深入推进，越来越多的中国人开始接受和拥抱市场。在思想和观念形态上，中国社会也由过去片面强调阶级斗争，转变为牢固确立起经济建设的中心地位，重视安定团结和社会稳定。在以开放的姿态走向世界，积极引进外资，学习和借鉴西方先进的科学技术和管理方法的同时，奋进中的中国人也开始在理论的层面上主动采纳和吸收一切人类文明的优秀成果。在这一时期，国内的一些学者和机构翻译、出版了一大批20世纪西方的理论成果，包括罗尔斯的《正义论》在内，这些学术著作的传播，为中国改革开放后的社会转型提供了某种思想和观念上的支撑。

  社会转型时期的矛盾纷繁复杂，迫切需要正义来对之加以协调。人类对正义的追求起源于利益冲突，体现着其对和谐社会关系的向往。中国自身的文化传统不乏对正义的思考，比如儒家经典《礼记》就描绘了一种次好的"小康理想"。小康社会的人普遍存在私有之心，但人们的互动又受礼义的约束，从而达到社会的和谐。礼义就是合乎正义的制度规范。《论语》又讲"不患寡而患不均，不患贫而患不安"。这种带有原始平均主义色彩的朴素正义观念，从古至今都在影响和支配着中国人对正义的想象。但古代的中国人从来没有在现代社会的条件下追问过什么是正义,外来的现代化压力是近代以前的中国社会从来没有碰到过的。除了从传统中继承来的"均平"思想,当代中国人缺乏在现代社会、市场竞争的环境中思考正义的本土理论资源。从这个意义上讲,正是20世纪80年代末出版的《正义论》一书——它的影响远远超过了此后出版的同类著作,激励和主导了改革开放以来的中国人关于正义概念的构想。

从罗尔斯《正义论》的第一个中译本出版至今,已经过去30年。对罗尔斯使用的"原初状态"、"无知之幕"等概念,以及他的"两个正义原则",许多人都已经不感到陌生。大家所不甚明了的是,罗尔斯到底要用这两个概念来做什么,他是如何得出"两个正义原则"的。

为了实现利益一个人免不了要和他人打交道,讨价还价,达成协议。经过讨价还价达成的协议,往往是相互妥协的产物,与各方最想要的结果存在距离。在西方社会契约论的传统中,协议还有另外一种意义,通常只是一种理性的观念。它表达了人们通过说理活动来寻求共识的愿望。罗尔斯这样来构想此种观念,参与协议的人自"原初状态"往前推理,最后要找到所有人都认可的结论。现实中人们的说理往往具有某种偏向性,这样的说理得不出一致认可的结论。于是罗尔斯提出说理必须在"无知之幕"下进行,协议各方必须从一开始就对个人的特殊信息一无所知,这样就不会偏袒任何人。不过说理者知道人与社会的一般事实,而且"无知之幕"也不会阻碍正常理性的使用。说理的内容由给定的传统提供,说理的过程实际上就是对传统包含的诸多正义原则逐一进行比较,筛选出一致同意的原则。"原初状态"的构想与法官判案非常类似。法官必须客观中立,不偏袒任何人,这样经过推理做出的判决才能够为争议的各方共同接受。当然,现实中法官很难完全做到公正无偏,蒙蔽双眼、一手执天平一手执剑的正义女神也只是一种构想。

正如本书的作者所指出的那样,中国人理解罗尔斯如何得出

"两个正义原则"要克服的还主要是智识上的障碍,但弄清楚他的"政治自由主义"要面对的却更多是文化上的隔阂(消除文化上的隔阂困难得多)。这是因为后期罗尔斯宣称他的理论以西方自由民主社会为背景,其正义方案主要针对的是这种类型的社会,或者受这种类型的社会影响的社会。罗尔斯并没有从一开始就强调他的理论只适用于特定的社会。关注理论在特定社会中的实践作用,这种态度是在他的后期思想中才变得鲜明起来的。具体来说,罗尔斯逐渐意识到当代西方社会存在着"合理多元论"的事实,然而《正义论》第三部分的论证是建立在某种完备性的道德学说之上的,这一点与贯穿全书的包容事实和各种学说的开放性姿态不相一致。为了克服理论的内部紧张,罗尔斯必须从根本上修正《正义论》中的"目的论证"。同时,罗尔斯承认,如果不做出这种修正,公平正义也许无法很好地规范西方民主政体,它可能会遭到失败。也就是说,虽然公平正义包括原则和制度在内的主要内容都是站得住脚的,但是这一理论也许在实践上不可行。一种理论光"对"还不够,在实践上站不住脚也可能会遭到失败。罗尔斯必须向他生活社会的其他成员展示,在现代自由民主的多元社会中,公平正义怎样以某种可能的形式发挥实践上的指导作用。本书的作者从罗尔斯的理论发展中提炼出分析政治自由主义转向的"内在逻辑"和"实践逻辑"。虽然并不是所有的论证都无懈可击,但是其中也不乏一些真知灼见。

此外,本书还提出了以下具有一定创新性的观点:第一,作为一种现代的社会正义观念,罗尔斯的公平正义具有多重属性,它以一个封闭社会的基本结构为首要主题,所以是一种社会正义理论;它提供了一种在社会基本制度中分配权利和义务的办法,因而也是一种分配正义理论;从使用权力和规范权力两种不同的政治概念来看,它都是一种政治的正义观念。第二,罗尔斯对原则的理论论证实际上是从两条路线进行的,首先是"诉诸直觉的论证",然后才是"从原初状态出发的论证"。第三,罗尔斯的正义理论继承了发源自古希腊的西方民主政治传统，把社会当作一个公平的合作系统，并且承认存在着一个特殊的政治领域。第四，罗尔斯的政治自由主义转向与尊重事实（特别是"合理多元论"的事实）的反思平衡的方法有关，这一转向主要不是由社群主义的外在批评所导致的，而是由罗尔斯理论内在的具有辩证反思性特征的方法论所推动的。第五，从后期罗尔斯关注稳定性的方式可以看出，他的理论越来越重视自身的实践作用，围绕"重叠共识"的理想，这一实践取向的特点在"公共性"、"政治建构主义"、"公共证明"（使用"公共理性"）等理念中得到了淋漓尽致的展现。

  本书的作者是 2011 年 8 月进入《探索》编辑部的，我们在一起共事大概一年，共同承担政治学栏目的责任编辑工作。时间不算太长，但是相处甚好。从那个时候起，就一直保持联系，经常进行一些思想上的交流。听说他的书要出版，这是一件令人高兴的事情，如今又诚邀我作序，我便欣然同意，仓促间写下一些感想，希望他在工作和事业上取得更多的成绩。

向　波
2018 年 8 月 19 日
于重庆歇台子

目　录
CONTENTS

导　论 ··· 001

第一章　公平正义的诞生背景以及这一理论的现代性质 ············ 015
　　第一节　《正义论》的成书背景 ······························· 016
　　第二节　一种现代社会正义观念 ······························· 040

第二章　《正义论》中的原则证明 ································· 061
　　第一节　公平正义的主要观念及其证明方法 ················· 062
　　第二节　对公平正义两个原则的证明 ·························· 081

第三章　政治自由主义转向 ·· 112
　　第一节　政治的正义观念 ·· 113
　　第二节　《政治自由主义》中罗尔斯正义
　　　　　　思想的发展 ··· 131

第四章　政治自由主义转向的内在逻辑 ·························· 145
　　第一节　政治自由主义转向探源 ······························· 146
　　第二节　新的稳定性证明 ·· 169

第五章　政治自由主义转向的实践逻辑 …………… 192
　　第一节　公共性条件与正义观念的社会功能 ………… 193
　　第二节　民主审议与公共理性的理想 ………………… 210

结　　语 ………………………………………………… 228

参考文献 ………………………………………………… 237

后　　记 ………………………………………………… 246

导　论

一　《正义论》与《政治自由主义》之间的一贯性

罗尔斯把他在《正义论》中提出的理论称为作为公平的正义（justice as fairness），或者简称公平正义，注重公平是这个理论的显著特点。公平、公道（公正）与正义（公正），在日常讨论中这几个概念经常被人混淆。实际上，公平（fairness）主要与规则、协议中的某种人际或社会关系状况有关，公平的状况能够从道德上抑制个人"搭便车"的冲动；公道（impartiality），或者说不偏不倚、公正无私，有时候也被称作公正，只与主体的行为方式有关；在中国政治哲学的语境中，公正这个词通常还具有另外一个与正义（justice）相近的含义，使用这个含义的时候，它与正义之间就不存在任何实质性的区别。在《正义论》中，罗尔斯用一种假想的契约（a hypothetical contract）来得出两个正义原则。罗尔斯的证明方法被称为反思平衡（reflective equilibrium），"从原初状态出发的论证"是运用这种方法的一个典范：对原初状态的描述体现着人们最初认可的深思熟虑的信念，原初状态下的各方在一组备选的原则清单中选出公平正义的两个原则，选出的原则不但不会与人们的直觉性观念发生明显的抵触，而且还以某种恰当的方式扩展了它们。[①] 原初状态（original position）并非

[①] 罗尔斯的工作是"证明"正义原则（的正当性），但是证明过程是由诸多论证所构成的。我们把证明过程的各个部分称为不同的"论证"，只有稳定性问题比较特殊，具有相对独立性，才将之称为"稳定性证明"。

是一种历史的或真实的状态，它只不过是帮助人们理清思想的一种虚构，它的作用就是帮助人们找出正义原则。任何想要为自己生活于其中的社会选择组织原则（或宪章）的人，任何时候都可以设想自己处于原初状态之下。

罗尔斯假定，原初状态下的各方还受到无知之幕（the veil of ignorance）的约束，也就是说，他（她）们①不知道自己属于哪个阶层，拥有何种社会地位，甚至不知道自己信奉何种特殊的善的观念。原初状态下的各方知道的是一些一般性的知识，比如说人们的善的观念存在着巨大的差别，每个人都渴望增加达到其目的的手段，即想要更多而不是更少的基本善（primary goods）。无知之幕的设立既能够确保各方缔结协议的条件是公平的（fair），也能够保证各方不会选择具有偏向性的合作项目。因为无知之幕一旦打开，选择这种类型的项目很可能会对自己不利；反之，假如各方都知道自己的特殊情况，那么他（她）们也许就会在协议中把自己的特殊利益和议价实力考虑在内，选择对自己更加有利的合作项目了。无知之幕的设立使得原初状态下的各方会把参与缔约（或者说社会中）的每一个人的利益都当作是自己可能的利益，这一点足以保证协议的各方都成为公正的（impartial）立法者。

罗尔斯还假设原初状态下选择正义原则的各方是理性的（rational）②，不仅清楚地了解自己利益是什么并能够用最有效的方

---

① 出于尊重性别差异的考虑，在使用第三人称代词时，古希腊公民的第三人称代词为"他或他们"，现代公民的第三人称代词为"他（她）或他（她）们"，具体人物的第三人称代词参照性别，人物引文中使用的第三人称代词考不考虑性别因素根据人物所处的时代，不改变引文中的第三人称代词。

② "rational"与"reasonable"是后期罗尔斯思想中非常重要的一对概念，在《正义论》中对它们的区分就已经出现。细心的读者不难发现，对这两个词的翻译，在何怀宏等人翻译的《正义论》（中国社会科学出版社，1988年）与万俊人翻译的《政治自由主义》（译林出版社，2000年）中存在较大的不一致。在这两本译著中，对两个词的翻译刚好相反："rational"在《正义论》中，被译为"有理性的"，在《政治自由主义》中则被译为"合理的"；"reasonable"在《正义论》中被译为"合理的"，在《政治自由（转下页注）

式去追求之,而且不为各种各样的非理性的情感所左右,他(她)们要一次性地选择调节其所生活的那个社会中基本善的分配的原则。无论人们拥有何种生活计划和理想,这些基本善对于实现他(她)们的目标来说都是必不可少的。当然,能够为社会基本结构加以调节的主要是社会基本善,包括自由和机会、财富和权力以及自尊的社会基础等。天赋和才干等自然基本善,对它们的占有虽然也要受到社会基本结构的影响,但这个过程并不处于社会的直接控制之下。基本善的概念不但为原初状态下的各方提供了基本的行为动机,而且还提供了人际比较的客观基础,从而克服了功利主义难以提供人际比较的客观基础的缺陷。

作为罗尔斯正义理论的一个不可或缺的组成部分,《正义论》的第三部分,即目的部分的稳定性证明,还讨论了由公平正义规导的秩序良好的社会何以可能的问题。《正义论》出版后,与理论部分相比,目的部分受到的关注非常有限,这让罗尔斯感到意外。罗尔斯曾经认为,《正义论》目的部分的观点是全书中最新颖的,

---

(接上页注②)主义》中则被译为"有理性的"。其实,《正义论》中译本对"rational"的翻译也未能做到始终一致:在多数情况下是把它译为"有理性的",但在有些地方却把它译为"合理的";对该词的名词形式"rationality",三位译者有时译为"理性",有时译为"合理性"或者"推理的合理性"。类似的情况在《政治自由主义》中译本中也同样存在,在《公共理性的理念》一讲中,"reasonable"有时也被译为"合理的"。何怀宏等人翻译的《正义论》(修订版)(中国社会科学出版社,2009年),并没有完全消除第一版中"rational"一词的翻译混乱。对于"rational"与"reasonable"这两个基础性的概念,中译本译法的不一致很容易造成混乱。我们主张尽量统一对这两个词的译法:把"rational"译为"理性的",其名词形式"rationality"译为"理性";把"reasonable"译为"合理的",其名词形式"reasonableness"译为"合理性"。在讨论一般的理性概念时,我们把"reason"也译为"理性"(在西方哲学中"reason"原本就是含义比较广的概念),而"public reason"则译为"公共理性"。公共的"理性"(reason)必然就是"合理性"。"合理的"这个表述,在中文中本身具有"合乎道理、合乎常理"的意思,虽然经济学习惯于用它来表达"rational"的含义,但是伦理学应当重视日常语言的道德意味。凡是引自万俊人中译本《政治自由主义》的引文,都把其中"理性的"与"合理的"两个词做了相应替换。

他热切期待这个部分的内容会受到更多的关注。但是，人们的主要精力都用在《正义论》理论部分的原则论证上了，以至于很少有人去批评第三部分的目的论证。这种忽视使很多关注理论部分的原则论证的人都对罗尔斯的观点产生了误解，人们指责他的原则论证是建立在一种有争议的人的观念之上的，即单纯具有工具理性的人的观念。这迫使罗尔斯进一步用康德式的观点去为自己的理论做辩护。对公平正义的康德式的阐释在《正义论》中就已经存在了，在目的部分正当与善的一致性论证中表现得最为突出。但这又可能会使人进而对罗尔斯的整个理论体系产生误解，以为公平正义是建立在康德道德哲学的基础上的，那些坚持其他道德哲学观点的人，可能会以反对公平正义的这一哲学基础为由来反对它。

罗尔斯后来意识到，在具有合理多元论（reasonable pluralism）特征的现代民主社会，《正义论》第三部分中的某些假设，如正当与善的一致性论证对康德式的道德自主的依赖，以及自己在《正义论》中和此后的一段时期内所持的类似观点，如用康德式的道德人来类比自由而平等的个人，把秩序良好的社会看作现实化了的目的王国，都很难再与自由主义的宽容原则协调一致。为了克服正义理论的内部紧张，在《政治自由主义》中，罗尔斯从一开始就把公平正义表达为一种政治的（political）正义观念。作为公共政治领域中的政治价值，公平正义并不能直接运用于社会的其他领域，却可以通过背景制度对社会其他领域中的公民行为构成限制：它在人们之间分配权利和义务，为公民个人行为划定边界，为公共生活设立规则，而理解、评判、支持和服从这些规则，也是每一位公民基本能力范围内的事情。

《正义论》这本书的主题是找到评价社会基本结构的正义原则，并且讨论其得以实施的制度背景、由其规导的社会是否能够实现长期的稳定。《政治自由主义》绝不是简单地重复这个主题。为了消除《正义论》内部的不一致，尤其是第三部分的缺陷，罗尔斯将《政治自由主义》的主题缩小为：追问由某种自由主义观念（罗尔斯承认公平正义只是其中的一种）规导的正义而稳定的立宪民主政体何以可能。"（在《政治自由主义》中）我的讨论的主题是政治自由主义及其构成理念，所以，我的大部分讨论是更一般地谈论自由主义诸观念，包括何种观念变异。"① 对《政治自由主义》要解决的问题，罗尔斯给出的答案包括三个部分的内容：首先是阐明他所谈论的自由主义正义观念属于政治的观念，这种观念处理的是政治的价值；其次是构建以"重叠共识"（overlapped consensus）的理念为目标的新的稳定性证明；再次是论证使"重叠共识"得以可能的社会基础，即合理公民在政治领域（至少在处理宪法根本和基本正义问题时）对公共理性（public reason）的运用以及公共证明（public justification）的开展，进一步将"重叠共识"的理念引入实践的领域；最后，罗尔斯相信由一种自由主义的正义观念所规导的秩序良好的社会的理想，能够唤起自我支持的力量，不但可以获得公民们的普遍认可，而且可以产生保存它的意愿，并培育出尊重公共理性的现代公民美德，从而消除正义理论的内部紧张。

在《政治自由主义》中，罗尔斯最为关注的是公平正义或者其他可能的自由主义观念，作为政治的正义观念，能否成为不同完备性学说（comprehensive doctrine）的重叠共识，能否在公共政治领域针对重大政治问题充当公共证明的基础，从而实现由其规导的自由民主社会的长治久安。罗尔斯仍然相信公平正义是最适合于自由民主社会的正义观念。在《政治自由主义》中，他虽然对公平正义两个原则的表述做了一些细节上的修正，但却没有任何实质性的改变。正是在这一意义上，我们主张应当把罗尔斯的正义思想视为一个整体。正如罗尔斯的爱徒塞缪尔·弗里曼（Samuel Freeman）所言，在《正义论》和《政治自由主义》之

---

① 〔美〕约翰·罗尔斯：《政治自由主义》，万俊人译，译林出版社，2000年，第7页。

间存在着的一贯联系没有受到人们足够的重视。"如果人们理解了这种联系,那么他们不仅能够通过《政治自由主义》,而且还能通过《正义论》来更好地理解罗尔斯的方案。"① 一方面,我们能够通过《政治自由主义》来更好地理解《正义论》中的论证;另一方面,抛开《正义论》中的论证(尤其是理论部分的原则论证),我们就很容易对《政治自由主义》中罗尔斯的转向产生误解,以为他思想发展的两个阶段是彼此分割的和相互否定的。

政治哲学是一门规范性的(normative)学科,它试图确立规范(或者说规则或理想)的标准。社会科学一般采用经验的研究方法,而政治哲学主要使用的是规范的研究方法。"(经验的)描述性研究试图发现事物实际上是怎么样的,而规范性研究则着力于研讨事物应该是怎么样的。"② 作为道德哲学的一个分支,政治哲学以人类公共生活中的道德判断为核心,其基本方法必然是逻辑的演绎而不是经验的归纳。③ 政治哲学讨论的对象是人类群体生活中的公共政治问题,涉及的主题包括权威、合法性、自由、正义、平等、权利等。作为一门主要采用(从概念到概念的)逻辑推演的方法的学科,它的目标是通过符合逻辑的、前后一致(或者用罗尔斯的术语来说具有"融贯性")的论证建立实质性的道德规范;作为一门实践学科,它还要关注其进行批判性考察的道德规范在公共政治生活中的实践作用(practical role)。

古希腊人最早创造了一种说理的政治,面向实践的政治哲学也是希腊人的一项重要发明。依靠这项发明,古希腊人开创了在

---

① Samuel Freeman, *Justice and the Social Contract: Essays on Rawlsian Political Philosophy*, Oxford University Press, 2007, p. 3.
② Jonathan Wolff, *An Introduction to Political Philosophy*, Oxford University Press, 2006, p. 2.
③ 社会科学主要采用的是经验归纳的方法,而政治哲学主要使用的是逻辑演绎的方法。这并不是说,经验社会科学要绝对排斥理性的推理,规范政治哲学可以完全无视经验事实。事实上,经验社会科学不可避免地包含着规范的内容,而任何具有实践意义的规范政治哲学也必须把经验事实考虑在内。

西方世界延绵了数千年之久的理性主义政治传统。这种以理性说理为基本特征的政治传统与民主政治之间有着某种天然的亲和性，它倾向于把政治理解为一个政治实体内的（拥有公民资格的）全体成员通过共同的努力来"解决集体生活和集体组织的种种难题"①。这种政治观，不是把解决集体生活和集体组织种种难题的希望寄托在少数人身上，而是把它当成群体成员共同的责任。假设一个群体的绝大多数成员都习惯于期待别人去解决集体生活和集体组织的种种难题，而自己却总是置身事外，那么当有一天这种期望破灭的时候，其也很难通过自己的努力去解决那些难题——要么缺乏足够的勇气，要么缺乏必要的经验。经历由殷殷期待到悲观失望的心理演化历程，群体成员的反应会各不相同。但是，其积累的不满情绪有可能会在特定的时机突然爆发，甚至产生激烈的暴力对抗的恶果，给整个社会带来巨大的灾难。

古希腊民主政治的独特之处在于，它把城邦事务看作全体公民的共同的事务。城邦就是全体公民，全体公民就是城邦。城邦当然要占据一定物理空间，事实上古希腊的城邦之间经常陷入边界冲突，但是对城邦而言更重要的空间是公民相互辩论和说服的公共论坛。正是由于这个原因，塞缪尔·芬纳才把古希腊城邦的统治结构概括为"论坛式政体"②。城邦公民经常会放下手头的经济事务，走出家庭，穿过集市，进入公共政治领域，通过共同的努力来处理集体生活和集体组织的种种难题。之所以说"雅典城在希波战争中毁于战火，但是雅典城邦却完好无损"，就是因为在敌人到来之前，几乎所有的雅典公民都出走了，雅典人的公共论坛没有受到战火的殃及——如果雅典公民战败被俘，全体沦为波斯皇帝的臣民，那么城邦也就不复存在了。这种具有理性主义

---

① 〔美〕乔治·霍兰·萨拜因：《政治学说史》（上册），盛葵阳、崔妙因译，商务印书馆，1986年，第2页。
② 〔英〕芬纳：《统治史（卷一　古代的王权和帝国——从苏美尔到罗马）》，马百亮等译，华东师范大学出版社，2010年，第35页。

色彩的民主政治观，试图在人类社会生活中确立起这样一个特殊的政治领域：在这里，公共权力被视作公民集体共享的权力，虽然公民集体行动可能离不开强制，但强制型权力的行使必须受到理由的约束，这种理由是每个公民凭借其正常的人类理性都能够理解、认可和支持的。按照后期罗尔斯的观点，对评判社会基本结构的正义标准的表述应该独立于各种完备性学说，这样它才能够成为这些学说重叠共识的核心，并作为政治行动领域的公共理性服务于自由主义的合法性原则。这背后所体现的正是这种理性主义的民主政治传统的要求。

面对社会政治生活中具有根本意义的道德问题，各个时代的政治哲学家都试图为它们提供某种答案，但是——尤其从我们今天的视角来看——他（她）们很少获得成功。这也许就是政治哲学家们的宿命。罗尔斯承认，关于什么是正义，他所提供的也仅仅是一种有争议的正义观念。尽管如此，后期罗尔斯对公平正义仍然抱有十分强烈的信心，认为它是现代自由民主社会这一特殊背景下最为合适的正义观念。为了支撑起这个信心，他甚至发展出一套针对所有自由主义观念的政治自由主义的理论框架，试图去找到一种能够超越现代西方自由民主社会深刻观念分歧的政治共识。后期罗尔斯身上具有的某种程度的保守主义的特征，为他的正义理论增添了一抹黑格尔式的色彩，比如强调现代西方社会那些既有的伦理成果，即民主政治文化传统、立宪民主政体的制度和程序，以及接受自由主义教养常识的驯化、内外在都受到规范的公民政治行为。与黑格尔的观点颇为类似，政治自由主义既承认公民认可既定时刻特殊的善的观念的合理性，又强调公民评价、修正和改变这种观念的自主性；既承认自由民主社会观念分歧的深刻性，又坚持一种能动的信念，即它能够通过自己的说理活动来创造政治共识。

二　转向政治自由主义

以赛亚·伯林曾在他的一篇文章中将学者比喻成狐狸和刺猬

两种类型。正如希腊残诗所云："狐狸知道很多的事，但是刺猬则只知道一件大事。"狐狸类型的学者兴趣广泛，其思考虽然有可能是片段化的，却充满智慧而富有洞见，绝不使自己受限于某一个问题；刺猬类型的学者也许终其一生都在关注同一个问题，只会针对各式各样的批评，反复在这个问题上做文章，不断地修补自己的理论，使之更加牢靠。柏林本人大概是属于前一个阵营的学者，而罗尔斯则显然是属于后一个阵营的。

1971年《正义论》出版以后，罗尔斯受到了很多的批评。对其中的一些批评，他给出的回应仅仅是对自己的立场做一番澄清，而没有产生实质观点的变化。很难确定罗尔斯在多大程度上了解这类批评——可以把这种批评称作"外部的批评"。但是，对绝大部分来自自由平等主义阵营的学者的批评，特别是一些与罗尔斯关系比较亲近的同事和学生的批评——可以把这种批评称为"内部的批评"，他都十分认真地做了回应。"外部的批评"有时候会促使罗尔斯进一步阐释在《正义论》中提出的、后来受到别人质疑或者曲解的观点，但对罗尔斯思想触动最大的无疑还是"内部的批评"。

更进一步地讲，推动罗尔斯思想发展的更为根本的动力，也许还不是各种批评，而是他"苏格拉底式的"、具有开放性特征的方法论以及强烈的实践关切。也就是说，反思平衡的方法对种种直觉性观念和基本事实的持续关注（像"合理多元论"这一曾经被罗尔斯忽视的事实，在他后继的理论思考之中就需要被考虑在内），以及罗尔斯对政治哲学在特定社会历史背景下——现代自由民主社会——发挥的实践作用的强调，推动着他经历了一次根本性"转向"，即由关注公平正义的学说转向关注一般意义的政治自由主义（公平正义也包括在内），继而产生一系列理论上的变化。① 一个学者原本也可以盲目自信，顽固地坚持自己的观

---

① 我们把后期罗尔斯对政治自由主义（公平正义只是诸多这类自由主义观念中的一种）的关注称为他的"政治自由主义转向"（Political Liberalism Turn）。

点，完全无视别人的批评。但是，罗尔斯却批评这种态度："只有那些意识形态专家和幻想家们才体验不到（现代自由民主社会）深刻的政治价值冲突和这些政治价值与非政治价值的冲突。"① 在罗尔斯看来，政治哲学不可能无视基本的事实。体现着民主政治文化特征的一般事实，特别是合理多元论的事实（the fact of reasonable pluralism），让《正义论》后的罗尔斯担心，公平正义也许无法很好地规范立宪民主政体，它可能会遭到失败；而对政治哲学在自由民主社会中实践作用的关切，使他热切地关心公平正义（以及类似的自由主义观念）的社会功能，即能否"发挥立宪政体的公共正当性证明的基础作用"②，这就要求它（或者它们）至少能够在公共政治这个相对独立领域中成为民主公民的某种共识。

后期罗尔斯认为，《正义论》中的大部分内容基本上是经得起考验的，唯一的不足只出现在《正义论》的第三部分：

> 在我对《正义论》一书目的的概述中，社会契约论传统被看做是道德哲学的一部分，没有区分道德哲学与政治哲学。在《正义论》中，一种普遍范围内的道德正义学说没有与一种严格的政治正义观念区别开来。在完备性的哲学学说、道德学说与限于政治领域的诸观念之间也未做任何对比。③

问题就在于，《正义论》中的"目的论证"与全书的观点并不一致。罗尔斯认识到，现代自由民主社会存在着合理多元论的事

---

① 〔美〕约翰·罗尔斯：《政治自由主义》，万俊人译，译林出版社，2000年，第46页。译文略有改动。
② 〔美〕约翰·罗尔斯：《政治自由主义》，万俊人译，译林出版社，2000年，第39页。
③ 〔美〕约翰·罗尔斯：《政治自由主义》，万俊人译，译林出版社，2000年，导论第3页。

实,任何建立在完备性学说基础之上的正义观念,比如说建立在康德道德哲学基础之上的正义观念,都无法得到公民的普遍认可,强制推行这类学说必然会导致压迫性的结果,而这是与自由主义的宽容原则相背离的。在《政治自由主义》中,公平正义从一开始就是作为一种政治的正义观念提出来的,罗尔斯希望将自由主义的正义观念,包括他自己的公平正义及其两个奠基性的理念(自由而平等的公民的理念以及自由而平等的公民的社会合作系统的理念)严格地限制在政治领域之内,以便它们作为政治领域的价值能够成为互不相容的完备性学说的重叠共识。通过阐明包括重叠共识在内的一系列的新的理念,罗尔斯实际上重构了《正义论》第三部分的稳定性证明。这也标志着后期罗尔斯的理论重心转移到了其理论体系中的"目的部分"。

罗尔斯在《正义论》中的计划是要为民主社会设计出一种最适当的道德基础,《政治自由主义》是对这一目标的发展或者说扩展。为了消除其正义理论的内部紧张,罗尔斯要彻底改变的并不是公平正义的实质内容或原则,而是如何来构想对它们的证明。在《正义论》中,罗尔斯还没有有意识地诉诸公共证明的理念。在罗尔斯的后期思想中,由于公平正义被置于一种特定的社会政治背景下,他开始关注正义观念在民主社会的公共政治领域所发挥的社会功能,即在立宪民主政体下充当公民针对宪法根本和基本正义问题而开展的公共证明的基础。所谓公共证明,是指针对公共政治问题通过诉诸公共理性寻求所有人都可以合理接受的理由,这也是自由主义的政治合法性原则所要求的。在《正义论》中,罗尔斯试图为社会制度和法律树立公共的评判标准。但他逐渐认识到,在康德式的解释下,即便是以完全的公共性(full publicity)为目标的正义观念,也不能发挥作为公共证明基础的功能。后期罗尔斯的任务是,要在自由民主社会的背景下重新阐释与公共证明的理念相容的政治正义原则。在民主政治的运行过程中,公民要为政治权力的行使提供正当性的理由,也就是开展公共证明，如果某种正义观念能够成为公共证明基础，其稳定性自然也就得到了保障。

总之，在《正义论》中，罗尔斯并没有区分一般范围内的道德正义学说与严格的政治正义观念，但这并不影响《正义论》的主要内容。公平正义是否属于完备性道德学说的一部分，或者说它是否能够摆脱对完备性道德学说的依赖，在理论部分的原则论证中这样的问题是没有必要提出来的（因为答案显然是否定的）；在制度部分，罗尔斯考察了两个正义原则实现其自身所需要的制度背景，如果抛开第40节"对作为公平的正义的康德式解释"的内容，在这个部分中上述的问题也没有变得尖锐起来；到了"目的部分"，他才来考察两个正义原则是否能够在受其指导的社会中唤起足够的实现它们的愿望，然而《正义论》第三部分的考察却主要是在道德哲学的范围内进行的。① 具体而言，就是在正义感与善的"一致性论证"中，罗尔斯试图借助康德式的道德哲学的观点来表明公平正义原则能够在秩序良好的社会中得到人们的普遍认可和支持，从而实现稳定。但自由民主社会存在着合理多元论的事实，使得罗尔斯认识到，要求每一位公民都在一种完

---

① 这里是通过审视《正义论》的各个部分内容来澄清《正义论》与完备性学说之间的关系，但是《正义论》本身从来没有讨论过作为公平的正义是一种完备性的学说还是一种政治的正义观念。在《正义论》的理论部分，虽然对公平正义两个原则的论证没有明显依赖某种完备性学说，但"在一个地方（《正义论》第3节第15页），它说过，如果作为公平的正义得到了完全的成功，那么下一步应该研究更一般的观点，而这种更一般的观点是由'作为公平的正当'（rightness as fairness）这一名称暗示出来的。"（〔美〕约翰·罗尔斯：《作为公平的正义——正义新论》，姚大志译，上海三联书店，2002年，序言第3页）因此，罗尔斯估计，读者能够有理由推断，作为公平的正义是作为完备性道德学说的组成部分而提出来的。但是，《正义论》讨论的大部分内容都属于政治正义和社会正义的传统问题。而且，即便可以从"作为公平的正义"引申出"作为公平的正当"，这种引申所关注的也仍然是正当而不是善，它关注的是人们在更小或更大的范围内对规范善的观念的追求的原则的约定（罗尔斯在他的有生之年只讨论过全球范围内国际社会的正义）。因此，没有理由认定由于可以做这样的引申作为公平的正义就是完备性道德学说的一部分。

备性伦理学说的基础上来认可两个正义原则，这是不现实的。在最佳的可预见的条件下，建立在对同一种完备性学说相同信念基础上的秩序良好的社会与实现其自身的原则不一致。

后期罗尔斯构建了一套新的理论框架，依靠从民主政治文化传统中提取的诸如重叠共识、公共理性和公共证明等理念，重建了《正义论》第三部分的稳定性证明，为公平正义以及其他可能的自由主义观念提供了一种政治自由主义的解释。后期罗尔斯的思想发展主要体现在他对《正义论》第三部分稳定性证明的重构，即追问一种自由主义的正义原则所规导的秩序良好的社会何以可能。此外，后期罗尔斯的政治思想还表现出一些新的特征，如对自由主义观念实践作用的热切关注，对特定的社会历史背景（现代自由民主社会）和既定的政治文化传统（民主政治文化传统）的高度重视。那么，从《正义论》到《政治自由主义》，在后期罗尔斯的"政治自由主义转向"（Political Liberalism Turn）中，其正义理论的哪些内容发生了根本性的变化，哪些内容没有发生根本性的变化，推动罗尔斯做出这一转向（罗尔斯的转向也就是其理论的转向）的原因是什么，如何理解这一转向的启发意义，这些都是我们要回答的问题。

本书的内容围绕着这些问题来展开，章节结构安排如下：第一章介绍公平正义的诞生背景（包括社会和理论背景）以及这一理论的现代性质（与柏拉图和亚里士多德为代表的传统正义观相比较），并对其（作为现代社会正义观念的）属性进行多维度的审视。第二章主要考察罗尔斯反思平衡的方法以及《正义论》一书对公平正义两个原则的证明。在《正义论》中，罗尔斯对反思平衡的方法只分散地做了一些零星的介绍，他的主要目标是建立实质性的正义观念，但作为罗尔斯构建正义理论一以贯之地加以采用的方法，反思平衡的方法与后期罗尔斯的政治自由主义转向之间有着某种有待发掘的相关性。《正义论》中的原则证明构成了罗尔斯理论体系的主干。即便在转向后的罗尔斯看来，《正义论》中的绝大部分内容——公平正义两个原则的内容（理论部分的原则论证）及其基本结构（基本制度）的意义——都是站得住脚的，在后期罗尔斯正义思想的发展中没有发生根本性的变化。第三章概述罗尔斯政治自由主义转向的主要内容。将公平正义表达为一种政治的正义观念（这预示着一个独特的政治领域的存在），促使罗尔斯修正了公平正义的两个基本构成性观念，并做出许多其他的改变。这一系列改变的最终结果就是为自由主义观念提供一种政治自由主义的解释。第四章从广泛的反思平衡的方法和解决理论内部矛盾的角度考察罗尔斯政治自由主义转向的内在逻辑，并且讨论了因缓解理论内部张力而产生的、作为政治自由主义转向标志的新的稳定性证明。第五章从正义观念社会功能的角度考察罗尔斯政治自由主义转向的实践逻辑。借助具有完全公共性的政治的正义观念，让公民能够合理地围绕宪法根本和基本正义问题开展公共证明。正义观念的社会功能意味着它能够充当立宪民主政体公共证明的基础，与这种功能相联系的是民主审议和公共理性的理想。

第一章　公平正义的诞生背景以及
　　　　这一理论的现代性质

　　1971年罗尔斯《正义论》一书的出版，在英语系国家沉寂已久的政治哲学界算得上是一个大事件。《正义论》出版以后，迅速在西方国家掀起了一股热潮，引发学者甚至公众的热切关注，这股热潮还在不断地扩散。此书最著名的批评者罗伯特·诺齐克承认，《正义论》之后的政治哲学家都必须在罗尔斯理论的范围内工作，不然就要说个理由。英国政治哲学家布莱恩·巴里还调侃过，《正义论》的出版催生了一个"罗尔斯产业"，"养活了"一大批靠阐释或批评罗尔斯为生的学者。《正义论》提出的理论被称为公平正义，这一理论之所以能够在短期内产生这样大的反响，与其诞生的背景是有关系的。公平正义诞生于二十世纪六七十年代，当时美国的社会危机此起彼伏，政治局势动荡不安，各种挑战是如此的剧烈，以至于连其社会的道德基础都受到了动摇。对于挽救危机而言，可以说公平正义的诞生恰逢其时。《正义论》的出版，还标志着英美政治哲学在经历了逻辑实证主义的打击并陷入长时间的没落以后终于又迎来了复兴。所有现代的自由主义政治哲学都承认某种意义的平等，即站在威尔·金里卡所谓的"平等主义的高原"上，《正义论》也不例外。作为一种现代谱系中的自由主义正义理论，公平正义坚持个人自主和某种政治中立，以社会基本结构为首要主题，延续并进一步发展了发轫于19世纪中后期的西方新自由主义（New Liberalism）政治思想。

罗尔斯的正义理论属于现代社会正义观念。与以柏拉图和亚里士多德为代表的古希腊传统正义观相比，现代社会正义观念重视制度的美德甚于个人的美德，它强调的是如何在正义制度中培育好公民，而把如何做一个好人的问题留给公民个人。

第一节 《正义论》的成书背景

《正义论》是对美国二十世纪六七十年代面临的众多社会问题的系统思考和回应。一系列突出的社会矛盾使得这个时期的美国学者围绕长期受到忽视的价值问题展开激烈的争论。作为这一系列争论的开创者之一，罗尔斯对以社会基本结构为首要主题的现代正义问题进行了系统的思考，试图重新给陷入困境的自由民主社会构建起牢固的道德基础。作为19世纪后期兴起的以强调人的社会性为特征的新自由主义政治思想的集大成者，罗尔斯在《正义论》中提出的公平正义理论，在亚里士多德式的、古典自由主义和功利主义的观点之外，为学者和公民们提供了一条思考正义问题的新途径。

一 社会背景

《正义论》诞生的年代，正值二十世纪六十年代末和七十年代初，这一时期的美国社会出现了一系列尖锐的矛盾，比如富足社会中的贫困难以消除，整个社会的治安状况普遍恶化，黑人种族民权运动变得更加激进，政府陷入越战泥潭难以自拔，继而引发美国国内持续的反战运动和政府公信力危机，挑战旧秩序的新左派学生运动开展得如火如荼，"垮掉一代"的精神迷茫冲击着美国人传统的价值观念等。雪上加霜的是，在经历"二战"后一段时期的繁荣局面之后，美国经济增长开始变缓并最终陷入停滞、失业与通货膨胀并存的滞胀局面，与此同时，战后二十年间美国社会的乐观精神逐渐消退了。由于一系列突出的社会问题长期得不到有效的解决，美国人民对自由民主政治的合法性认同降低了。

激进化的黑人种族民权运动成为二十世纪六十年代美国社会舆论关注的焦点，并且与人们对社会治安问题的担忧联系在一起。随着大量黑人涌入城市，拥挤在城市中心的贫民窟，而美国社会的种族歧视状况却长久没有得到实质性的改变，黑人的不满在加剧，种族民权运动变得激进起来。一个标志性的事件是，1966年成立了一个由非裔美国人组织的团体——黑豹党（Black Panther Party），其宗旨主要是促进美国黑人的民权。但是，这一组织也主张黑人应该有更为积极的正当防卫权利，即使这意味着使用暴力。黑豹党成立以后，在一些比较贫困的城市社区制造了许多的骚乱，但是受害者却主要是生活在这些贫困社区中的普通居民。

在社会改革问题上，美国政府无法成功兑现其平等承诺，这引起了民众的普遍不满。在国内社会矛盾没有得到有效调解的情况下，它还把大批青年送上越南战场打一场缺乏道德意义的战争，并且越陷越深。特别是进入二十世纪六十年代以后，美国国内的反战情绪越演越烈，而政府不仅无视舆论的变化，还在一些重要的政治问题上遮遮掩掩，企图迷惑公众。从前，人们总是把行政当局与自由民主政体区分开来，但是现在许多人在抵制政府的同时也对自由民主政治丧失了信心。当时，美国国内出现了一件轰动全社会的重大事件。1971年6月，《纽约时报》和其他一些报纸披露了一批描写美国卷入越南战争的国防部绝密文件，史称"五角大楼文件泄密案"。这批国防部的绝密文件表明，美国政府在越战初期就采取蒙蔽、欺骗公众的行径以获取人们对越战的支持，以后这些手段更成了政府的家常便饭。根据这批绝密文件的记录，1969年美军还在越南当时的广义省美莱村制造了一起屠杀案，即"美莱村大屠杀"，杀害了五百多名手无寸铁的妇女和儿童。

在二十世纪六七十年代，美国还爆发了浪潮汹涌的新左派学生运动。法兰克福学派激进哲学家赫伯特·马尔库塞（Herbert Marcuse）曾一度成为该运动的精神领袖、主要代言人。马尔库塞认为在晚期资本主义社会，曾经发挥着唤醒人们起来反抗资本主义功能的文化作品，包括文学、戏剧、艺术等，已经成为工厂生产流水线上的商品。在这样的社会里，表面上人们虽然生活富裕，但受到的压抑和异化却更严重了。在技术控制、民主政治的面纱背后显现出的现实是全面的奴役，人拥有的仅仅是"舒适、温和、合乎情理且民主的不自由"①。发达工业社会是一个大众消费社会——最为典型的例子就是福特公司"生产普通美国公民家庭消费得起的汽车"的口号，它成功地实现了政治对立面的一体化，传统的反抗资本主义的工人阶级已经失去了革命性。因为迅速发展的科学技术创造出崭新的生活方式，满足了那些可能会反抗的人的需要，促进了人们与现存制度的统一。此时，只有暂时处于社会劳动生产体系之外的学生还保留着革命性，因此根据马尔库塞的判断，唯有学生才能够代替工人阶级成为反抗资本主义的主力军。

学生反抗运动的一个重要主题就是反战，反抗形式包括拒绝服兵役、游行示威、与军警对峙，以及冲击学校和政府当局等社会权威机构。一些反对"暴力行为"的反抗份子，则成为"嬉皮士"（英语 Hippie 或 Hippy 的音意译）。"嬉皮士"这个词被用来描写西方国家二十世纪六七十年代反抗习俗和当时政治的年轻人。这些人又被称为"花之子"。之所以获得这个称号，是因为在街头游行的时候，这些态度相对温和的反抗份子拒绝采取激进的反抗行动，而只是默默地在对峙军警的枪管里面插上鲜花以示抗议。由于对自由民主社会感到失望，对个人生活目标感到迷茫，这一批也被称为"垮掉一代"的青年学生，靠推崇性开放、色情文艺、吸毒和流浪的生活方式来发泄他（她）们对现实社会

---

① 〔美〕赫伯特·马尔库塞：《单面人》，左晓斯等译，湖南人民出版社，1988年，第1页。

的满腔怒火，但这种放荡的行为逐渐为某些保守主义者所不容。在这些人看来，"自由主义"似乎走得太过头了，以至于"个人主义"变成了不负责任和自由放纵的代名词。

正是在这样的背景下，美国的自由民主政体遭到了众多的批评。在政治上，人们指责它不重视财富再分配和消除贫困，美国社会被认为是充满了阶级压迫、种族和性别歧视的社会。美国政府、军队在越南战争中的表现和暴行，更是使人们产生了自由主义的立宪民主政体也会和穷兵黩武联系在一起的印象。这一时期的美国，各种社会运动层出不穷，其中既有针对种族歧视的黑人民权运动，又有反对越战的学生运动。在喧嚣反对声中，有关政治基本原则的争论再一次严肃地开展起来了，但此时争论的问题恰好是从前一直被认为是不成问题的"自由主义民主的有效性"。或许是由于这样的争论在美国最为激烈（尽管上述的那些问题在当时的西方世界都或多或少地存在着），一大批耀眼的政治思想家都从这里诞生，而其中最有影响力的一位正是哈佛大学教授约翰·罗尔斯。1971年罗尔斯《正义论》一书的出版，被人们视为是引起一场学院争论、代表政治哲学复兴的标志性事件。

民主社会中拥有正义感的公民如果宁愿遭受"犬儒主义"的不断侵蚀，对社会前途感到悲观失望而又无所作为，他（她）们眼前正在不断恶化的社会政治状况就永远也不会得到改善。正是基于一种直面社会问题的勇气，美国的大学教授们决定用自己的实际行动来捍卫自由主义民主的精神实质。在民权运动（尤其是黑人解放运动）的背景下，20世纪50年代后美国的众多社会问题，最后都与种族问题相关；其他社会问题的解决，如各种调整福利分配的计划，往往都受到民权运动的影响。1955～1975年，持续长达20年之久的对越战争更是撕裂了美国社会。这一时期，美国面临的矛盾复杂、尖锐而又深刻，所发生的一系列事件，无不牵动着自由民主社会的价值基础。政治哲学家们纷纷出来著书立说，回应时代问题，其政治争论的激烈程度和理论化水平也相对较高。对这一时期的美国政治哲学家而言,他(她)们面临的任务是要对自由民主社会提出新的辩护,并在这一过程中重新确立政治哲学作为一门学科的尊严。在《正义论》的序言中,罗尔斯就指出,他的计划是要为自由民主社会找到一个"最恰当的道德基础"。① 就其理论主张而言,这一时期的美国自由主义政治哲学家们仍然被 18 世纪个人自由和权利的观念所支配。不同的是,现在这场理论争论是由学院派哲学家掀起的。尽管如此,它的影响范围也并非就像某些学者认为的那样,仅仅限于教授和学生们之间。实际上,至少就罗尔斯的《正义论》而言,围绕着它的争论不仅触动了学术界,而且还触动了广大公众的思想。

与 20 世纪 50 年代后的美国不同,同时期的英国并没有发生激烈的社会运动。在英国,政治辩论更多地是围绕一般福利问题展开的。英国人并不像美国人那样热衷于探讨理论问题,他(她)们关注的是公共政策怎样调节各个阶层之间的关系,如何实现集体性的利益等。在英国,政治哲学作为一门学科虽然还被保存着,但它只是在大学里被教授们讲授和探讨,其影响力相对有限。在《正义论》诞生之前,除了某些杰出的学者,如批判集权主义和工具理性的政治哲学家卡尔·波普尔、以赛亚·伯林等人,还保留着较大的社会影响之外,这门学科一直都处于很边缘甚至有点遭人冷落的位置。其原因主要是由于受到分析哲学的影响,人们的大部分精力都被用来澄清政治思想中那些典型的概念,以致于传统的政治理论长期无人问津,既无优秀的人物,也无优秀的作品诞生。当美国政治哲学家们掀起一场新的政治争论时,英国的教授们还在用传统的方式关注政治哲学中的那些传统

---

① 〔美〕约翰·罗尔斯:《正义论》(修订版),何怀宏等译,中国社会科学出版社,2009 年,初版序言第 2 页。这个译本是对 1999 年《正义论》英文修订版的翻译。罗尔斯在 1999 年的英文修订版中,对初版《正义论》(1971)中的某些内容或表述进行了修正,但全书改动部分所占的份额并不算太大,只涉及一些细节问题。由于 1999 年修订版的《正义论》是一个更为权威的版本,本书的引文均来自这个版本的中译本。

问题，例如政治权威和政治义务、自由和民主，以及正义等。[①]除了借用前人的思想资源，他（她）们在这门学科内很少有创造性的见解。他（她）们讨论问题的方式也较为贴近实际问题，因而在当时的英国也就不可能出现像罗尔斯《正义论》那样系统地讨论正义问题的长篇巨著。

在这种学术氛围下，学者们思考正义问题的方式仍然受到亚里士多德式的正义观念的支配。亚里士多德在分析特殊正义时，区分了"分配正义"与"矫正正义"。前者是指职务、荣誉和利益在城邦社会成员之间的分配；后者是指在城邦社会成员之间恢复原先已经建立起来但又不时遭到破坏的平衡。亚里士多德指出，分配的公平意味着平等的人应该得到平等的份额，不平等的人不应该分享到平等的份额。平等的人没有得到平等的分配份额或者不平等的人分到平等的份额，这是城邦内一切争吵和抱怨的唯一来源。公平的分配与每个社会成员的"应得"如何（desert）有关，而每个人的"应得"如何，取决于采用什么样的分配标准。根据某个时期流行的政治观点，这个标准可能是出身、财富、美德或民主政体中的公民身份。在理想的城邦政体下，职务、荣誉和利益应该按照每个人的美德（virtue）来分配。在这样的情形中，做一个好公民与做一个好人是等同的。然而人的价值究竟是什么呢？亚里士多德承认，人们很难找到一个最终的答案。即便如此，不论在哪一种分配中，公平都是意味着与某种标准相称的分配比例，而不公平则是指对这个分配比例的违反。我们可以用一个一般性的形式公式来表达亚里士多德式的分配正义，即正义意味着与某种标准相称的分配比例，同等情况同等对待，不同等情况（按照不同等的程度）不同等对待。

现实政体中的人们往往具有相互冲突的正义观念，很难找到让所有人都接受的标准来衡量分配的正义性。不同社会阶层的人

---

① 参见 D. D. Raphael, *Problems of Political Philosophy*, Pall Mall Press Ltd., 1970。

们都会以正义的名义为自己的要求和行动辩护：平民的正义是要让全体公民都拥有完全相同的权利，也就是主张"算术比例平等"的正义；而富人的正义则是要根据财产多寡来分配权利以维护现存的贫富差距，也就是主张"几何比例平等"的正义。无论哪一方的"正义"受到破坏，他（她）们都会感到义愤，最后导致激烈的冲突甚至分裂。针对这种情况，亚里士多德式的正义主张的精髓就是要坚持"中道"，要让各个因素都被融合起来而各得其所。从政治上来讲，最好的办法就是要让中产阶级执政，因为他（她）们既不像穷人那样希图他人的财物，而他（她）们自己的资产也不像富人那样多得足以引起穷人的觊觎。

与传统的亚里士多德式的正义观念相比，现代自由主义的正义观念的不同之处在于，它并不试图依照对个人美德的评价来分配利益。在现代社会的条件下，由于人们善的观念上的差异，很难让所有人都按照亚里士多德目的论的观念来理解人的价值。在现代社会中，任何试图给美德一个普遍适用的解释的做法，无论在知识还是操作方面都会遇到极大的困难。评判人的美德被看作是一件非常复杂的事情，因为人们往往需要从多个角度来对个人做出评判。如果只须按照一种标准来衡量人，评价或者考核一个人或许还是一件比较容易的事情。比如说，判断几个人中谁跑的最快，只需看谁第一个到达终点就可以了。评价一个人的智力要比评价一个人的身体素质困难一些。评价一个人的智力，虽然说并不是完全不可行，但无论采取哪种测试个人智力水平的措施，总还是难以对人取得完全的了解。评价一个人道德方面的美德，这是最困难的。无论对一个人的美德了解得有多么全面，其个性中总会有一些东西不为人们所彻底了解。因此，对一个人的认识是不可能穷尽的。在现代社会的条件下，由于人们失去了在传统社会中所具有的对特定善的观念的共同信仰，很难找到一个普遍的标准来对人的美德进行认定，再加上评判个人品质所涉及的一些技术上的困难，因而进入现代社会以后，亚里士多德式的正义观念就需要寻找新的、可以使用的标准来衡量人的成就或贡献。在市场经济的条件下，新的标准就是要按照个人的功绩（merit）进行分配。按照每个人的功绩分配与按照每个人的努力（effort）分配是不同的。善良的心灵总是希望同等的付出应该得到同等的回报。但如果我们仔细思考一下，就会放弃试图让所有努力都得到同等回报的良好心愿，转而承认按照功绩分配的原则。假设有两个人要来完成同样一件工作，一个天资优越的人跟一个天资较差的人相比，他（她）付出的努力会更少，但我们不能以此为由让后者得到更多。如果这件工作由一个残疾人来做的话，他（她）所需要付出的努力会比前两种人都大，但他（她）应该得到最多吗？如果答案是否定的，我们主张按努力分配的真实含义就变成：假如其他条件相同，在拥有同等天赋的个人之间，努力程度越大的人应该得到越多，因为他（她）做出的努力越大，相应地取得的功绩也就越大。

在一种互利合作的社会关系中，分配应该按照每个人的工作成绩来决定，使用这个标准时人们只考虑结果，而不考虑为实现结果所做出的努力的大小。分配也可以按照其他的标准来进行，比如根据每个人的需要来决定。现代市场社会建立在以商品交易关系为纽带的、人与人之间相互依赖的联合之上，它割断了连结人与人关系的血缘纽带和情感羁绊。在资本主义商品经济的条件下，竞争失败或者失业都是正常的社会现象，但由于社会是一个相互联系的合作系统，因此在组成社会的全体成员间就产生了一种集体性的责任，即为遭受挫折的合作伙伴提供最基本的生存保障。作为社会的代理人，政府必须根据人的需要来分配利益，以满足社会成员最基本的生活要求，这其实也是市场社会维系自身的一种方式。无论是按功绩分配，还是按需要分配，这些答案仍然属于亚里士多德式的正义观念；无论是做出了同样贡献的人应当得到同样的对待，还是相同的需要应当得到相同的满足，它们都包含着共同的形式要素，即根据特定的分配标准，同等情况同等待遇。亚里士多德式的"中道"原则也同样适用于这些标准。为了兼顾不同的衡量标准，必须在不同标准之间做出平衡。平衡意味着某种程度上的调和与妥协，即用妥协的办法来减少适用这种或那种标准的意见之间的差异。由于现代人一般都拥有多重社会身份，因而原则上应当能够同时兼顾多种因素。

亚里士多德式的分配正义观念最核心的问题是探求分配的标准，它对利益关系中的分配难题采取一种逻各斯的、解题的和准数学式的态度，并试图平等地对待利益各方。但它的弊端也是明显的，罗尔斯将之概括为直觉主义的困境。这种思考正义的方式一直支配着西方人的正义观，直到二十世纪，才受到多元的、其他思考模式（尤其是 1971 年诞生的罗尔斯的公平正义）的质疑。①

二 政治哲学的死而复生

1956 年，英国政治学家彼得·拉斯莱特（Peter Laslett）在《哲学、政治学与社会》的导论中宣布了政治哲学的死亡。他论证指出，逻辑实证主义瓦解了政治哲学的认知前提，从而取消了其作为一门学科的合法地位。② 正是在这一个意义上，他说逻辑实证主义宣告了政治哲学的消亡。

作为道德哲学的一个分支，政治哲学探讨的是关于正当（the Right）与善（the Good）的理论，或者用我们更容易接受的言语表达，是关于对与好的理论。善（或者说好）是分层次的，从物质利益之善（好），到兴趣爱好之善（好），再到理性自足之善（好）。各种层次的善（好），相互之间有可能会发生冲突，比如我们在追求优美环境之善（好）与经济利益之善（好）的时候就有可能会出现冲突，但是如果坚持一种平衡的发展观，对这两种

---

① 包利民：《生命与逻各斯——希腊伦理思想史》，东方出版社，1996 年，第 252 页。
② Raymond Plant, *Modern Political Thought*, Basil Blackwell, 1991, p. 3.

善（好）的追求也可以得到很好的协调。善（好）与正当（或者说对）之间并没有必然的联系，善（好）的不一定就是正当（对）的，反过来正当（对）的也不一定就是善（好）的。一个人，追求到了善（好），但是不一定来得正当（对）；做得正当（对），却不一定就能够实现善（好）。"爱财（物质利益之善）的人，不一定取之有道（来得正当）"；根据我们的日常生活经验，"好人没有好报（正当行事的人没有好的结果），坏人横行于世（做坏事的人反倒有好的结果）"，也绝非罕见的情形。但是，"君子爱财取之有道"，"好人有好报、恶人有恶报"，在任何时候、任何地方都是人类的一种理想。

罗尔斯的政治哲学关注正当（对）胜于善（好）——主张"正当优先于善"（the priority of the right over the good），在他看来，以正当（对）的方式去获得善（好）是更为关键的道德哲学问题。但是，传统的或古典的政治哲学首先关注的是善（好），即好的生活（或者说良善的生活）的含义，以及为了保证这种好的生活的实现——包括共同体的繁荣昌盛、个人需要的满足或其理性能力的实现等——所必须的制度安排。与此同时，这些理论也关注政治正当（政治上的对），其评价的对象包括法律、政府形式、个人权利和义务、分配性的制度等。不过，判断政治正当（政治上的对）的标准，是看这些对象能不能促进好的生活的实现。但无论是善（好）还是正当（对），在传统的或古典的政治哲学看来，它们都是有着客观的基础的。"这种真理性和客观性在不同理论中立基于不同的假设和前提：有时候是理性，有时候是经验，有时候是直观，还有一些时候是启示。"①

通常来说，直到 20 世纪之前，政治哲学都是广义上的哲学体系的一部分，政治主张与政治理论的认知基础就建立在某种类型的哲学体系之上。古希腊的政治哲学家柏拉图、亚里士多德，

---

① Raymond Plant, *Modern Political Thought*, Basil Blackwell, 1991, p. 3.

近代以来的政治哲学家霍布斯、洛克、康德、黑格尔以及密尔等人，他们的著作就是其中的典范。这些政治哲学家的政治理论都建立在其哲学观的基础之上，因而都具有相对比较稳固的认知性基础。尽管他们的政治主张存在着巨大的差异，但是他们都没有将政治理论视为立基于偏好或情感之上的主观主义的政治观点和政治主张。他们认为，事实上存在着亟须阐明的有关基本政治问题的真理，并且他们自己也提供了如何建立这些真理的某些有关认知能力和认识论基础的解释。

但是，逻辑实证主义的兴起消解了这种确信。逻辑实证主义（logical positivism）反对传统形而上学，把哲学的任务归结为对知识进行逻辑分析，特别是对科学语言进行分析。它坚持分析命题和综合命题的区分，强调一切综合命题都必须以经验为基础，认为伦理或道德陈述不能传递明确的认知信息。在传统形而上学的地位受到逻辑实证主义的挑战以后，政治学理论的客观性和普遍性也就丧失了支撑。由于失去了"完备性"（comprehensive）——这里使用了罗尔斯的术语——哲学体系的支撑，政治理论的认知基础受到了动摇。所以，在经历了逻辑实证主义冲击以后的"后形而上学"时代，做出政治自由主义转向的罗尔斯，在为他的公平正义理论建立一套新的稳定性证明的时候，就得寻求一个全新的支点，那就是自由民主社会中去形而上学化的黑格尔式的政治伦理，或者用罗尔斯自己的话说就是政治传统。正是在这个意义上，后期罗尔斯具有了一些保守主义的倾向。至于罗尔斯建立政治哲学的这一努力获得了多大程度的成功，学者们是有争议的。

受逻辑实证主义的影响，与政治哲学联系最为紧密的伦理学，也由规范伦理学（normative ethics）转向分析伦理学（analytic ethics）。过去，伦理学探求的是价值之真，而真理是通过语言来表达的，分析伦理学不去直接探究价值真理，转而分析赖之以表达真理的语言。在分析伦理学（或者说元伦理学）的先驱和创始人，英国伦理学家乔治·摩尔（George Moore）看来，伦理学的基本问题——"善"是不能定义的，任何给"善"下定义的做法都是错误的。现在，伦理学家关注的不是"善"的定义，而是分析道德判断或者对话中"善"的含义。

事实上，伦理学家们绝大部分的时间所关心的并非是去制定一些规则，用以指出某些行为方式一般来说或者总是对的，而另外一些行为方式一般来说或者总是错的；他们也不列出一个条目用以指出某些东西是好的（善），另外一些是坏的。他们致力于回答下列这些更加普遍和根本的问题：当我们说某一项行为是对的或者应该做的的时候，我们究竟意味着什么？当我们说某一些事态是好的或坏的的时候，我们究竟是什么意思？在所有对的行为中，不管它们在其他方面有多么不同，我们是否能够发现某种共属于它们的普遍性质？而除了对的行为之外，这个性质并不属于任何其他的行为。同样的，在所有好的东西中，我们是否能够发现某种共属于它们的性质？而除了好的东西外，这个性质并不属于任何其他的东西。[1]

在分析伦理学的影响下，道德哲学家的主要工作，不是探寻"好、坏、对、错"这些概念本身意味着什么，而是分析我们在使用"好、坏、对、错"这些概念或者说我们在做道德判断的时候我们意味着什么。这种倾向发展到极端的结果，就是美国伦理学家查尔斯·L. 斯蒂文森（Charles L. Stevensen）的情感主义伦理学。斯蒂文森认为，伦理学不是科学，不能提供客观知识，只是人的情感的表达。当我们说"某某是善"，我们的意思是，"要

---

[1] G. E. Moore, *Ethics*, Oxford: Oxford University Press, 1912, p. 1. 译文参考了石元康教授的翻译。参见石元康《罗尔斯》，广西师范大学出版社，2004 年，第 1 页。

是大家都想要它，该多好啊！"同样，当我们说"这是错的"，我们的意思是，"我不赞成它，你也别赞成它吧！"这样，"好、坏、对、错"都成为个人纯粹主观的态度。伦理学不能成为知识，如同宗教和艺术一样，不是科学。伦理学的主要对象"好与坏（或者说善与恶）""对与错（或者说是与非）"，都只是主体赞许或者反感这类情感的表达方式。

　　罗尔斯《正义论》的出版，标志着20世纪以来英美哲学、伦理学再次出现了一个重要转折，即由对形式性问题的关注转到对实质性问题的关注，由对道德判断的怀疑转到对道德判断的肯定。罗尔斯支持的是"把道德理论设想为想描述我们的道德能力的企图""把一种正义论看作是一种想描述我们正义感的企图"①。这种企图与构造一种语法理论来描述我们的语法感（sense of grammaticalness）的企图是相似的。正如我们需要一套语法理论来指导我们的语言表达，我们同样需要建立一种有关道德情感的理论来指导我们的道德能力，需要构建一种正义原则来指导我们的正义感。我们可能会对自己道德情感太过熟悉了，以至于会认为不需要对它们做理性的认识。但是，熟悉并非真知，尤其是在面对相互冲突的道德直觉时，我们往往会感到不知所措。在这样的情况下，各种概念和语意分析并不能够为我们提供任何指导。罗尔斯明确地提出，不应该高估分析在道德理论中的地位。他说道：

　　　　定义与意义分析并不占一定特殊的地位：定义只是建立理论的一般结构的一个手段，一旦整个结构设计出来，定义就失去其突出的地位，它们随理论本身的兴衰而兴衰。无论如何，仅仅在逻辑的真理和定义上建立一种实质性的正义论显然是不可能的。对道德概念的分析和演绎（不管传统上怎

---

① 〔美〕约翰·罗尔斯：《正义论》（修订版），何怀宏等译，中国社会科学出版社，2009年，第37页。

样理解）是一个太薄弱的基础。必须允许道德哲学如其所愿地应用可能的假定和普遍的事实。①

正因为如此，罗尔斯才会说，与逻辑实证主义者研究道德问题时偏重概念分析与语言研究相比，他更"希望强调研究实质性道德观念的中心地位"②。罗尔斯试图建构的正义理论是这样的道德观念，它集中了我们的道德感受，将我们的道德直觉简化为较为有限和较为容易处理的问题，以便我们能够做出判断；通过反思澄清和整理我们的道德信念，一种正义论倾向于减少人们之间的道德分歧或者使歧义的信念变得较为一致。

三 "平等主义的高原"

现代自由主义的正义观念往往会把"正义"首先理解成为一种客观关系，而不是人的"美德"。例如罗尔斯就认为，正义首先是社会制度的一种价值属性。但在亚里士多德看来，正义与不正义首先都是关于人的伦理美德的问题。古希腊人承认，不同的人在伦理美德上是有差距的。从这一事实出发，亚里士多德的正义理论所试图恢复或维护的，实际上就是城邦社会中适用正义的公民们传统的社会地位，即一种理想的社会等级。亚里士多德的这种正义观念受到了现代思想家的激烈批评，因为特定的社会秩序很可能是极端不正义的。如果正义被用来维持现状，那么只有在既定的社会关系具有合理性时，这种正义才是真实的。也就是说，人们应当对现存的利益和职务的分配制度持一种批判的态度，唯有如此才有可能在正义的名义之下改革不够正义的社会制度。其次虽然亚里士多德的正义观适用于平等公民之间的关系，

---

① 〔美〕约翰·罗尔斯：《正义论》（修订版），何怀宏等译，中国社会科学出版社，2009年，第40页。
② 〔美〕约翰·罗尔斯：《正义论》（修订版），何怀宏等译，中国社会科学出版社，2009年，第40页。

但这种平等是建立在城邦公民与奴隶之间的不平等之上的。亚里士多德从不怀疑人与人之间应该依据美德区分成不同的等级，一些人生来就适合做奴隶，而另外一些人则具有养成高尚品质的先天优势。他担心的只是如何防止权力被滥用，因为美德优良的人很可能因为某些偶然的因素（如在战争中被俘）沦为奴隶，而缺乏美德的人也可能通过蒙骗群众变成统治者。亚里士多德"对奴隶制本身并没有什么特别的不安，在技术上倒是有个特别的问题"①，那就是如何区分出美德优良的人。

与传统社会形成鲜明对比的是，在现代社会中平等的观念已经普遍为人们所接受。在设想理想的社会秩序时，"所有人都应该被看作道德上平等的人，他们有着平等的能力对那些相关选择表达价值取向"②。在现代的理想的社会秩序中，公民们拥有平等的公民身份，没有任何一种依据血缘、种族和家庭出身而在人与人之间做出任意区分或等级划分的理论能够自圆其说。作为典型的现代观念，所有自由主义的正义观念都建立在威尔·金里卡所说的"平等主义的高原"（egalitarian plateau）③之上，罗尔斯的《正义论》也不例外。公平正义矗立在这一"高原"上，它预设了道德平等的原则，要求每个社会成员凭借其作为目的本身的道德个体的身份，便有权获得与他人相同的对待。在现代社会中，由于公民们也拥有平等的法律地位，因而政府应该平等地对待所有公民。每位公民的权利都应该得到政府平等的保护；政府应当采取一视同仁的原则，不偏不倚地对待存在相互差异的各方，防止发生无正当根据的区别对待。

主张平等的思想家承认，在现实生活中人与人之间存在着巨

---

① 〔美〕约翰·麦克里兰：《西方政治思想史》，彭淮栋译，海南出版社，2003年，第80页。
② 〔澳〕布伦南、〔美〕布坎南：《宪政经济学》之《规则的理由》，秋风、冯克利等译，中国社会科学出版社，2004年，第25页。
③ 〔英〕亚当·斯威夫特：《政治哲学导论》，萧韶译，凤凰出版传媒集团、江苏人民出版社，2006年，第101页。

大的差别，道德上的平等以及平等待人的原则并不要求所有人都一样，而是要求政府平等地对待不平等的人。"从描述性上说，人们是不平等的，并且必须保持其不平等性。"① 道德的与对待的平等性首先是一种规范价值，而非事实。② 西方启蒙时代的一些思想家往往把事实上的平等当作评判社会进步的标准，但如果我们仔细思考一下，就会发现他（她）们并没有认真对待人与人之间的相互尊重，除了诉诸历史的必然性外，他（她）们实际上并不能为事实上的平等找到任何有力的根据。为了防止思想上的混乱，应当把"对待的平等性"与"描述的平等性"区分开来。"平等对待标准直接从人作为个人的认同上来产生，既不意味着作为事实的平等，也不把平等性推导为平等对待的合法性的要求。"③

平等待人的原则并不表示没有例外，一个建立在抽象平等基础上的社会可以允许利益分配的不平等。比如在罗尔斯的公平正义中，差别原则就是为了限制利益分配的不平等而存在的。为了澄清平等待人的原则，罗纳德·德沃金区分了公民们享有的"平等对待的权利"（right to equal treatment）和"被视为平等来对待的权利"（right to treatment as an equal），以此来说明政府如何平等地对待公民，而这意味着公民在利益的分配上实际的不平等。前一种权利，即"平等对待的权利"，是指每个人在分配中获得同样的东西，比如法律规定的公民一人一票的投票权，我们通常都是以这样的方式来理解平等主义的；后一种权利，即"被视为平等来对待的权利"，是指每个人都应该被视为平等地对待，为此就要对特殊状况实行特殊对待，但这并不违反一视同仁的

---

① 〔美〕詹姆斯·M. 布坎南：《自由的界限》，顾肃译，联经出版事业股份有限公司，2002 年，第 18 页。
② 我们认为"规范"是与"事实"相对的概念，"理想"是与"现实"相对的概念，而"形式"则是与"实质"相对的概念。
③ 〔美〕詹姆斯·M. 布坎南：《自由的界限》，顾肃译，联经出版事业股份有限公司，2002 年，第 18 页。

原则。

在分配上采取一视同仁的原则并不要求做到绝对平均。假如某一地区发生了强烈的地震,为了履行赈灾的职责,政府应该如何合理地调配救灾物资和人员呢?政府相关部门也许应该根据专家对各地受灾程度的评估来合理地调配资源,也就是把各方的利益视为平等地对待,而不是给予不同的受灾地区同样的物资和人员支持。这样一种区别对待是以维护个人基本的生存条件、抵消非选择性因素的任意性等考虑为基础的,它产生了只有特定群体才能够享有的正当权利或补偿性的特惠政策,但特定的群体享受特殊待遇的情况并没有违背一视同仁的原则。因此,既存在着某些一般的权利,为人人平等而普遍地享有;也存在着某些特定的权利,并不是人人都能够实际上享有。然而,这些特定的权利原则上只是为了落实一般的权利,它们针对社会生活中的特定状况,且往往涉及实质利益的分配。公民们对这些特定的状况下某些人陷入的困境,负有道德上帮扶的责任;某些公民享受一些特定权利的实惠,也具有道德上的依据。

值得注意的是,特定的权利并不针对社会生活中特定的群体,比如通常所谓的"弱势群体",而是针对相关的社会地位。原则上讲,任何人都可能跌落至这种地位。在罗尔斯看来,作为一种形式的限制条件(the formal constrains),正义原则的一般性条件意味着,特定的权利也是每个公民都有权享有的权利,但并不是每一位公民在现实生活中都能够实际享受到这些权利带来的实惠。此外,我们还要谨记,以社会分配为主题的自由主义的正义观念并不是建立在一部分人对处境难堪的另一部分人的怜悯之上的。正如罗尔斯所强调的:"最终的分配是通过尊重某些权利达到的,而这些权利又是由人们根据合法期望约定去做的事情决定的。"①

---

① 〔美〕约翰·罗尔斯:《正义论》(修订版),何怀宏等译,中国社会科学出版社,2009年,第66页。

在正常的社会条件下，对处于不利地位的人们的责任，是全体公民相互间的集体性责任，而不是社会中一部分人对另一部分人的责任。继承了新自由主义衣钵的自由主义的正义观念，强调的是作为公共规范体系的社会基本结构的正义性，这一结构应该平等地对待所有公民，不能只强调一部分人，比如市场中成功人士的社会责任。与市场中的成功人士相比，处于不利地位的低收入阶层，由于自我保护的能力较弱，他（她）们的权益更需要得到政府的保护，但这并不意味着他（她）们比其他人拥有更高的道德价值。让社会中的一部分人（比如说富人）对处于不利地位的另一部分人承担起更多的责任，缺乏充分的根据。富人当然可以出于慈善去救济穷人，但政府为了兑现福利承诺而强制性地向富人课加额外的税收的做法却是与慈善相悖的。一个简单的事实是，拥有较多财富的人也拥有较大的权力。如果我们希望那些在市场中受益更多的人承担起更大的社会责任，我们就必须提供充分的理由，这些理由是所有公民运用他（她）们正常的人类理性都可以认可和支持的。反之，那些掌握更多资源的人原本可以利用手中的权力（通过游说或以其他方式影响政府决策）来维护他（她）们的特殊利益。当然，如果"扮演中立角色"的统治阶级（这种情况可以用"国家自主性"的概念来描述），更愿意使用"胡萝卜加大棒"的手段，也可以以维护"社会秩序"为由，胁迫"明智的"富人承担起更大的社会责任，因为贫困阶层引起的社会骚乱显然并不是富人的利益所在。如果由富人承担起更大的责任能够换来社会的长期稳定，这将符合他（她）们长远的利益。这种霍布斯式的观点把"和平当成是富人的利益"，但是富人中的理性的个体却往往会由于目光短浅（如具有强烈的搭便车的愿望）而损害和平的条件。

面对现代社会的诸多问题，现代自由主义的正义观念并不一定总能够提供可操作的、技术上可行的处理手段。在"平等主义的高原"之上，现代自由主义的正义观念，尤其是发轫于十九世纪中后期具有强烈平等主义倾向的新自由主义正义观，解决的是社会如何善待人的问题。通过改良社会制度，社会不仅应该捍卫个人的自由和权利，而且应该给予个人改善自己生活前景的条件和机会，帮助个人重建参与社会生活的信心。[1] 像新自由主义这种强调个人自由与社会的关系的左翼自由主义正义观，也可以称为自由主义的社会正义观。社会制度对个人生活前景所产生的影响范围最广且非常深远，自由主义的社会正义观念试图避免的正是此类因社会制度的不公而使个人遭受的挫折。然而，相对于实现个人全面自由发展的社会理想而言，社会正义能够起到的作用依然是十分有限的，它既不能确保公民能力的极大提升，也不能使个人生活免于遭受偶然性因素的冲击。即便公民们都受到了平等的对待，在激烈的市场竞争的环境下，拥有平等法律地位、从同一起点出发的个人，也不能达到相同的位置，一些人必然会在竞争中遭受失败。资本主义社会市场的不断扩张，也必定会对其他社会领域形成冲击之势，甚至可能会瓦解体现着社会正义要求的基本制度。

针对这种情况，迈克尔·沃尔泽提出了一种复合平等的多元正义理论。在亚里士多德式的正义观的基础之上，沃尔泽试图诉诸马克思式的社会自我约束而不是道德来应对社会诸领域之正义的复杂性。他认为，不能离开共同体的属性来抽象地讨论社会中的物品分配。在他看来，社会由不同的领域组成，每个领域都拥有不同的可供分配的物品（goods）及其分配规则。社会各领域的物品分配要放到具体的认同背景下去理解，不存在抽象的、超越时空的一组首要的（或者说基本的）物品。政治权力（它本身也

---

[1] 不同正义理论对社会善待个人的方式的理解也会不同。新自由主义是在现代世界中居于主导地位的自由主义。作为20世纪的新自由主义大师，罗尔斯的正义论的独特之处就在于，它对最少受惠者经济期望的强调。最少受惠者并不特指某一社会群体，而是一种相关的社会地位。原则上任何正常的社会成员任何时候都可能处于这种地位，但处于这种地位的人们的境况是可以改变的。在正常的社会条件下，应当防止最少受惠者地位的社会集团化转换（变成一个封闭的阶层）。

是一种物品)的作用就是捍卫社会各领域的边界,防止某一领域的物品分配支配其他领域的物品分配。作为一名社群主义者,沃尔泽十分看重共同体的价值。然而,虽然特定社会领域的价值是既定的,但适用于特定领域的正义原则却因太依赖于共同体既定的价值,难以被明确地界定而缺乏批判性,而且人类社会生活的复杂性也决定了必定存在着正义的边界所不能企及之处。

此外,正义也并不是人类社会的唯一价值。在正义之外,我们还必须同时考虑其他的社会价值,如效率、秩序等。综合考虑这些价值,必然要求人与人之间的相互竞争和交易,以及偏好、权利内容和社会角色等方面的差别。在激烈的市场竞争的条件下,现实社会生活中的人们必然会被划入不同的阶层,分担不同的岗位,发挥不同的社会影响力。虽然在人类历史发展的某个阶段,竞争以及其随后产生的某种分化可能是不可避免的,但依照自由主义的社会正义观念的要求,人与人之间的差别必须得到合理的辩护。社会正义发挥的作用是有限的,它并不能消除人与人之间事实上的不平等,它关心的仅仅是在社会基本制度的层面上何种不平等是可以接受的。

从社会基本制度的角度来说,人与人之间的何种差别能够得到合理的辩护呢?休谟试图诉诸人类的"共同利益"来为社会分工和社会分层做辩护。功利主义与休谟的思想一脉相承,也试图诉诸人的世俗利益来为人与人之间的差别做辩护。功利主义要求法律和政府的公共政策必须平衡所有公民的福利,它为人与人之间的不平等所提供正当的理由是"最大多数人的最大幸福"。作为一种现代资本主义社会的价值原则,功利主义也赞同一种形式主义的平等主张,即在功利的计算中,它要求"每个人作为一个单位,没有人多于一个单位"(everyone is to count for one, no one is to count for more than one)。[1]

---

[1] 石元康:《当代西方自由主义理论》,上海三联书店,2000年,第42页。

在现实社会生活中，人类社会确实不能缺少成本与效益的分析。有些时候，为了避免社会总体的更大损失，不得不暂时牺牲少部分人的利益。如果不对这部分人的利益（甚至生命）损失进行估价，我们根本就无法对他（她）们受到的伤害进行补偿。但作为一个理论，功利主义讨论的是正当的行为方式。功利主义思想家认为正义的基础就在于，要在政策和法律上将功利最大化。如果将功利主义原则运用于法律和制度，并视之为公民们追求共同利益的原则，我们就会发现，在实践中它常常是自我否定的。例如在计算最大多数人最大幸福（功利）的时候，人们可能并不具备充分的知识或者没有充分考虑情况的复杂性。一些利益相关方的福利可能由于计算者不掌握相关的信息而没有被计算在内，或者被计算者有意无意地忽略。而且就算我们能够找到一群知识广博并采取"中立的旁观者视角"的人来统筹所有人的福利，他（她）们也不可能预知所有的情况。

设想一个地区爆发了某种未知的急性传染病，很多人被送到当地的一家医院。由于患者们需要被尽可能地隔离起来，他（她）们无法得到转移安置。疾病的迅速蔓延很快让这家医院不堪重负，没有条件再去全力救治送来的每一位患者。再假设全国都发生了资源紧张的状况，无法提供援助。这时候应该如何分配医院中有限的医疗设备和医护人员呢？履行功利主义原则的行政当局，必然会要求疾病防控部门和这家医院在行动中采取尽可能多地救活患者的指导方针。这样，我们似乎应该放弃对那些危重患者的治疗，拔掉他（她）们的输氧器，让医护人员用那些原本被失去抢救意义的患者占用的设施去救治病情刚刚开始恶化的患者，因为救活后者的可能性会更大。拔掉危重患者的输氧器，他（她）们立刻就会死。但即使让他（她）们去死，谁又能保证利用空出来的设备医生们一定能够阻止新患者病情的恶化，最后拯救这些人的生命呢？

功利主义没有认真对待人的理性的有限性。在一些极端的情况下，功利主义还会允许牺牲一部分人来换取最大多数人的最大幸福（功利）。功利主义的最大缺陷在于，由于承认极端情况的存在，它在价值上并没有完全把人当作目的。在批判功利主义的基础上，罗尔斯使用一种全新的方法提出了一种具有独特道义论色彩的正义观念，即作为公平的正义。公平正义不仅坚持康德的"人是目的"的原则，而且把理论关注集中于对社会制度的道德评判。在《正义论》的开端，罗尔斯就指出公平正义的首要主题是社会的基本结构，也即"社会主要制度分配基本权利和义务，决定由社会合作所产生的利益之划分方式"①，并最终把社会看作是自由而平等的公民们的合作系统。所谓社会主要制度，就是指政治宪法和主要的经济和社会安排，它们包括宪政层面的公民身份、基本自由以及政治权力的组织形式、法律保障下的市场竞争和产权制度还有受到法律保护的家庭制度。罗尔斯指出，之所以要把社会基本结构作为公平正义的首要主题，主要是由于它对个人的影响十分深刻并贯穿始终。

> 在此直觉的观念是：这种基本结构包含着不同的社会地位，出生于不同地位的人们有着不同的生活前景，这些前景，部分是由政治体制和经济、社会条件决定的。这样，社会制度就使得某些起点比另一些起点更为有利。这类不平等是一种特别深刻的不平等。它们不仅涉及面广，而且影响人们在生活中的最初机会，然而人们大概并不能通过诉诸功绩或应得（merit or desert）来为这类不平等辩护。社会正义原则必须首先加以应用的正是这些不平等，它们也许在任何社会的基本结构中都不可避免。②

---

① 〔美〕约翰·罗尔斯：《正义论》（修订版），何怀宏等译，中国社会科学出版社，2009年，第6页。
② 〔美〕约翰·罗尔斯：《正义论》（修订版），何怀宏等译，中国社会科学出版社，2009年，第6页。

罗尔斯是一位注重现实的理想主义者。他承认社会基本结构包含着不同的社会地位，而且出生于不同地位的人也有着不同的生活前景。公平正义并不要求所有人都拥有相同的生活前景（不包含一种平均主义的诉求），而是重点关注制约个人生活前景的制度性因素。因为制度产生的不平等是一种特别深刻的不平等。假如一个社会是足够开放的，在这个社会中个人的生活前景主要是由自身的因素决定的，那么无论情况有多么糟糕，通过不懈努力个人仍可以改善自己的生活水平；假如制约个人发展的因素主要是制度性的因素，那么无论做什么样的努力个人都不可能改善自己的生活水平。这种制度性因素所产生的不平等不仅会影响一个人的一生，而且会影响其所属的那个群体一代人甚至数代人的人生。如果社会的基本制度得不到根本性的改善，任何改善人类生存状况的个人的道德努力（比如说慈善）都是有限的或者说是没有意义的。

自由主义的社会正义观念之所以关注社会制度，是因为现代人已经拥有了新的生存背景。在现代社会里，由于资本主义商品经济的无限扩张，人与人之间可能发生的任何联系都成为间接的了。正如罗尔斯的另一位学生涛慕思·博格（Thomas Pogge）指出的："参与市场的个人完全不能预料其经济决定的远端效应。这不只是因为他不了解经济学，而主要是由于此类个人决定的后果相互纠缠在一起。"[①] 商品关系成了连接人际关系的主要纽带，它还不断侵入其他社会领域，并按照商品经济的原则来改造整个社会。资本主义社会的物质生产已经蜕变成了宰制人的力量，它创造了一个异化的人化自然。在资本主义社会里，任何只针对某一部分人的呼吁或斗争，任何改变现状的个人努力，都不可能触及问题的实质。马克思的伟大之处就在于，他揭示了资本主义社会的内在矛盾。马克思反对的并不是资本主义社会中单纯的某个阶级，而是资本主义社会。他当然反对资产阶级对无产阶级的经济剥削和政治压迫，但是

[①] Thomas Pogge, *John Rawls: His Life and Theory of Justice*, Michelle Kosch, trans., Oxford: Oxford University Press, 2007, p.32.

他更反对无产阶级那种接受资本主义社会现状的消极态度。

不可否认，资本主义在人类历史发展的一定时期内具有极强的自我调节能力。随着资本主义的兴起，知识的传播由于新的交往手段的出现获得了飞速发展。识字率的提高，各种思潮和观念的交锋，鼓舞着人的理性信念，同时也极大地改变着公共生活的面貌：国家和法的问题已经重新为人们广泛地探讨（就像古代民主政体下的雅典人那样），先前为一部分人所独享的政治生活，现在要在大众的范围内寻求主观的基地。个人的自由和权利必须得到保障；政治秩序必须受到审视；安排政治生活的原则要能够在人们之间普遍传达，被普遍认识和希求。在此基础之上，理性的批判精神也对资本主义制度提出了修正的要求。其成果就是发轫于 19 世纪中后期的各种（持改良主义立场的）社会主义思潮，以及主要在大学里发展起来的新自由主义（也被称作社会自由主义）思想。这些新的政治意识形态的共同之处在于，都承认人是社会的成员，人的生存和发展都离不开社会。在强调人的社会性的同时，把国家和法律看作是个人自由的保障而非障碍，主张政府积极干预社会。

罗尔斯的正义论正是资产阶级理性批判精神的一次具体的实践运用——他是新自由主义理论在 20 世纪的继承者和发扬者。在对社会的看法上，罗尔斯吸收了 19 世纪新自由主义的观点。19 世纪的自由主义者，如后期密尔、格林和霍布豪斯等人都赞成这样的观点："社会是人们为了通过追求共同利益从而实现自我而组成的一种合作性联合体。"[①] 除了把如何"实现自我"交给个人去做判断以外，罗尔斯完全接受这样的社会观念。在此基础上，他主张道德关注应当集中于社会制度的设计与改革，而不是某部分社会成员的行为和过失。在现代社会的条件下，人们之所以会对他的正义理论产生特殊的兴趣，乃在于他十分强调公平程序。"罗尔斯并没有提出什么在社会集团或个人之间分配财富的

---

① 〔英〕理查德·贝拉米：《自由主义与现代社会》，毛兴贵等译，凤凰出版社集团、江苏人民出版社，2008 年，第 74 页。

具体办法。在他看来，社会正义只有在实际社会制度中的实践与他所提出的原则相一致时才能够实现。"① 罗尔斯把自己的正义理论称作作为公平的正义，公平正义意示着适用于社会基本结构的"正义原则是在一种公平的原初状态中被一致同意的。"② 原初状态（original position）并不是真实存在的状态（state），它只不过是罗尔斯证明公平正义的一种理论设计。从原初状态出发的论证看似复杂，但罗尔斯的理论目标却相当简约。罗尔斯的目标是抓住关键性的政治问题，公平正义并不试图处理所有复杂的社会问题，它之所以引人注目毋宁说就在于罗尔斯高屋建瓴的眼光，它抓住了社会基本结构这个根本的主题。

罗尔斯的正义理论把关注聚焦于对个人影响至深的社会的基本结构，提出了新的方法和新的原则。在证明方法上，罗尔斯不去诉诸抽象的人类理性，而是从自由民主社会的公民们最基本的直觉性观念出发，通过反思平衡的方法把这些直觉性的观念建构成明确的正义原则。公平正义诉诸人们最深刻的道德直觉，却又能提出明确的正义原则，并借助无知之幕的设置和理性人的选择给出严格的证明。因为拥有这些优点，公平正义才具有如此之大的影响力。许多学者都承认"罗尔斯的理论是迄今为止（现代）西方社会上所有对正义价值观念所做的解释中最令人满意的一种"③。

第二节 一种现代社会正义观念

人类政治生活和政治制度设计建立在某些根本性的价值的基

---

① 〔英〕彼得·斯坦、约翰·香德：《西方社会的法律价值》，王献平译，中国法制出版社，2004年，第106页。
② 〔美〕约翰·罗尔斯：《正义论》（修订版），何怀宏等译，中国社会科学出版社，2009年，第10页。
③ 〔英〕彼得·斯坦、约翰·香德：《西方社会的法律价值》，王献平译，中国法制出版社，2004年，第106页。

础之上。正义作为其中最重要的价值,古往今来的思想家关于它的思考源远流长,并随着时代的变迁呈现出不同的面貌。一种特定的正义观念会表现为何种形态,往往是由其特殊的社会历史条件所决定的;反过来,特定的正义观念也会在特定的历史时期对人们的政治生活产生巨大的影响。就正义关注的主要对象而言,不同历史时期、不同思想家的观点不尽相同:传统正义观关注的主要是个人的品质以及与个人内在品质相一致的行为,现代正义观所重视的是规定公民间行为关系的社会制度;现代正义观中的某些正义观重点考察的是国家内部的社会合作关系,而某些正义观则更加强调国与国之间的关系。在西方,人们往往把古希腊正义思想看作是整个西方正义传统的源头。作为古希腊正义思想的集大成者,柏拉图和亚里士多德的正义观具有鲜明的时代特征,代表了古希腊主流正义思想的最高水平,体现着西方传统正义观的最高成就。与传统正义观相对,罗尔斯的正义理论属于一种现代的(modern)社会正义(以及特定意义上的分配正义)观念,这种正义理论讨论对象的多层次性以及讨论某个对象(具有相对封闭性的政治社会)时其内涵的丰富性,使得我们能够对公平正义的属性做多维度的审视。

一 以柏拉图和亚里士多德为代表的传统正义观

与传统社会不同,现代社会主要是依靠社会制度而非习俗来维系的。因而现代自由主义正义观(尤其是主流的自由主义社会正义观)一般都把社会制度作为它们的首要主题。罗尔斯在《正义论》的开篇就指出"正义是社会制度的首要德性(virtue)"[1]。与现代自由主义正义观对社会制度的强调不同,古希腊政治实践和哲学首先关注的是个人的美德,柏拉图的《理想国》开篇追问的是个人如何才能成为一个正义的人。在古希腊,正义的含义十

---

[1] 〔美〕约翰·罗尔斯:《正义论》(修订版),何怀宏等译,中国社会科学出版社,2009年,第3页。

分复杂。按照亚里士多德的分析,有时候它被用作一切伦理美德的同义语。说某人很"正义",也就是说此人德性高尚,或是一个一般意义上的好人。有时候,"正义"一词也被用来专指某一项伦理美德,如勇气、慷慨等。这时候它就涉及人与人之间的关系。只有在与他人的关系中,我们才可以具体地评价一个人的品质。但在柏拉图那里,"正义显然是一种异乎寻常的美德,虽然与智慧、勇气及自制同列美德之目,与这些美德确有种类之别。"① 这样,正义作为希腊人的四种主要美德之一,便与另外的三种美德(智慧、节制和勇敢)既相关,又相对。其余的这三种美德,虽然对人有益,却都只关系到人的某一方面,如智慧与理性相关,节制与欲望相关,勇敢与激情相关。武士尚勇,珍惜名誉,但他们对勇气这项美德的理解却可能非常有限;同样,智慧之人,也可能性格懦弱,不能持续为善,就像一只燕子造不成春天,偶尔为之的善行也成就不了美德;而行为节制的人,则有可能既不富有血气,又缺乏智慧。相比之下,正义这项美德同时关系到理性、激情和欲望,在所有的美德之中它居于核心的地位。一个正义的人会正确使用他的理性来支配他的激情和欲望。因此,唯有做一个正义的人,才有可能成就一个好人。另外,其余的那三种美德,是不依赖于他人而对自身有益的。他人愚蠢而我明智,他人怯懦而我勇敢——如果不是徒勇无谋的话,他人放荡而我节制,都对我有利。于其次,这些美德不会使我脆弱,可以使我保护自己而免受他人的侵害;于其上,依照"盲人国中独眼称王"的道理,这些美德甚至还可以帮助我跻身显要。但正义却无法给人这样的指望。一个正义之人如果置身于不正义的社会,绝难找到容身之处。所以正义之人必须广布正义,以便能够合理地期望他人同样践行正义。由此可见,正义必然是一种政治美德。正义之人必须要来统治城邦,或者把城邦的统治权交给正义

---

① 〔美〕约翰·麦克里兰:《西方政治思想史》,彭淮栋译,海南出版社,2003年,第35页。

之人，使得城邦也成为正义的。但让城邦之内的所有人（成年公民）都自觉践行正义，这未免有些强人所难。在古希腊的思想家看来，人与人之间按照其本性来说就是不平等的。一个正义的城邦只要求由天性优良的人来统治国家，而天性低劣的人则自愿接受统治就可以了。

古希腊人承认他们的美德要受到各种偶然性因素的影响。例如智慧、节制和勇敢这三种美德，有的人可能只是因为天生智力超群，善于思考，从而成为富有智慧的人；有的人则是因为天生体格强壮，长于搏击，在作战的时候就能够无畏强敌；还有的人天生情欲旺盛，意志薄弱，难以时时刻刻进行自我节制。同样，正义这样一种美德也并非是人人（通过后天的努力）能及的，它只属于天生优越的少部分人。当然，按照柏拉图的观点，与获得其余那些美德的过程相比，获得正义美德的过程虽不乏偶然性，却必定会更为艰辛。它要求天生优越的少部分人必须经过严格地训练，才能够脱颖而出。一个真正的正义之人，除了其他方面的品质十分卓著之外，他还会运用理性来探求善的理念（Idea），并持续不断地追求和实践善的理念，而不是像智者那样只会利用理性来为自己谋取特殊的地位和利益。在柏拉图看来，一个正义的城邦要得以可能，关键是要由正义之人来统治。城邦的正义与个人的正义是同一个正义。对一个人而言，只要其身内三种品质各自做它们分内的事，那他就是正义的人。类似的，在城邦中，"每个人都作为一个人干他自己分内的，而不干涉别人分内的事"①，这就是正义。当生产者、护卫者和统治者这三种人在城邦内各做各的事而不相互干扰时，便有了正义的城邦。但是，城邦的正义要牵扯共同体的每一个人。在一个城邦内，正义不可能只存在于一部分人之中，作为一种政治美德它必然要触及每一个人。不过，按照柏拉图的观点，让正义的美德惠及城邦中的每一

---

① 〔古希腊〕柏拉图：《理想国》，郭斌和、张竹明译，商务印书馆，1986年，第156页。

个人，是通过少部分正义之人的统治来实现的。

古希腊的政治实践非常关注个人的美德。在古希腊语中，美德（arete）一词包含着"优秀"、"卓越"、"圆满成就"或"目的实现"等含义。人的美德就是人的卓越，但人的优秀并不仅仅是指某种内在的品质，它还要通过人的实践表现为外在的成就，而人的实践又是与其扮演的角色密切相关的。在古希腊的城邦世界，城邦内的每一个人都扮演着特定的角色，每一种角色都对应着一种美德。有的人还拥有多种身份，比如说公民除了拥有公民身份以外，还是一个家庭的家长。城邦内的不同等级，不同身份的人，拥有不同的美德。厨师的美德是做出美味佳肴，武士的美德是作战勇敢，君主的美德是安邦定国、引人向善，最后人之为人应该具有什么美德呢？亚里士多德认为，人的最高目的（或人的可实践的最高的善）是追求幸福。[①] 幸福"是一种活动，它不是任何一种快乐，尽管快乐自然地伴随它"[②]；它是终极而自足的，是人之为人所特有的能力的发挥，是美德所倾向的那种行为。在亚里士多德看来，人之作为人就在于他善思考，能够拥有智慧。城邦作为所有"社会团体中最高而包含最广的一种，它所追求的善业也一定是最高而最广的"[③]。因此，唯有过上城邦的生活，依靠城邦生活提供的闲暇，人才能实现他（理智）的本质。而人之所以能参与城邦生活，乃是因为他通语言、辨善恶，从而能够践行正义。但人的伦理美德以及在各种角色实践中所取得的

[①] "目的"是亚里士多德伦理学中一个重要的概念。亚里士多德的目的概念与现代人理解的目的有很大的不同，它并不是指个人主观上的目标或欲望。亚里士多德是从生物学、植物学来推演他的形而上学的，所以在他的哲学中，伦理学上的目的概念也可以追溯到生物学上的目的概念。那么什么是生物学上的目的概念呢？举一个通俗易懂的例子，比如鳍的作用是维持鱼身体平衡和帮助它游泳，鳍的目的就是鳍的功能或作用，它们构成了鳍的本质特征。同样的道理，人特有的构造和人的禀赋，也应该有自己特殊的功能和作用，这就是人的目的（虽然最初还是潜在的）。

[②] 〔英〕罗斯：《亚里士多德》，王路译，商务印书馆，1997年，第209页。

[③] 〔古希腊〕亚里士多德：《政治学》，吴寿彭译，商务印书馆，1965年，第3页。

成就，并非是实现人最终目的的单纯手段。在亚里士多德看来，人在实现其最终目的的过程中，在各个方面表现出来的优越本身也具有内在的价值。

亚里士多德把公民界定为一切参加城邦政治生活，轮番为统治和被统治的人。在一个理想的政体中，公民们应该是一群以优良的生活为宗旨，并且既能治理又乐于受治的人。通过参与城邦政治生活，一个人才能够成就正义这种"社会美德"。亚里士多德区分了两种正义：一种是一般正义，另一种是特殊正义。与现代人的认识不同，亚里士多德的一般正义实际上指的是古希腊伦理美德的总汇，但这些美德之所以被称为"正义"，乃是就它们对一个人与他人的关系的影响而言的。勇敢、慷慨、温和、友善等，这些美德当然首先是主体自身的优良品质。但一个人生活在城邦之中，他的美德高低就会给他人带来某种影响。凡是具有能给他人带来有益影响的人，就可以称为正义的人。

古希腊人常常把正义看成是一种个人品质。在《尼各马可伦理学》中，亚里士多德就指出："我们可以看到，所有的人在说正义时都是指一种品质，这种品质使一个人倾向于做正确的事情，使他做事公正，并愿意做公正的事情。类似地，当人们在说不正义时，指的是这样一种品质，其使得一个人做不正义的事情，并且愿意做不正义的事情。"① 正义虽然是一种个人品质，但亚里士多德强调的是，公民们必须通过参与城邦的政治实践来成就（一般）正义的美德。"凡人由于本性或由于偶然性而不归属于任何城邦的，他如果不是一个鄙夫，那就是一位超人。"② 参与城邦政治与遵守城邦的法律是一致的。所以，一般正义即是城邦法律所规定的东西，而不正义就是法律所禁止的东西。这种守法的正义必然是与他人关系上的完全的美德。亚里士多德理解的法

---

① 〔古希腊〕亚里士多德：《尼各马可伦理学》，廖申白译，商务印书馆，2003年，第126~127页。
② 〔古希腊〕亚里士多德：《政治学》，吴寿彭译，商务印书馆，1965年，第7页。

律比我们今天理解的法律含义要宽泛得多，他认为法律总是为了城邦共同利益而制定的，所以公民们的守法就是（一般）正义，正义也就是促进整体利益。

在亚里士多德看来，城邦的存在是为了让公民们过上优良的生活，而不仅仅是为了实现其成员对外在物质利益的分享。公民们参与城邦政治生活的目的是为了获得完全的美德，而完全的美德也唯有通过政治实践才能够获得。一方面，要达到这一目的，他们就要有机会做统治者，因为唯有统治者才具备拥有完全意义的美德所必需的实践智慧；另一方面，统治的美德一般又是通过被统治的经验来获得的。这样公民们就必须轮流地统治和被统治。统治者应当是拥有完全意义的美德之人，也就是说政治职务应该分配给品质相当的人。亚里士多德承认，人与人之间存在着品质上的差异，并不是所有公民都具备一个善人的德行。即使在最理想的城邦中，也不可能人人都是善人，而且由于城邦公民职分的不同，为了恪尽职守，他们也应该拥有各自不同的美德。亚里士多德认为，法律是维护共同利益的积累的智慧。他虽然十分强调法治，但也主张应该把政治权力交给那些品质优良、才能出众的人。在亚里士多德的眼中，公民们参与城邦政治的过程必然是与一个选拔和职务授予机制相容的。亚里士多德把职务和其他利益（advantages）的分配，也即与他人利益关系上的美德称为特殊正义。特殊正义是一般正义的一个部分，它也属于与他人有关的美德，并且往往是指向城邦政治的。特殊正义又分为三种，即分配正义、矫正正义和交易正义。其中分配正义与每个社会成员的"应得"相关。分配正义是"几何比例"的中道，在分配时依据的"平等"并不是把人人都看成完全一样，而是看成价值上不同的，然后根据其价值进行对等分配。亚里士多德认识到，在现实生活中，不同阶层的人、不同的政体对人的价值的理解是不一样的。他承认，对人的价值是什么这个问题，很难找到一个让所有人都认可的规定。所以，毋宁说他只是对分配正义下了一个形式的定义，即正义意味着与某种标准相称的分配比例，同等情况同等对待，不同等情况（按照不同等的程度）不同等对待。人的价值是什么？或者说在理想的城邦内，怎样来认定个人品质，从而对其正当行为和应得份额做出解释和判断，这恰好就是城邦政治的使命。矫正正义和交易正义都是在公民的私下交易中起作用的，它们所使用的手段是一种"算术上的比例"方法。这两种正义都不考虑人的价值，各方只被看成是平等的：或拉平一方从另一方夺得的利益，或各方在自愿的情况下进行平等交易。这两种正义都是在既定的政治秩序下发生的。矫正正义要由公正的第三方通过合法程序来实现，它的目的是要依靠权威性的手段一次性地终结冲突；而人们之间的自愿交易也要依靠特定政治秩序之下的一种共同的东西来衡量。

二　现代自由主义视阈下的罗尔斯正义理论

柏拉图和亚里士多德的正义观是古希腊城邦社会主流的正义观念。城邦是真正的"小国寡民"，实行的主要是奴隶制商品经济。随着帝国的兴起，城邦无可救药地衰落下去了。旧的社会条件消逝以后，在新的社会背景下，必然会产生新的政治观念。自由主义（liberalism）是近代资本主义兴起的产物，虽然它的某些要素能够追溯到中世纪，甚至更早的古代世界。[①] 由于时代的不

[①] 在资产阶级革命时代，出现了如洛克、孟德斯鸠、卢梭、康德等重要的自由主义思想家，但是"自由主义"这个词被广泛接受却是发生在19世纪的事情。"自由主义"源于西班牙语"Li-berales"，最早出现在1812年，当时西班牙自由党用这个词来标榜他们促进立宪政府的决心。1812年3月，西班牙议会在加迪斯市召开会议，会议上通过了"1812年宪法"，又称"加迪斯宪法"，标志着这个概念正式登上历史舞台。1816年，英国的托利党人还用带有蔑视的口吻使用"自由主义"一词来贬低对手。1822年，英国文学家和诗人拜伦和雪莱等创办了名为《自由主义》的杂志，但影响甚微。直到19世纪中期，"自由主义"才得到了广泛应用。此后，社会主义者、新自由主义者（New Liberalist）开始反思早期资本主义不受约束的市场，强调人的社会性，即人是社会的成员，人的生存和发展离不开社会，从而提出了全新的社会正义（social justice）的观念。社会正义原则调节的是作为社会成员的个人参与社会合作的利益分配和责任分担，个人仅凭社会成员这个抽象的身份，就有权利要求社会保障其基本的需要。

同，面临问题的不同，各种自由主义的理论主张也不尽相同，因此在不同的历史时期、不同的国家或地区就出现了形式各异的自由主义。"现代自由主义"是对现代社会面临的诸多问题的回应，但并非所有出现在现代的自由主义观念都可以划入"现代自由主义"的范畴。现代社会是依靠制度调节得以维系的，现代自由主义的独特之处就在于它对个人自由与社会制度的关系的高度重视。现代社会制度往往以法律为表现形式，并按照形式正义的要求平等地对个人行为施以调节，它在规范现代社会的复杂关系上发挥着举足轻重的作用。现代自由主义的代表人物，虽然其理论主张不尽相同，但他（她）们在有关自由主义主题的认识方面基本上是一致的，都认为自由主义理论是一种有关政治制度和法律制度的合理性论证。例如，罗尔斯就承认："任何一种（现代）伦理学理论都承认社会基本结构作为正义主题的重要性，但并非所有的理论都同样地看待这种重要性。"① 诸种现代自由主义理论的分歧，集中地体现为它们所主张的社会观的不同。例如，"在公平的正义中，社会被解释为一种为了相互利益的合作探索或冒险"②，而哈耶克则强调（市场）社会是一种自发演进的秩序。

虽然存在着观点上的巨大分歧，但重视社会制度的这一特征，却使得现代自由主义的正义观与传统的正义观区分开来。由于传统社会的社会关系比较简单，所发生的关系通常是面对面的关系，因此不需要由一套刚性的社会制度来调节。也正是因为这个原因，与现代正义观关注社会制度对一般利益的分配（用罗尔斯的话来讲，就是社会制度分配"权利和义务"，确定"社会合作的利益和负担"）相比，传统正义观则能够更多地去关照人与人之间的差别性。东罗马帝国的《查士丁尼法典》中就记载着：

---

① 〔美〕约翰·罗尔斯：《正义论》（修订版），何怀宏等译，中国社会科学出版社，2009 年，第 66 页。
② 〔美〕约翰·罗尔斯：《正义论》（修订版），何怀宏等译，中国社会科学出版社，2009 年，第 66 页。

正义是给予每个人他应得的部分的这种坚定而恒久的愿望。也就是说，这部1400多年前的法典中所谓的正义，强调的是不同人在群体中的不同价值。传统正义观"更强调各得其所，或各得其所应得，各做各的事"，"它强调'各''报''应得'，更强调'对等'而不是'均等'，注意人与人的差别"①。在一般利益的分配中古代国家的重要性并不彰显，许多现代国家的正义功能都是在当时的社会交往中得以实现的，古代国家更多的是维护交往的规则（或者说伦理关系）而非直接进行分配。在现代以前，根本就不存在国家以社会的名义实施的物质财富的再分配（严格意义上的分配正义）。"在古代国家的'正义概念'中，对纠正的正义比对分配的正义更为重视。"② 当然，传统的正义观并不一定只在传统社会出现。在现代社会中仍然存在沿用传统正义观思维方式的正义观，它们试图利用传统正义观的理论资源来对现代社会的诸多问题做出回应。

但从总体上看，由于社会生活条件的变化，现代人关注的理论问题已经与古代人有了很大的不同。"古代人的中心问题是善的学说，而现代人的中心问题是正义观念。"③ 在传统的正义观念中，践行正义的美德也是为了实现善。传统正义观念中的正义美德主要是个人美德，柏拉图与亚里士多德的正义思想首先关注的就是个人美德。由于政治生活对培育公民美德有着非常重要的作用，两位哲人都强调政治职务应该授予美德高尚的人（城邦的正义就是根据每一个人的美德进行职务和荣誉的分配），而政治职务的分配又关系到对个人品质的评判。相对于政治职务的分配，其他利益（如繁荣、荣誉、财富等）的分配是次要的。与首先关

---

① 何怀宏：《正义：历史的与现实的》，北京出版集团公司、北京出版社，2017年，第164页。
② 何怀宏：《正义：历史的与现实的》，北京出版集团公司、北京出版社，2017年，第164页。
③ [美]约翰·罗尔斯：《政治自由主义》，万俊人译，译林出版社，2000年，平装本导论第26页。

注个人美德的传统正义观不同,现代自由主义的正义观主要关注个人利益(在法治社会个人利益是由权利义务关系来规定的),尤其是物质财富的分配,并且始终是指向社会的,即这个社会的制度和组成这个社会的公民。现代正义首先指向的是社会制度,个体公民的正义必须经过制度的中介来实现。例如,罗尔斯在《正义论》的开篇就提出正义是社会制度的首要美德。在这里,他是在一种更为狭窄的意义上来使用正义一词,即对具有利益分配功能的社会制度的道德评判。① 这一限定的意义通常就是"社会正义"(social justice)一词所指涉的基本内容。社会制度(social institutions)是指"规范化的定型化的举止、行动或行为原则的载体。它支配着社会生活的一个至关重要的领域,并历时悠久。"② 这一术语并不表示行为本身,也不表示以个人或集团为其成员的组织。除了社会制度,还有许多其他的事物我们也可以称之为正义的或不正义的,比如说战争、契约、指控、法律、要求、裁决、荣誉、命运乃至整个世界,但在用正义判断来评判公民行为的时候,总是以特定社会的正义规范为前提的。

与两位古希腊哲人的正义观相反,现代自由主义的正义观一般不用来评价个人的品质。现代政治只要求公民们履行其公民责任,而不干涉个人的道德志向。这是因为自现代以后,政治(或者说政治哲学)的抱负发生了变化。它不再关心政治活动如何提升个人美德,而更关注一个人在政治生活中如何才能按照一个好公民的标准行事,什么样的公民行为或者制度是合法、合理的,不与法律或公共理性相抵触,从而不会遭到法律的制裁或者损害

---

① 罗尔斯把正义原则视为对社会基本制度进行道德评判的标准,这并不意味着他不关心公民美德。后期罗尔斯十分强调与正义制度相配的公民美德,他指出"政治的正义观念之首要焦点,便是基本制度的框架和应用于该框架的各种原则、标准和戒律,以及这些规范是如何表现在实现其理想的社会成员之品格和态度中的。"参见罗尔斯《政治自由主义》,万俊人译,译林出版社,2000年,第12页。
② 〔英〕戴维·米勒、韦农·波格丹诺等:《布莱克维尔政治学百科全书》,邓正来等译,中国政法大学出版社,2002年,第382页。

法律的权威，并经得起道德上的评判。这样，关于社会制度和政府（公民）行为的价值判断与对个人品质的价值判断就被明确区分开来了。但个人的价值观念与社会制度之间又总是相互联系的。社会制度对人们的价值观念乃至性格的形成会产生实质性的影响；反过来，社会制度也要凭借人的行动得以创造、维持和发展，而人们的行动又要受其持有的价值观念的影响。从表面上来看，这似乎意味着，对特定社会制度的道德评判必定要以对特定行为和个人品质的评判为前提。然而按照现代正义观念的主张，正义只涉及对特定行为方式评价，个人的人生价值不能凌驾于对作为其生存背景的社会制度的道德评判之上。这一方面是因为现代人的世界观跟古代人的世界观相比，已经发生了巨大的变化，人们很难就善的观念（conception of the good）达成一致（这并不是说古代的人们在善的观念上没有歧见，而是说他们难以像现代人那样公开承认善的观念的多元状态是合理的），也无法找到评价个人品质的共同标准；另一方面是由于在现代社会的条件下，制度发挥着不可忽视的中介作用。古代当然也有制度，但它们与人们的美德实践活动是同一的。个人的内在品质是其正当行为的前提，而个人的正当行为又是其品质的外在表现。只有在现代社会的条件下，制度才能够平等地调节主体的外在行为，而不涉及其内在品质或者特殊身份。制度虽然只规定人与人之间外在的行为关系，但不同的社会制度也往往会产生出不同的行为方式和品质。社会制度能够塑造人的行为，所以对社会制度的道德评价就显得格外重要。社会制度的塑造功能（这一社会事实）通常为现代自由主义的思想家们所警惕，现代自由主义政治哲学的主要工作就是调和自由主义价值与类似的社会事实之间的冲突。

　　古代思想家们的正义观与现代自由主义的正义观之所以会存在着差别，虽然与人们世界观的变化和制度发挥的作用相关，但归根到底还是由于社会生活条件的不同。不同的生活条件带来了不同的社会事实。现代政治不再以个人美德为核心，这并不意味着它要抛弃所有美德，毋宁说现代政治关注的乃是一种全新的美德，即平等公民之间的政治美德。现代自由主义思想家之所以关注平等公民之间的政治美德，乃是因为他（她）们看到了这样一个社会事实：在追求社会制度的正义与普遍地培养起宽容、公正、明理、理性等现代公民美德之间，存在着一种良性的互动关系，而这种良性的互动关系，正是在现代社会的条件下实现正义的关键。实际上，现代自由主义的正义观十分重视个人道德，它通过对社会制度的道德评价来间接地诉诸人的道德能力。现代自由主义的政治价值体现着对公民道德能力较高估计，它确立于公民们对政治秩序进行道德评价的过程之中。在这一过程中，我们必须依靠哲学家，他（她）们为政治价值提供了系统的论述，这就为这些价值成为公共知识创造了条件。最后，这些根本性的价值不仅体现为公民们内在的道德意识，而且还通过评价政治秩序、外化为法律间接地规范着他（她）们的行为。[①] 合理的政治秩序由于得到了道德上的辩护，从而使人基本的道德能力得到了确认和明确地规定。在这样的政治秩序下，社会生活中的文明举止会更加普遍，公民美德也会日益巩固。传统社会关注的是一个美德体系，它包括不同层次（在最高层次上，是人之为人的美德）的、不同角色实践的美德。许多现代自由主义的思想家虽然也关注美德，但这种关注往往是通过思考德性原则的完全一般的理论来进行的，例如罗尔斯就在自由而平等的公民的实践理性基础上，通过对正义原则的建构来建立评判社会制度的标准，并表明它们能够成为各种完备性观念的重叠共识。罗尔斯试图通过这样一种计划来重建公民美德。

罗尔斯的公平正义是一种典型的现代自由主义的正义观念，

---

① 这里把"regulation"译为"规范"，何怀宏等人译为"调节"；万俊人则译为"规导"。在有的地方我们也吸收了这两种译法。但在《政治自由主义》中译本的"基本自由及其优先性"一讲中，又有"对基本自由的规导"的表述，这里涉及的主要是操作性的问题，而非道德原则的规范作用。

由于强调社会制度的分配功能，它同时还是一种自由主义的社会正义观念。现代社会本身是十分复杂的。从层次上讲，既有与国家相对的大社会，也有属于某个圈子的小社会；有国内社会，也有国际社会。从内涵上讲，既有与国家重合因而具有政治属性的那部分社会，也有相对独立于国家因而政治属性较弱的那部分社会。正因为如此，现代自由主义的社会正义观念通常也是一个复杂的体系，具有外延层次多重、内涵规定性丰富的特点。如何进一步概括罗尔斯正义理论的属性，以便我们能够准确把握这一理论的总体特征？下面我们来对公平正义的属性进行多维度的审视。

三 多维度的审视

对政治哲学家而言，唯有对自己探究的对象做出适当的限制，才能够透彻地说明一个问题。一种面面俱到的理论，往往缺乏深刻性。因而，罗尔斯在《正义论》的开端就指出，在这本书中，他所关心的仅仅是正义问题的一种特殊情形。罗尔斯讲："我不想普遍地考虑制度与社会实践的正义，也不想考虑国际法的正义和国际关系的正义。"① 但罗尔斯全部的正义思想的确包含了这些内容，所以严格地讲，我们所讨论的罗尔斯的正义理论，仅仅是罗尔斯正义思想的一部分，即以社会基本结构为首要主题的公平正义，或者更宽泛意义上的以社会基本结构为首要主题的自由主义社会正义观念（由于这种观念是 19 世纪以来的现代自由主义的主流观念，因此很多时候罗尔斯直接称之为自由主义观念）。在罗尔斯的正义理论体系中，这些内容仅仅属于以社会的基本结构为首要主题、只限于国内正义的那一部分正义理论。罗尔斯的正义理论首先欲考察的是一个相对封闭社会的正义问题，而不是更大范围内的国际正义，或仅限于某一具体领域的局部正

---

① 〔美〕约翰·罗尔斯：《正义论》（修订版），何怀宏等译，中国社会科学出版社，2009 年，第 7 页。

义，如司法正义。但是，这并不意味着罗尔斯不关心这些问题，或者认为这些问题不重要。后期罗尔斯实际上就很关注国际正义问题，他甚至还出版了探讨国际正义问题的专著。罗尔斯也并不否认各种正义之间的相互联系。他指出，适用于基本结构的正义原则虽然不能直接适用于社会团体，但是却对社会基本结构内部的社会团体或个人施加了限制；而在国内正义与国际正义之间，也存在着相互平衡的问题。

在《正义论》中，罗尔斯明确地指出，公平正义的"首要主题是社会的基本结构（the basic structure）"①。因此，它是一种社会正义理论。作为一种社会正义理论，公平正义关注的是一个社会的基本制度安排，这种安排规定着政治和社会生活的基本构架以及社会合作的基本条款，它提供了一种在社会的基本制度中分配权利和义务的原则，确定了由社会合作所产生的利益的划分方式。因此，公平正义不仅是一种社会正义论，而且还是一种分配正义理论。分配正义（distributive justice）不同于配给正义（allocative justice），后者是指一定数量的物品在拥有特定欲望和需求的某些人中间进行分配，它并不强调要配给的物品是由被配给的那些人生产的，也就是说，配给正义并不以一种社会合作关系为前提。与配给正义不同，公平正义被视为调节社会合作利益冲突的原则，它是与特定的人、与社会的观念相联系的。总之，罗尔斯把社会基本制度视为公平正义的首要主题，并且强调它们的分配功能。因而，公平正义既是一种社会正义观念，又是一种分配正义观念。

公平正义关注的是拥有特定主题的分配正义问题，这意味着罗尔斯是在一个较为狭窄的意义上使用分配正义的概念的。公平正义仅仅是罗尔斯正义思想的一部分，除了以社会基本结构为主题的国内正义之外，罗尔斯还探讨了国际正义问题。此外，他还

---

① 〔美〕约翰·罗尔斯：《正义论》（修订版），何怀宏等译，中国社会科学出版社，2009年，第6页。

承认在社会基本结构之外的特定社会领域内存在着其他的利益分配规则。如果我们把具有分配功能的制度或规则都当作分配正义的考察对象，那么广义的分配正义就不仅包括同向公民们分配权利与相互合作利益的社会基本结构相关的问题，而且还包括社会基本结构之外的其他社会正义问题，例如公民之间、社会团体或者其内部成员之间，以及世界范围内的人民（peoples）之间的权利和利益分配。但相对于广义的分配正义而言，我们仍然可以在特定的含义上把公平正义当作是一种分配正义理论。同样的道理，我们也只是在特定的含义上才称公平正义为一种社会正义理论。因为在广义上，国际社会的正义问题、社会的某个领域以及各种社会团体内部的正义问题，也是社会正义理论的一部分。

在罗尔斯的著作中，他本人有时候又是在一种更为狭窄的意义上来使用"分配正义"的概念，即特指立法阶段的收入和财富分配。罗尔斯特意把这个意义上的分配正义叫做"狭义分配正义"。在《作为公平的正义——正义新论》中，罗尔斯就指出，应该对"将第一个正义原则所适用的宪法根本问题"与"第二个正义原则所适用的分配正义之制度"加以区分。这是因为宪法根本问题涉及的是公民基本自由以及一些关键性的利益的分配，解决这类问题比解决其他较为具体的问题更加迫切，公民们更有可能对这些问题达成一致意见，而且其实现程度也更容易识别。罗尔斯认为，如果立宪政体足够稳定，"关于什么是狭义分配正义之最合适的原则，关于支持它们的理想，这些问题能够在现存政治框架内加以裁定，虽然这种裁定并非总是正确。"[①]

在《正义论》的第二编中，罗尔斯也曾指出，立宪阶段解决的是"政治正义"，立法阶段解决的是（狭义）分配正义。前者规定了公民的基本自由和国家的基本结构，后者主要涉及机会、收入和财富的分配。按照自由优先的原则，立宪阶段应该优先于立法阶

---

① 〔美〕约翰·罗尔斯：《作为公平的正义——正义新论》，姚大志译，上海三联书店，2002年，第78页。

段,政治正义应该优先于(狭义)分配正义。政治正义亦即宪法的正义。在立宪民主政体下,社会被视为自由而平等的公民的合作系统。从民主国家的政治实践来看,正义的宪政秩序不仅应该优先于狭义分配正义,它还是实现社会正义的前提条件。在专制政体下,一部分人的权利长期不受重视或者很少受到重视;在权力与财富分配极不均等(权力分配的不平等会导致财富的不平等,财富的不平等会造成政治影响力的不平等,反之亦然)的社会里,社会各阶层之间的流动或互动被阻断,底层人民长期处于无权的境地,他(她)们呼声无人问津,利益要求得不到有效表达。只要社会不再被人们视为一种合作系统,社会正义就会荡然无存。罗尔斯提醒人们,必须对那些破坏自由民主社会合作基础的自私自利的集团保持警惕。他认识到,在自由民主社会中,过度的财富积累可能会对政治权力产生不良影响。因此,他主张通过保障公民们参与和影响政治过程的公平机会,来维护政治自由的公平价值,并以此来抵制财富因素对公共权力的侵蚀。

　　罗尔斯把公平正义看作是自由民主社会的一种正义观念,只要认可自由市场,这种观念并不对经济制度做特定的要求(不管它是资本主义的还是社会主义的),却要求立宪民主政体的政治制度背景。秩序良好的社会的政治结构必定是立宪民主政体。虽然对这一点并没有给出证明,但对罗尔斯而言,政治正义实际上可以直接同于立宪民主政体。显然,这里讲政治正义并不同于"政治的正义观念"(political conception of justice)。后期罗尔斯称公平正义为一种"政治的正义观念",他承认在《正义论》中并没有认真区分一般道德观念与"政治的"观念。"政治的正义观念"是公平正义的又一个属性。那么,应该如何来理解罗尔斯正义论中"政治的"一词的含义呢?

　　罗尔斯一再强调,公平正义是一种道德观念。但与一般的伦理规范不同,公平正义适用的首要对象是社会基本结构,而非对个人行为予以直接指导。因而它是一种社会规范,属于社会伦理的范畴。这样，公平正义便不同于个人道德，它不仅要体现在个人的意志活动中，还要表达为社会与法律规范；它不仅仅是个人的一种道德价值理想，而且还是对所有公民最基本的政治要求。从这个意义上讲，我们可以说公平正义本身就是一种"政治的观念"。在罗尔斯的《正义论》中，"政治的"实际上具有两个层面的含义。在涉及法律以及与政治强制相关的意义上，一些制度和联合行动被称为是"政治的"。这是通常意义上的政治概念，说公平正义本身就是"政治的"涉及的就是这个层面的政治概念。在《正义论》中，公平正义只涉及这个层面的政治概念。如果仅仅从与法律和政治强制相关的意义上来理解政治，那么我们就可以说，公平正义不仅是一种社会伦理观念，而且还是一种政治的正义观念。但这里所谓的"政治的正义观念"显然并不是后期罗尔斯称公平正义为一种"政治的"观念的本意。

在罗尔斯的后期作品中，他继续使用着第一个层面的政治概念。罗尔斯把公平正义看作是对公民道德能力的一种描述。在社会合作系统中，这种能力集中体现为人的合理性，即对于一种具有合理依据的维系自由而平等公民相互合作的规则和制度安排，一个人在预期其他人将会遵守的条件下，自己也会按照相关的规定行事。从道德心理学的角度来看，个人对正义规范的遵守要受制于他人的行为。这样，保证所有人对规则的遵守就成为社会合作得以可能的条件，即使在一个秩序良好的社会里也需要政治强制力作为保障。公平正义的可行性论证必然会与政治权力的使用相关，但政治权力的使用必须在法律的框架下进行，而法律框架的合理性又应该是所有的公民都能够认可的。这里涉及另外一个层面的政治概念，即政治不仅意味着强制力的合法使用，而且还意味着政治权力必须依照其正当性能够得到全体公民一致认可的法律来行使。按照自由主义的政治合法性原则，政治权力作为民主公民平等分享的一种权力，只能按照他（她）们可以合理地期待其他公民依据其共同的人类理性认可的方式来行使。虽然强制力（或者说暴力）也是一种政治权力的形式，但政治权力不能直接等同于暴力。在规范的意义上，政治意味着对暴力的有效控制。完整的政治概念当然离不开第一个层面的含义，也即强制力的使用。但重要的并不是对这种类型的权力的使用，而是对这种类型的权力的控制。在秩序良好的社会里，政治权力是为公民们的公共利益服务的。与第一个层面的政治概念不同，在规范的层面上，政治的实质是依靠公民们的集体性努力，通过为政治活动设立明确的界线，来降低政治竞争（或者政治斗争）的赌注。第一个层面的政治概念适用于对社会政治现象的解释，第二个层面的政治概念才具有了更多的规范内涵。由于第二个层面的政治概念具有规范的含义，适用这种含义的相关政治领域也成了一个特殊的领域。在这个领域内，公民们通常会以理性对话（在罗尔斯看来，这种对话并不需要哈贝马斯式的交往行动，而只需要黑格尔式的关于陈述和理解的分工就够了），而非赤裸裸的暴力对抗来解决分歧。在合理多元论的条件下，这就意味着"利用政治权力去强化我们自己的完备性观点可能是不合理的"[①]。如果特殊政治领域内的理性对话令公共理性得以彰显，公民们就能够对规范基本结构的正义原则达成重叠共识，如此一来，正义的立宪民主政体就会稳固，这样就足以维系政治领域的相对独立性了。这种规范意义上的政治概念所包含的内容，就是后期罗尔斯所谓的"政治的正义观念"中"政治"一词的基本含义。

对应于两个层面的"政治"的概念，在罗尔斯的正义论中，"道德"这个概念也具有两个层面的含义。第一个层面的含义与一些根本性的道德理想相关，但不涉及道德的本质（后者是道德哲学的任务，例如探求道德的本质，这是康德道德哲学的抱负）。在这个层面上，罗尔斯毫不犹豫地宣称，政治的正义观念本身就是一个道德观念；第二个层面的含义涉及道德的本质。与第二个

---

① 〔美〕约翰·罗尔斯：《政治自由主义》，万俊人译，译林出版社，2000年，第147页。

层面的政治概念相对,它指代着各种完备性的道德观点或学说,如康德的道德学说或休谟的道德学说。在合理多元论的条件下,推行一种完备性的道德观点或学说必然会导致政治强迫。针对第二个层面的道德概念,罗尔斯主张把政治哲学中"政治的正义观念"与道德哲学中的道德观点或学说区分开来。

关于政治的正义观念与道德观点或学说之间的区别,还有一点值得特别强调。在《政治自由主义》中,罗尔斯曾经指出:"一种政治的正义观念与其他道德观念之间的分别乃是一个范围问题,这就是说,两者之别乃是一观念所应用的主题范围与一种较广范围所要求的内容之别。"① 与政治的正义观念相对,在适用于广泛的主题的意义上,其他道德观念是一般性的(general);在包括各种类型的价值理想的意义上,其他道德观念是完备的(comprehensive)。罗尔斯在这里可能会给人留下这样一种印象,即他区分"政治的正义观念"与"其他道德观念"的依据仅仅是其适用的范围,也就是说,政治的正义观念只适用于特殊的主题。然而,政治的正义观念与一般道德观念的不同之处,不仅在于它适用于特殊的主题(这只涉及第一个层面的政治概念),而且还在于政治的正义观念对自身有着特殊的要求,即它必须独立于各种完备性的观点或学说,必须求助于民主政治文化传统中所隐含的理念,并且能够成为对根本政治问题进行公共证明的基础(这就涉及第二个层面的政治概念)。也就是说,适用于特定主题的道德观念,仍然有可能只是完备性道德观念的一部分。②

为了避免误解,必须全面把握公平正义的多重属性。公平正

---

① 〔美〕约翰·罗尔斯:《政治自由主义》,万俊人译,译林出版社,2000年,第13页。
② 拥有不同(适用于社会基本结构这一特殊主题的)正义理想的善的观念,仍然可能是相互冲突的;政治的正义观念并不是一种拥有正义理想的、特殊的善的观念(一般性的或完备的道德观念)在社会基本结构这个特殊主题上的运用,政治的正义观念的实质在于其对政治的自主性的尊重。参见谭安奎《政治的回归:政治中立性及其限度》,中央编译出版社,2007年,第19~23、99~103页。

义属于何种正义理论？回答好这个问题对于我们准确认识公平正义的总体特征至关重要。我们可以从多个角度来规定公平正义的属性，这是由其主题、作用和政治的特性所决定的。公平正义以一个封闭社会的基本结构为其首要主题，它是一种社会正义理论；它提供了一种在社会基本制度中分配权利和义务的办法，因而也是一种分配正义理论；在使用通常意义上的政治概念的时候，我们可以说公平正义本身就是政治的正义观念，但罗尔斯使用的并不仅仅是这个层面的政治概念。在后期罗尔斯思想中，他的政治观开始凸显出来。他把公平正义表达为一种规范的政治的正义观念。在合理多元论的条件下，政治的正义观念独立于各种完备性的学说，它们构成了独立政治领域中的政治价值。罗尔斯承认，适合于自由民主社会的正义观念不只一种，公平正义可能仅仅是其中的一种，但他仍然坚持公平正义是最适合于自由民主社会的正义观念。

第二章 《正义论》中的原则证明

在《正义论》中,罗尔斯从构成公平正义的一些基础性的直觉观念入手,随后介绍了公平正义的主要观念和契约论的证明方法,并通过与功利主义和直觉主义的比较,进一步阐述了公平正义的理论特征。《正义论》第一章的作用是,让读者在进入理论部分的原则论证之前先对公平正义的主要特征和基本思路有一个初步的了解。这种论述方式与人的认识过程是一致的。借鉴罗尔斯的思路,在进入他的证明之前,我们先考察公平正义的理论特征。这一章主要介绍公平正义的道义论特征和方法论特点。罗尔斯的证明方法被称为反思平衡,尽管罗尔斯正义论的方法不止一种,但反思平衡才是根本的方法,并且贯穿罗尔斯正义思考的始终。在《正义论》的理论部分,罗尔斯对正义原则的证明分为两个阶段:首先是对公平正义两个原则的概括,其次才是从原初状态出发的论证。一方面,在对照并且采纳某些直觉性信念的过程中,通过对正义原则的表述形式进行不断的完善,初步显示出公平正义两个原则的优越性;另一方面,在假定的一些能够被广泛接受的条件的约束下,表明原初状态下的各方会从理性人的视角出发在一组备选的原则清单中选择公平正义的两个原则。对正义原则的概括以及从原初状态出发的论证,属于同一个反思平衡的过程。这部分的内容在后期罗尔斯的思想发展中没有发生根本性的变化。《正义论》中的原则证明是由不可分割的三个部分组成的。虽然理论部分的论证受到了更多的关注,但制度和目的部分的论证同样不可忽视。后期罗尔斯放弃了《正义论》中目的论证的大部分内容。

第一节 公平正义的主要观念及其证明方法

罗尔斯的后期作品十分强调构成正义论的基础性理念，但在《正义论》的开端，他只简要地介绍了建构正义论的主要观念，即社会合作的观念与遵守社会合作规范的个人的观念，以及由公共的正义观有效调节的秩序良好的社会的观念。这些观念的规范性特征还不明显，尤其是社会合作的观念，在对公平正义两个原则的证明中，罗尔斯更倾向于把它看作一般的社会事实。人们看重的是对社会合作利益的分享，公平正义处理的是社会合作的利益冲突，罗尔斯还只是从利害关系的角度来解释社会合作。为了让读者对公平正义有一个初步的了解，以便为后面的证明做铺垫，罗尔斯用更多的篇幅介绍了原初状态的观念以及公平正义的理论特征。在《正义论》中，罗尔斯只做了一些零星的方法论的讨论，他的主要精力被放在"建立有关正义的实质性理论的工作上"[①]，为此他避免做广泛的方法论的讨论。但熟悉罗尔斯的方法，对于准确地把握罗尔斯的整体思想至关重要，我们有必要集中地探讨一下反思平衡的方法。公平正义独特的道义论特征决定了罗尔斯正义论适宜采用苏格拉底式的证明方式，所以我们的探讨就从公平正义的道义论特征开始。

一 公平正义的道义论特征

在《正义论》的序言中，罗尔斯指出，他的《正义论》试图"要进一步概括洛克、卢梭和康德所代表的传统的社会契约理论，

[①] 〔美〕约翰·罗尔斯:《正义论》（修订版），何怀宏等译，中国社会科学出版社，2009年，初版序言第2页。

使之上升到一种更高的抽象水平"。① 在这些思想家的社会契约论中，通过一种实际的或者想象的原初契约，人们从有缺陷的自然状态进入社会状态，并根据生活是否得到改善来评判一种特殊的政体。与这类社会契约思想不同，罗尔斯设想的是另外一种原初契约，它的目标是揭示适用于社会基本结构的正义原则。这些原则是那些想促进自己利益的自由而有理性的人们（rational men）将在一种平等的最初状况中一致同意的，并以此来确定他（她）们合作的基本条件。这些原则还将调节所有进一步的契约，指定各种可行的社会合作和政府形式。罗尔斯把这种看待正义原则的方式称为作为公平的正义。

正义原则可以通过一种假想的契约来说明。我们设想，人们通过共同的行为来一次性地确定他（她）们将生活于其中的社会的基本宪章，有理性的人们将在一种虚拟的平等自由的状况中选择正义原则，这样的原则将用来指导其所生活的那个社会。作为一种恰当的最初状况，原初状态是一种纯粹假设而非真实的状况，它模拟了公平的处境。在这一处境下，没有人会因为自然机缘或社会偶然性因素而获益，也没有人会为了他（她）们的特殊情况宁愿采用偏袒的原则。公平的原初状态保证了协议的公平，作为公平协议的结果，正义原则也是公平的。所谓公平正义，就是指正义原则是在一种公平的原初状态中一致同意的结果。罗尔斯还预先指出，一旦正义原则被设想为是从一种平等状况中的原初契约中产生出来的，功利主义的原则就很难会被接受。因为在平等的原初状态下，理性的人们只关注于自己的目的，而不会为了某部分人的较大利益去损害另一部分人的生活前景。

在公平正义中，契约论是一种抽象的理论构想，罗尔斯借助它来说明正义原则。虽然现实生活中的契约要受契约论所揭示的正义原则的指导，但用于道德理论中的契约与现实生活中的契约

---

① 〔美〕约翰·罗尔斯：《正义论》（修订版），何怀宏等译，中国社会科学出版社，2009年，初版序言第1页。

根本就不是同一种契约。同样，适用于现实契约中的理性与协议也不同于罗尔斯社会契约论中的理性和协议，这不仅因为后者的抽象程度更高，还因为后者具有更多的规范内涵。在罗尔斯的正义论中，社会契约表达的是自由而平等的社会成员相互间的道德承诺。社会契约的基础是道德，由于人们对道德的理解不同，规范性的契约论可以被划分为不同的类型。我们可以区分以正当为基础的契约观（right-based contract views）和纯粹以利益为基础的契约观（purely interest-based contract views）。① 在纯粹以利益为基础的契约观中，道德原则属于促成个人先在的、独立的目的所必需的理性规则，它是一种目的论的伦理学；以正当为基础的契约观主张正当优先于善，它是一种道义论伦理学。② 值得注意的是，主张某些先在的个人权利的优先性，这并不是以正当为基础的契约观的根本特征；相反，这种契约观主张的是，如果不诉诸一些根本性的道德观念，正当和正义的原则就根本得不到说明。

罗尔斯采用的不是以利益为基础的契约观，而是以正当为基

---

① 这里我们借用了塞缪尔·弗里曼关于以正当为基础的契约观与纯粹以利益为基础的契约观之间的区分，参见 Samuel Freeman, *Justice and the Social Contract: Essays on Rawlsian Political Philosophy*, Oxford University Press, 2007, p. 18。
② 道义论和目的论是西方规范伦理学的两种基本理论形态。两者的区分可以正当与善何者优先来界定。任何一种将善的观念视作理所当然，并根据善来解释高尚行为的理论都可以被称为一种目的论。亚里士多德的伦理学、功利主义的伦理学都属于目的论的伦理学。亚里士多德认为，人类群体生活的目的是要追求各种善，政治生活所追求的是最高的德性之善，判断一个行为是否具有道德价值，就看它能不能够促进德性之善的实现。功利主义的伦理学把追求功利（或者说效用）看作人类行为的目的，判断一种行为或者一种社会制度是否具有道德价值，就看它能不能够实现个人功利的最大化或者最大多数人的最大功利。相反，道义论认为人们行为或活动的道德性质和意义，最基本的不在于其所达成的目的和其所体现的工具价值，而首先在于它所具有的伦理正当性。正如康德所言："善良意志，并不因它所促成的事物而善，并不因它期望的事物而善，也不因它善于达到预定的目标而善，而仅是由于意愿而善，它是自在的善。"（康德：《道德形而上学原理》，苗力田译，世纪出版集团、上海人民出版社，2005年，第9页）在道义论的伦理学看来，善良意志（也就是正当）优先于一切其他的善。

础的契约观。这种契约观的根本特征决定了它所采用的社会合作观念，不但要表达每个个体的合理利益，而且还需具有一些独立的道德成分，例如公平正义中的公平的合作项目、合理性（reasonableness）等观念，这些成分优先于任何先在的欲望和利益的考虑。依据这种契约观，社会合作的可能性依赖于对个人道德的较高评价。在西方政治思想史上，洛克也主张这种契约观，但是他认为道德的最终根据是上帝。上帝赋予人自然权利，并要求人尊重他人的权利。通过社会契约，个人能够明智地选择一种最有效地保障其自然权利的社会组织形式。由于人们可以相互尊重，所以他（她）们也具有遵守约定的道德能力。唯有考虑人的道德能力的交易论，才足以解释公民们捍卫政治秩序的理由。洛克认为人具有尊重他人权利、遵守规则和明智地寻求一种有效地维护自然权利的手段的道德能力。罗尔斯也认为具有社会合作能力的自由而平等的公民具有两种基本的道德能力，即正义感和理性地追求有价值的生活的能力。在对公平正义的契约论证明中，罗尔斯设想，合理的公民除了能够彼此尊重和担当"承诺的压力"（strains of commitment）以外，他（她）们的正义感还包含着公平协议、公正立法等内容，罗尔斯的正义论包含了更广泛的道德确信。

在纯粹以利益为基础的契约论中，道德被还原为工具理性的算计，即在既定欲望和利益的前提下，通过个人的理性算计，寻求最有效地实现其既定欲望和利益的途径，并依照它来约束个人行为。个人不能离开社会而独存，但在这种社会契约观看来，组成社会的个人之间拥有相互冲突的欲望和利益，需要在这些相互冲突的欲望和利益之间寻求一种最佳的妥协。这样，道德就被视为协调个人之间利益冲突的一种有效手段。单纯从工具理性的角度来理解道德，可能会使社会合作陷入这样的困境，即理性的个人总是希望他人遵守道德，而自己却置身事外。纯粹以利益为基础的契约观不能克服道德约束中的搭便车问题。针对这一困境，霍布斯指出，道德虽然在"内在范畴"中起作用，但它并不足以实现秩序，只有在"外在范畴"中起作用的法律才能够维系秩序。因为法律由国家颁布并以强制力保证实行，因而对公民们的行为具有普遍的约束力。在霍布斯式的社会契约论中，在理性的指引下，自然状态下的人有能力选择以订约的方式来解决冲突，但订约本身并不能保证参与订约的各方都具有履行约定的愿望。为了应对可能的违约行为，需要设立一个由第三方来强迫各方履行契约的机制。按照霍布斯的理解，这个第三方（即主权者）的权力是无限制的，不受契约条款的约束。然而，当公民们缺乏公共的正当性理由来遵守某种政治秩序时，他（她）们很可能缺乏守约的愿望。高风险的缔约会给维护这种契约的主权者造成极大的压力，并把他（她）的权力推到极端。霍布斯的理论贡献在于，依据个人的工具理性，他的契约论模式"从那些参与了某种强制性的政治 – 法律秩序的人们之间达成的某种协议中，为那种强制性秩序推导出一种合法性理论方面，提供了更强的解释能力。同时，这种模式也认为，君主的政治权威在权利分配方面，要受到一系列由人们提出的先在的权利要求的限制"。[①] 但这种个人理性是无法与他人分享的，霍布斯式的社会契约并不能保证一个合理而稳定的政治秩序。唯有诉诸一些根本性的道德观念，并得到公共的正当性证明的政治秩序，公民们才有道德上的理由来认可它，却没有道德上的理由来反对它。在这种政治秩序下，公民有道德上的理由接受法律的约束，即使服从法律的行为并不恰好就是道德的行为；公民未必是出于道德而遵守法律，但在违规时却更倾向于产生道德上的顾虑。

罗尔斯主张的是一种以正当为基础的契约观，这种观点与纯粹以利益为基础的契约观形成了鲜明的对照。但在《正义论》中，他首先要对付的是功利主义的观点。公平正义的道义论特征

[①] 〔美〕詹姆斯·布坎南：《财产与自由》，韩旭译，中国社会科学出版社，2002年，第7页。

主要体现在其坚定的反功利主义的立场上。功利主义虽然对社会契约的观点，尤其是对先在的权利要求（自然权利）提出了批判，但它却支持纯粹以利益为基础的契约观单纯从工具理性的角度看待道德的方式。纯粹以利益为基础的契约观把道德原则视为满足个人欲望与实现个人先在利益的明智选择，功利主义也把社会正义看作是"应用于集体福利的一个集合观念的合理审慎（prudence）的原则"①。在契约观上，罗尔斯反对纯粹以利益为基础的观点；在正义内容上，他希望新的契约论能够提供一种对正义的系统解释，以替换传统的功利主义解释，而作为这种解释结果的正义论在性质上是高度康德式的。现代功利主义已经发展成许多不同的变种，但罗尔斯对功利主义的批判主要针对的是古典功利主义，尽管如此，他却相信契约论与功利主义的对立在所有情况中本质上都是相同的。

按照罗尔斯论述，古典功利主义的主旨是"如果一个社会的主要制度被安排得能够达到总计所有社会成员满足总量的最大净余额，那么这个社会就是被正确地组织的，因而也是正义的"。②罗尔斯的想法是，通过与以正当为基础的契约论的观点相对照，指出功利主义的某些观点与人们的直觉性观念相抵触，以此来揭示功利主义的缺陷。首先，以正当为基础的契约论支持正义优先的常识性信念，但功利主义却与正义优先的直觉性观念相抵触。某种间接（indirect）功利主义可能会承认正义原则或个人权利的价值，这是因为在文明社会中，遵循它们通常会带来更大的社会功利。这种观点认为，肯定正义的原则和尊重个人权利可以避免人们的短视行为，从而抵消个人侵害社会功利的自然倾向。然而，即使在这种功利主义中，正义原则和基本自由也只具有从属的地位。

---

① 〔美〕约翰·罗尔斯：《正义论》（修订版），何怀宏等译，中国社会科学出版社，2009年，第19页。
② 〔美〕约翰·罗尔斯：《正义论》（修订版），何怀宏等译，中国社会科学出版社，2009年，第18页。

其次，以正当为基础的契约论是以平等个人之间的公平协议为基础的，但功利主义的价值基础却不是个人主义的，它并不把人们将一致同意的东西视作正义的基础。功利主义并不重视个体的多样性和区别。功利主义认为个人的原则可以扩展到社会，这一扩展是通过"不偏不倚的观察者"（impartial spectator）的观念来实现的。"不偏不倚的观察者"被赋予了理想的同情和想象能力，他（她）拥有完全的理性，并能够认同和体验别人的欲望，仿佛它们就是他（她）自己的欲望。由于"不偏不倚的观察者"能够像在同一个欲望体系中那样估价所有人的欲望，他（她）是公正无偏的；由于"不偏不倚的观察者"试图通过调整社会体系的规则来使这一欲望体系的满足最大化，他（她）又是理想的立法者。这样，功利主义的正确决定就成了一个有效管理的问题。功利主义在个人与社会之间进行了错误的类比，它没有认真对待个人之间的相互区别与独立性，在极端的情况下它甚至还可能会牺牲一部分人的利益。功利主义以达到最大满足余额为目的，在通常情况下，或者在一个合理的文明发展阶段，这一目的并不是通过牺牲少部分人的利益来达到的。但功利主义原则上并没有理由否认，可以用一些人的较大受益来补偿另一些人的较少损失，或者在更严重的情况下，为使多数人获得较大的利益而牺牲少数人的自由。

最后，作为一种以正当为基础的契约观，公平正义是一种道义论的理论；与之相反，功利主义理论是一种目的论的理论。目的论的理论"首先把善定义为独立于正当的东西，然后再把正当定义为使善最大化的东西"[①]；而道义论的理论则"不脱离正当来指定善，或者不用最大量地增加善来解释正当"[②]。康德伦理学首先关注的是人的道德的本质，康德伦理学的先验特征，使得它具

[①] 〔美〕约翰·罗尔斯：《正义论》（修订版），何怀宏等译，中国社会科学出版社，2009年，第19～20页。
[②] 〔美〕约翰·罗尔斯：《正义论》（修订版），何怀宏等译，中国社会科学出版社，2009年，第24页。

有强烈的形式主义的特点。虽然罗尔斯的公平正义与康德伦理学一样，都把道德权利放在首位，但它并不牵涉道德本质的问题。公平正义之所以是道义论的，是因为主张正当优先于善，正当为个人对善的观念的追求划定了边界。但是，罗尔斯在解释正当（正义就是适用于社会基本结构的正当）的时候，又依赖于基本善（primary goods）这样的善的观念，罗尔斯称之为"善的弱理论"。公平正义调节的是基本善的分配，它属于一种世俗的正义观。虽然由公平正义或者其他类似的正义观所规导的秩序良好的社会也是极其崇高的理想，但是这种正义观的世俗性质决定了它们必然是不完全的、有缺陷的。它们跟西方基督教传统中的"上帝的正义"不一样，后者调节的是来世幸福的分配。上帝是全知全能、全然公正的，因而"上帝的正义"是绝对的、纯粹的正义。另外，在罗尔斯看来，公平正义也并不认为制度或行为的正当性可以完全脱离它们的结果，就像康德伦理学那样，只强调个人行为的道德价值，而把行为结果看作是不受个人主观意愿的支配的。"所有值得我们注意的伦理学理论都须在判断正当时考虑结果，不这样做的伦理学理论是不合理和疯狂的。"① 毋宁说，公平正义就是要通过评价社会基本结构的正义性来取得一种正义的分配结果，在这个意义上，贯彻正义的基本结构就是一种纯粹程序的正义。但是，公平正义不能够保证正义的制度会最大量地增加善（如功利主义的合理欲望的满足），它并不是从功能性的角度来看待分配结果，相反，它考察的是何种分配结果在道德上是可欲的或者说其正当性是能够给予证明的。

作为一种目的论的理论，功利主义追求的是社会成员满足总量的最大净余额。在计算满足的最大净余额时，它并不考察这些欲望的来源和性质。这样，"如果人们在相互歧视或者在损害别人自由以提高自己尊严的行为中得到某种快乐，那么，对这些欲

---

① 〔美〕约翰·罗尔斯：《正义论》（修订版），何怀宏等译，中国社会科学出版社，2009年，第24页。

望的满足，我们也必须根据它们的强度或别的什么因素，把它们和别的欲望放到一起在我们的慎思中加以衡量。"① 这显然是与人们的道德直觉相抵触的。在公平正义中，人们在对自己特殊目的的无知状态中首先接受的是平等的自由的原则，他（她）们同意使各自的善的观念受到正义原则的约束。这样，他（她）们就会懂得在相互歧视或者在损害别人自由以提高自己尊严的行为中得到某种快乐本身是错误的，与他（她）们在原初状态中同意的原则背道而驰。公平正义采用的并不是纯粹以利益为基础的契约观，它并不把人们的倾向和癖好看作是既定的，然后再寻求满足它们的最好方式。相反，人们的欲望和志向要适合于一些根本性的道德观念，它们从一开始就要受到正义原则的限制。在以正当为基础的契约观中，"正当原则和正义原则限定了哪些满足有价值，在何为一个人的合理善观念方面也给出了限制。人们在制订计划和决定志向时要考虑这些限制"。② 作为一种以正当为基础的契约观，公平正义必然承认正当的概念优先于善的概念，这种正当对善的优先成为公平正义的一个基本特征。

与功利主义的比较突出了公平正义的道义论特征。由于功利主义的某些观点与人们的直觉性观念相抵触，罗尔斯就可以假定原初状态下的人们会拒绝功利主义原则，但他还没有证明这一点。作为一种目的论的理论，功利主义把功利定义为独立于正当的东西，然后再把正当定义为实现功利的最大化。但是否存在着衡量功利的共同标准呢？人们对功利的理解往往会反映他（她）们的主观偏好，一个人对功利理解可能不同于也根本不能取代另一个人对功利的理解。如果人们连要追求的目的都达不成一致意见，一种目的论的理论本身就无法成立了。不过在《正义论》

---

① 〔美〕约翰·罗尔斯：《正义论》（修订版），何怀宏等译，中国社会科学出版社，2009年，第24页。
② 〔美〕约翰·罗尔斯：《正义论》（修订版），何怀宏等译，中国社会科学出版社，2009年，第25页。

中，罗尔斯并没有针对功利主义自身存在的缺陷来批评功利主义，这是因为罗尔斯批评功利主义的目的并不是要在功利主义的基础上提出一种在理论上更加可靠的原则（虽然在某种程度上基本善的概念也具有这样的功能），对功利主义的批判不仅是为了突出公平正义的道义论特征，而且这一批判本身就属于反思平衡即罗尔斯对公平正义两个原则的证明的一部分。

二　道德理论及其证明方式

罗尔斯主张一种以正当为基础的契约观，这种契约观的根本特征是通过诉诸一些根本性的道德观念来说明正义原则。罗尔斯的契约论证明从一个一般的社会事实开始，即每一个达到特定年龄、心智健全的人都具有一种正义感，他（她）们能够判断事物（包括社会制度）是否正义并说明其理由，并且他（她）们通常具有使自己的行为符合这些判断的欲望，同时希望其他人也具有类似的欲望。作为社会合作系统具有健全理性的正常参与者，一个人有能力依据道德上的理由来评价社会制度的合理性，并具有遵守合理规则的意愿。罗尔斯承认，人的这种道德能力往往是十分复杂的。但他认为，我们可以通过道德理论来描述这种道德能力。也就是说，通过一种正义理论来描述我们的正义感，以便给人们的日常行为提供一种明确的指导。这种描述并不仅仅意味着罗列出我们准备对制度和行为所做的判断，然后附上我们做出这些判断的理由。更为重要的是，还要进行一系列原则的概括。"只要我们真诚和明智地采用这些原则，这些原则在与我们的信仰、我们对环境的知识结合起来时，将引导我们达到上述判断及其理由。当我们的日常判断符合一种正义观的原则时，这种正义观就表现了我们的道德感受性的特征。这些原则能够作为达到相应判断的论证前提的一部分。"[1]

---

[1] 〔美〕约翰·罗尔斯：《正义论》（修订版），何怀宏等译，中国社会科学出版社，2009年，第37页。

根据罗尔斯的介绍,道德理论对我们道德能力的描述非常类似于语言学对语法感的描述。它们都要通过概括出一些符合于我们的相关信念的明确原则来描述我们的道德能力或语言能力;它们都否认相关的能力可以直接通过某些常识性准则来表现,或者可以从某些优先的原则中推衍出来。对道德能力的正确解释要涉及原则和理论构造。在《正义论》中,从原初状态出发的论证就是这种构造的范例。原初状态假定了各种有利于运用我们的正义感的条件,从原初状态出发,各方会一致同意接受公平正义的两个原则的规导。

如果说道德理论就是对道德能力的描述,那么对道德理论的证明就要诉诸人的道德能力。罗尔斯指出,哲学家们对道德理论的论证通常有两种方式:一种被他称为"笛卡尔式的",即从自明性的原则中推衍出一套充分的标准和准则来说明我们的价值判断;另一种是"自然主义的",它从非道德概念推出道德概念,然后用公认的常识和科学程序来说明与那些被规定的道德概念相应的陈述是真实的。罗尔斯认为这两种证明观念都是不可取的。首先,笛卡尔式的论证方式假定某些首要原则必然为真,这实际上是缺乏充分根据的。这类的道德原则其实是偶然的,因为它们是在原初状态中借助于一般事实而被选择的。"必然道德真理的候选者们毋宁说是在采取原则时不得不面临的那些条件;但实际上,最好把这些条件简单地看作需要最后由它们所属的整个理论来估价的合理规定。"[①] 没有哪一个条件或者首要原则会对道德起必然的、直接的规定作用。其次,自然主义的论证方式同样是有缺陷的,因为这种证明观念混淆了道德的和非道德的概念之间的区别。罗尔斯认为较为可取的证明观念应该是苏格拉底式的。苏格拉底式的证明观念不承认任何未经过理性反思的自明原则或假设,也拒绝将道德概念还原为非道德概念。罗尔斯拒不接受这样

[①] 〔美〕约翰·罗尔斯:《正义论》(修订版),何怀宏等译,中国社会科学出版社,2009年,第457页。

的主张，即某些首要原则依据它们的一些特点就能够在道德证明中占有特殊的地位。罗尔斯承认，它们的确是理论中的核心要素和方法，但证明依赖于整个观念，依赖于它在何种程度上适合我们反思平衡中的深思熟虑的判断，并把这些判断组织成一个系统。

  罗尔斯把道德理论视为对我们道德能力的描述，而所谓"深思熟虑的判断"（well-considered judgments），就是指我们的道德能力最能够不受曲解地体现在这些判断之中。这样，在决定哪一些判断属于我们应考虑之列时，就可以合理地选择其中的一些而排除另一些。罗尔斯认为，原初状态的构想是应描述我们道德能力的需要而被设计的，从原初状态出发的论证需要采用反思平衡的方法。正如苏格拉底式的对话是要通过原理和常识的互动来检验人们的日常道德观念，作为一种理论构想，从原初状态出发的论证就是要使许多思考相互支持，使所有深思熟虑的信念相互适合地构成一个一致的观点。原初状态假定了各种有利于运用我们正义感的条件，在原初状态中被选择的原则与那些符合我们深思熟虑判断的原则是一样的，这些原则描述了我们的正义感，这样公平正义就实现了其作为一种道德理论的目的。然而，在理论上完成对公平正义两个原则的证明并不等于道德思考的终结。罗尔斯承认，从原初状态出发的论证是开放的。这是因为我们现在持有的"深思熟虑的判断"可能会受到某些偶然性因素的曲解；向一个人提出对其正义感的一种具有直觉上吸引力的解释，也可能会使他修正自己的判断，或者接受新的判断。这样，"对一个人正义感的最好解释并不是那种跟他在考察各种正义观之前就具有的判断相适应的判断，而是那种跟他在反思平衡中形成的判断相适应的解释。"①

---

① 〔美〕约翰·罗尔斯：《正义论》（修订版），何怀宏等译，中国社会科学出版社，2009年，第38页。

在进行反思平衡的过程中,相关的推理当然要遵循形式逻辑的相关要求,但正义论证的目标是建立适用于社会制度的实质性正义观念。这样,我们就必须允许道德哲学应用一切可能的假定和一般的事实。我们看到,《正义论》中对公平正义原则的证明是从一个一般的直觉性的正义观念开始,经过不断地反思和修正,在制度一编中才达到它最终的表达形式。在反思平衡的过程中,我们必须用一组确定的事实亦即我们的某些深思熟虑的判断来对一些推测性的原则进行检查。康德在《实践理性批判》的开端就指出,自由是一个理性事实,"我们先天地知道其可能性"。①与康德不同,在罗尔斯的正义论中,理性的事实被扩充为一些具有实质内容的判断,亦即反思平衡中深思熟虑的判断。它是一个含义非常广泛的概念,这是因为,许多不同类型的信念都可以作为深思熟虑的判断,如道德和宗教信念、逻辑和决策理论中的规范性信条,以及经验和哲学信念。"这些信念可以在任何普遍性层次上存在:从具体的信念(某条政策是非正义的,不能在正义社会中被采纳),到抽象的信念(所有成年人都享有平等的政治权利),再到更抽象的信念(由正义观所规范的社会的成员,事先就正义观的内容达成一致,是正义观的一个理想特征)。"② 除了理性事实之外,一般社会事实、一般社会知识或常识同样参与了正义原则的构建。

在罗尔斯的正义论中,公平正义的两个原则被视为评判社会基本制度的最高标准。由于我们缺乏判断这一标准的更高标准,对公平正义两个原则的正当性我们只能证明,而不能证实;对于最高的价值标准,我们只能提供正当性证明,但不能直接提供证据来证实其合理性。为了弄清这一点,有必要先来澄清证据

---

① 〔德〕康德:《实践理性批判》,韩水法译,商务印书馆,2001年,第2页。
② Thomas Pogge, *John Rawls: His Life and Theory of Justice*, Michelle Kosch, trans., Oxford: Oxford University Press, 2007, p. 163.

（proof）和证明（justification）① 之间的区别。证据只存在于一组命题之间的逻辑关系之中，而证明是针对这样一些人的，对于制度或行为的正当性根据，他（她）们之间存在着分歧。在罗尔斯的正义论中，需要证明的是这样的一些原则，它们本身是作为标准的第一原则，无法用一个更高的标准来证实它们，或者由一个更高的原则来推导出它们。应当用何种此类的原则来确定社会联合的基本条件，现实生活中的人们在这个问题上存在着意见分歧。这样，证明实际上就是对那些不同意我们意见的人们，或者当我们犹豫不定时对我们自己所做的论证。"它假定人们之间，或一个人自身的不同观点之间，存在着一种冲突，并寻求说服别人或使我们自己相信作为我们的要求和判断的基础的那些原则的理性。由于是被设计来用推理使分歧意见达到一致的，证明首先从讨论中所有各方所共有的见解开始。理想的方式是，向一个人证明一种正义观念的正当性，是从我们都承认的前提提供给他一个证据，证明正义观念的原则，这些原则又产生出许多与我们深思熟虑的判断一致的结论。"② 因而，证据本身还不是证明。一项证据只简单地表现着前提之间的逻辑联系。但是，在证据与证明之间，也不存在着不可逾越的鸿沟。"一旦出发点是共同承认的，或者结论是如此具有综合性和如此诱人，以至说服我们同意它们的前提所表达的观念的理性，证据就成为证明。"③

在罗尔斯的正义理论中，原初状态的观念被用来结合各种合理的条件。原初状态中的人们会在一组备选对象中，一致同意公平正义的两个原则是更为可取的道德原则。当然，关于什么条件

---

① 在政治哲学中，"justification"一词的最佳译法是"正当性证明"，但把一个词译为汉语中的一个短语会带来许多不便，只要我们弄清楚了"justification"的含义，那么"证明"的译法仍然是可以接受的。
② 〔美〕约翰·罗尔斯：《正义论》（修订版），何怀宏等译，中国社会科学出版社，2009年，第459页。
③ 〔美〕约翰·罗尔斯：《正义论》（修订版），何怀宏等译，中国社会科学出版社，2009年，第459页。

可以算作合理的条件，人们之间往往也存在着分歧，但不能以此为由来否定从原初状态出发的论证。道德哲学的一个目标是要在似乎不存在协议的地方找到它可能的基础。罗尔斯批评直觉主义的一个理由就是，它在某些关键的问题上会产生分歧，而且容忍这种分歧，但一种完整的道德理论必须对相关问题给出明确的答案。同样，一种完整的正义理论也必须提供明确的正义标准来判断社会制度。如果人们能够对评判社会制度的标准达成一致意见，我们就可以设想，在由公共的正义观念加以有效调节的理想的社会秩序下，公民们会就基本正义问题达成共识。对某种正义观念的稳定共识构成了秩序良好的社会的基本特征。因此，我们必须从一些一致意见开始，虽然我们最初采用的还只是一些共同认可的、弱的条件。① 道德哲学必须努力扩大现存的一致意见的范围，并为我们的道德思考构想更精细的道德观念。证明的根据不是现成的，我们需要通过试探性假设，寻找必要的条件去创造性地揭示它们，并恰当地把它们表达出来。通过原初状态的概

---

① 这种弱的、大家能够认可的条件并不一定得到人们实际的认可，也就是说它为人们接受的情况并非一种"经验事实"。确实，罗尔斯原初状态的假设遭到了许多人的批评。例如社群主义者就从本体论的角度批评原初状态的设置预设了"不受束缚的自我"。因为罗尔斯假定原初状态中的各方能够自由地提出、追求和实践自己的善的观念，而不受先在伦理纽带的约束。但原初状态的构想实际上只是为协议各方提供一种反思的视角（儿童在游戏中也常常会说"假如我们怎么样"，但即使是他们也能够认清实际情况并不是这样；罗尔斯原初状态的假设并不比儿童游戏更复杂，如果这些假设的条件是合理的，由它们得出的结论就应该能够规范我们的行为），并不涉及任何对人的本质的规定。许多针对原初状态的批评只是出于误解，或者只是别的思想家以罗尔斯为标靶，指出他的观点与自己观点的抵牾之处，更多的是为了阐述自己的理论主张。但我们不能以受到批评为由否定罗尔斯提出的、大家能够认可的条件。"一种观念可能受到批评的事实并不一定就是反对它的决定性理由，某些可欲的特征也不总是赞成它的决定性理由。"（罗尔斯：《正义论》（修订版），何怀宏等译，中国社会科学出版社，2009年，第96页）如果我们真诚地运用我们的理性，参与罗尔斯的反思平衡，我们还是可以接受他认为的大家都能够接受的那些条件的。我们可以把运用理性的人们对这些条件的接受称为一种"理性事实"。的确，创造共识的过程是一个艰辛的过程，我们一开始并不知道这种努力是否能够成功，但至少我们知道我们要寻求什么。

念，罗尔斯向我们展示了，对公平正义原则的证明就是要让许多思考相互支持，最后使所有因素都相互适合地构成一个一致的观点。"我们应该把正义论看作一种指导性结构，用来集中我们的道德感受，在我们的直觉能力面前提出较有限和较易处理的问题以便判断。正义的原则统一了在道德上相关的某些考虑；优先规则指示出这些考虑冲突时恰当的优先性；而原初状态的概念则确定了要展示我们的思考的根本观念。"① 在反思平衡的基础上，如果罗尔斯的整个体系真的有助于澄清和整理我们的思想，并倾向于减少分歧和使歧异的信念较为一致，那么我们就应当承认它暂时得到了证明。

三 反思平衡的方法与原初状态的观念

罗尔斯把苏格拉底式的证明观念称为"反思平衡"的方法。在《正义论》的初版序言中，罗尔斯这样评价了自己的理论："确实，我并不认为我提出的观点具有创始性，相反我承认其中主要的观念都是传统的和众所周知的。我的意图是要通过某些简化的手段把它们组织成一个一般的体系，以便它们的丰富内涵能被人们赏识。"② 在这段话中，罗尔斯已经暗示了正义论证明的反思平衡的方法。

在《正义论》中，反思平衡的方法是在罗尔斯介绍原初状态的观念的时候被明确提出来的。罗尔斯采用契约论的论证工具来说明正义原则。原初状态作为这种新契约论的一个恰当的最初状况，并非一种真实的状况，而仅仅是一种理论假设，它联合了我们共同分享的预设条件。这些条件应当能够决定一组独特的原则，或者只要能够让我们对一些主要的传统社会正义观念进行排

---

① 〔美〕约翰·罗尔斯：《正义论》（修订版），何怀宏等译，中国社会科学出版社，2009年，第41页。
② 〔美〕约翰·罗尔斯：《正义论》（修订版），何怀宏等译，中国社会科学出版社，2009年，初版序言第2页。

序就可以了。这是一些有意义的约束，它们构成了对正义原则的论证的合理的限制条件，因而也成为这些原则自身的合理的限制条件。这样，任何人都不应该从自然禀赋或社会偶然性因素中受益，不允许把原则剪裁得适合个人的特殊情形，而采用的原则也不应该受到个人特殊爱好、志趣和善的观念的影响。如果人们事先知道一些个人的特殊情况，就可能会做出有偏向性的选择，这样任何一致的协议都是不可能的了。于是，我们就得到了"无知之幕"的概念，它构成了论证的限制条件。从原初状态出发的论证是一种纯粹程序的正义，只要我们遵循某种程序，达到的原则就是正义的；只要我们根据这些限制条件来论证正义原则，我们在任何时候都能够进入原初状态。原初状态中的各方是平等的，也就是说，所有人在选择原则的过程中都有同等的权利，每个人都能参加提议并说明接受它们的理由。这种平等是个人道德地位的平等，它假定每个人的目的都具有平等的价值，每个人都能够理解所采用的原则并根据它们来行动。

除了对原初状态的特殊描述，罗尔斯还有其他的工作要做。这就是看被选择的正义原则是否适合我们深思熟虑的正义信念，或者是否以一种可接受的方式扩展了它们。"我们可注意采用这些原则是否能使我们对社会的基本结构做出我们现在凭直觉做出的、并抱有最大确信的同样判断；或者，如果我们现在的判断是犹疑不决的，这些原则是否能提供一个我们通过反省可加以肯定的答案。"[1] 确实，对某些问题我们可能拥有比较确定的信念，如奴隶制与种族歧视是非正义的，这些信念是我们推测任何正义观的时候都必须去适应的暂时的确定之点；对另外一些问题我们的确信就要少得多，如对财富与利益的分配，这时候我们就需要寻求一种途径来消除我们的疑虑。从原初状态出发的论证就是通过考察对原初状态的一种解释所提出的原则是否符合我们最坚定的

---

[1] 〔美〕约翰·罗尔斯：《正义论》（修订版），何怀宏等译，中国社会科学出版社，2009年，第16页。

信念，并能否提供必要的指导来对它进行检查。

罗尔斯指出，在寻求对原初状态的最可取的描述时，必须从两端来进行：最开始我们对原初状态的描述体现着共享的、弱的可取条件，然后我们看这些条件是否足以强到产生一些有意义的原则。如果不能，我们就以同样合理的方式寻求进一步的前提；如果能，而且这些原则也适合我们深思熟虑的正义信念，那么到此为止一切都好。如果产生的原则不能符合我们深思熟虑的正义信念，那么我们要么修改对原初状态的解释，要么修改我们现在的判断。现在的判断之所以是可以修改的，是因为它们只被视为暂时的固定之点。罗尔斯相信，"通过这样的反复来回：有时改正契约环境的条件；有时又撤销我们的判断使之符合原则，我预期最后我们将达到这样一种对原初状态的描述：它既表达了合理的条件；又适合我们深思熟虑的并已及时修正和调整了的判断"。① 他指出，这种从原初状态出发的论证证明正义原则的方式就是反思平衡。它是一种平衡，因为我们的原则和判断最后达到了和谐；同时它又是反思性的，因为我们知道我们的判断符合什么样的原则，并且知道这种原则是从什么样的前提下得出的。罗尔斯强调，这种平衡并不一定是稳定的，而是容易在进一步的反思平衡中被打破的。这样，原初状态对任何可能的正义原则都仍然是开放的。

罗尔斯对原初状态的解释本身就是反思平衡的结果。这种解释体现了要把关于原则的合理条件与我们深思熟虑的正义判断容纳在一个体系中的努力。罗尔斯特别强调，在得出这种对原初状态最可取的解释的过程中，他并没有在任何地方求助过某种自明性的原则或信念。从原初状态出发的论证是许多想法相互印证和支持的过程，最后要把所有的观念融为一个前后一致的体系。在这一证明过程中，事先并没有任何独立的标准能够判断原初状态

---

① 〔美〕约翰·罗尔斯：《正义论》（修订版），何怀宏等译，中国社会科学出版社，2009年，第16页。

中何种备选原则将是最合理的。由于缺少判断结果的独立的标准，从原初状态出发的论证就是一种纯粹程序的正义。假想的契约提供了这样一种程序，只要我们接受原初状态的理论假设，我们就将认可它所达到的结果。对罗尔斯而言，证明意味着各种判断的相互支持，这种证明的方法必然是反基础主义的。与反思平衡相反，基础主义的论证方式主张从一个或数个概念或原则来推导出一套道德理论，并以此来说明我们的道德信念，或判断人们的某些行为。但是反思平衡却不能诉诸这样一些优先的根据，它既离不开由直觉给出的判断和原则，也离不开社会事实或背景。罗尔斯指出，从理想的角度来看，道德理论应该是严格地演绎，但实际上道德理论并不能成为严格的道德几何学。

罗尔斯通过原初状态的观念揭示了公平正义的两个原则。除了对正义原则的理论部分的论证外，罗尔斯的正义论证明还包括其他的部分。然而，一种正义理论在其最初的阶段只是一种理论，它通过对我们正义感的描述来建立指导我们的道德能力，也就是指导我们的正义感的原则。但正义的原则又是可运用的，在提出支持公平正义两个原则的最初证据之后，还要考察它们怎样应用于制度，以及这一过程怎样合理地接近于和扩展了人们深思熟虑的判断。这样，罗尔斯就将反思平衡贯穿在了对公平正义两个原则的证明的整个过程。罗尔斯将从原初状态出发的论证称为一种新契约论的证明，同时还称其为反思平衡。称同一论证过程同时使用了两种方法是否矛盾？如果它们之间存在着某种内在的关联，以至于我们可以拿它们来描述同一证明过程，那么这种内在关联是什么呢？还有学者指出，在这一论证中罗尔斯的证明方法实际上有三种，除了契约论的方法与反思平衡的方法以外，"原初状态"或者"无知之幕"也应该算作一种论证方法。这种观点是否成立呢？

我们认为，"原初状态"和"无知之幕"都只是契约论的方法和反思平衡的方法的限制条件，它们保证了后两种方法的广泛性和公平性，但本身并不能构成一种方法。而在前两种方法中，反思平衡的方法又是更为根本的方法，契约论实际上只是反思平衡的一个具体应用。罗尔斯采用契约论的方法只是为了达到正义原则，而这仅仅是罗尔斯正义论证明的一部分。与之相反，反思平衡贯穿着罗尔斯正义论证明的整个过程。这样，契约论方法就只是整个反思平衡过程中的一个环节，在契约论方法中也贯穿着反思平衡的思考过程。当然，根据后期罗尔斯的理论主张，我们也可以把契约论证明置于自由民主社会这一具体的社会背景中。在一个具体的社会背景下，契约论所揭示的正义原则还要发挥一种积极的社会功能，即要成为自由民主社会公共证明的基础。于是，社会契约就可以被看作是自由而平等的公民们参与社会合作事先的道德承诺。后期罗尔斯虽然更倚重反思平衡的方法，几乎不再提到契约论的方法及其理论的契约论性质，但这并不表明罗尔斯抛弃了契约论。实际上，契约论的方法完全可以在自由而平等的公民相互间的一种道德承诺的含义上得到保留，或者重新加以阐释。尽管如此，我们仍然可以说，契约论的方法从本质上说就是反思平衡的方法。这是因为，契约论是对他人的观点与自己的观点加以平衡，而反思平衡是将理论的观点与自己的直觉的常识观点加以平衡；契约论是集体的平衡，而反思平衡是个体的平衡；契约论的结论要体现为外在的强制，而反思平衡始终是内在的自觉。由于契约最终还是要由个体去实施，规范最终也要靠个人去落实，因而反思平衡就成了契约的基础，契约最终也要通过反思平衡得以实现。于是我们就可以承认，反思平衡的方法才是罗尔斯正义理论的根本方法。

第二节 对公平正义两个原则的证明

在《正义论》诞生前的很长一段时间内，许多人都认为自由和平等这两种价值是相互矛盾、不可调和的。平等主义者（egalitarians）对资本主义社会中存在的贫富悬殊状况感到不满，他（她）们抨击约翰·洛克和亚当·斯密这样的古典自由主义者给予法律权利或自由权（liberties）过分的强调，却漠视普通人的命运；批评传统自由主义宣扬法律面前人人平等，却无视世间的财富鸿沟，冷漠地对待食不果腹的穷人。与这种观点争锋相对，古典自由主义者信奉个人自由，他（她）们谴责平等主义者暗中支持的某种家长主义，以及在某种形式的未来乌托邦的名义下牺牲人的自由（human freedom）的意愿。实事求是地讲，"二战"后的西方福利国家在某种程度上已经成功地使个人免于遭到不受约束的市场的侵害，同时也使个人自由和政治自由得到了保障。但是，人们的哲学观点仍然是尖锐对立的。在弗里德里希·冯·哈耶克的古典自由主义和卡尔·马克思的平等主义之间达成的任何妥协都是不稳定的，或者只是对立价值的一种暂时的平衡。不过，1971年罗尔斯《正义论》的问世改变了这一局面。罗尔斯在该书中提出了"公平正义"的观念，试图平等地估价与古典自由主义结合着的那些个人权利，以及通常与社会主义和激进民主传统结合着的公平分配的平等主义理想。他指出，公平正义的目的是实现自由和平等的和解，这一目标在公平正义的两个原则中得到了体现。对公平正义两个原则的证明构成了罗尔斯正义理论的核心内容，提供了一种罗尔斯式的反思平衡的范例。

一　两个正义原则的内容

罗尔斯契约论证明的目标是建立适用于社会基本结构的实质性正义观念。实质正义主要与对法律和制度的道德反思和评判相关，其根本特征并不在于它强调结果，而在于它必须满足某些根本性的价值观念（比如对平等价值的关注）。实质正义确实关注结果，但这种关注主要是间接性的。也就是说，实质正义关注的是由其根本性的价值观念所指定的结果。为了实现这些根本性的价值观念，它要平衡各种相互冲突的利益要求，并要求某种程度的非任意的区别对待。与实质正义相对,形式正义主要与法律和制度的执行相关,它要求在执行过程中,类似情况应该得到类似处理,而有关同异的判断标准都由既定规范来鉴别。作为规则性的正义,形式正义排除了一些重要的不正义。形式正义也体现着某种平等观念,它强调法律或制度要平等地适用于所有的人,并排斥任何无正当根据的区别对待。形式正义强调的是执行的公正性,而实质正义强调的是其根本性的价值观念能否得以实现。由于执行的公正性,形式正义往往能够保护(消极的)个人自由;由于某些根本性道德价值观念能够得以实现,实质正义往往能够兑现某种意义上的(积极的)个人自由。这样,"两种自由"的相互冲突,也体现为"两种正义"的相互冲突。① 然而,形式正义自身也包含了某种价值观念,而实践实质正义也必然要求某种程度上的形式正义,这就提供了两者在现实的制度安排中达到统一的契机。但是,在它们相互矛盾的情形中,形式正义又是如何成为实质正义的障碍,以至于实践实质正义必然意味着违反既定的规范,以减轻那些受到不公正对待的人的困苦呢?一种狭隘的形式的正义之所以会成为实质正义的障碍,是因为它无法满足某些根本性的价值观念;或者说,如果一种形式的正义在本质上是有偏向性的,那么它就会成为实质正义的障碍。这是因为,一种本质上偏袒一部分人的形式正义无法满足公平性的道德观念。但罗尔斯强调,关键是要弄清楚实质性正义观念的内容是什么。在弄清楚公平正义的观念之前,我们还缺乏评判社会基本制度正义性的基本标准,因而也就无从评价形式正义与实质正义之间的冲突。

罗尔斯在他的正义论中试图调和自由和平等。罗尔斯的正义理论被称为作为公平的正义,是因为它戏剧化地表现了公平的价值。在这一理论中,正义原则是由一种公平的原初状态来达到

---

① 关于"消极自由"与"积极自由"的区分,参见〔英〕以赛亚·伯林《自由论》,胡传胜译,译林出版社,2003 年,第 186 - 246 页。

的。罗尔斯实现自由和平等的和解的这一意愿,在公平正义的两个原则中得到了表达。第一个原则即"平等自由的原则"指出:"每个人对与其他人所拥有的最广泛的平等基本自由体系相容的类似的自由体系都应有一种平等的权利。"[①] 这一原则要求对思想和良心自由、结社的自由、参与政治的自由以及法治原则所规定的其他自由进行严格的保护。罗尔斯认为,这些自由具有特殊的优先性,不能以社会整体利益的名义对它们施加任何限制。罗尔斯的第一个正义原则还包含着政治平等的严格标准,根据这一标准,个人获得职位和政治影响力的机会应该独立于社会经济地位。那些有动机也有能力在政治生活中扮演一个积极角色的公民不应该因为缺少个人财富而处于不利的地位。

公平正义的第二个原则限制的是社会和经济的不平等程度。首先,它要求一个人应该为之负责的职务和地位(它们往往会产生不同的报酬)必须在机会的公平平等的条件下向所有人开放。公平的平等要求拥有同等才能和愿望的人,必须享有同等的机会去获得想要的地位,而不考虑他们拥有什么样的社会背景条件。取得会产生丰厚报酬的有利职位的途径,不应该受到社会偶然性因素和自然运气的影响;个人社会地位的上升不应该取决于这类偶然的情形,如碰巧出生于富裕的家庭、受到了良好的教育、拥有牢靠的人际关系等。

但是,一个社会即便达到了机会的公平平等,仍然还可能存在着经济不平等的麻烦问题。比如,假设一些人在某种程度上依靠他(她)们的自然天赋而具有了某种罕见的才能,这种才能在市场上给他(她)们博得很高的回报,然而其他人却缺少这种才干。设想这两类人都努力工作,竭尽他(她)们的所能。然而他(她)们获得的回报仍然会相差悬殊,并且这种差异还会对他(她)们的生活产生巨大的影响。问题在于这种收益的不平等—

---

① 〔美〕约翰·罗尔斯:《正义论》(修订版),何怀宏等译,中国社会科学出版社,2009年,第47页。

定程度上是建立在"自然偶然性"（natural contingencies）的基础之上的，取决于人们为自己的人生抽到了什么样的奖品（分配的份额是由一种自然抓阄的结果决定的）。罗尔斯追问道，为什么仅凭自然天赋这类的偶然因素一些人就能够比另外一些人生活得更好？他指出："正像没有理由允许历史和社会的运气来确定收入和财富的分配一样，也没有理由让天资的分布来确定这种分配。"①

为了强调这一关切，罗尔斯提出了他的"差别原则"，这一原则要求我们（在最理想的情形中）最大化社会中最少受惠者的经济期望。这一备受争议的原则要求我们限制社会中一部分人比其他人富裕的程度，因为他（她）们碰巧而不是因为他（她）们的所作所为，生来就具有某种稀有的天赋，比如迷人的外表或者超常的数学天赋，结果比其他人更加成功。公平正义并不要求绝对的平等：一名外科医生可以合法地获取比一名中学教师更高的薪金，这是因为更高的收入偿还了昂贵的培训和教育费用；收入的不平等也可能被当成奖励来激励高层次人才或者风险投资者改进他（她）们的工作，而不是打击他（她）们的工作积极性。但是，公平正义要求这种不平等必须适合于最少受惠者的最大利益。罗尔斯的主要观点是，必须拒绝这样的观念，即把经济体系看作是一种竞赛或者智力较量，它被用来奖励那些出生优越、反应敏捷和拥有天赋的人。相反，人们的经济生活应当成为一种公平的社会合作系统的一部分，这一系统要向所有人提供一种合理的生活。这一观念延续了19世纪以来新自由主义的社会合作观。罗尔斯指出："在公平的正义中，人们同意相互分担各自的命运。他们在设计制度时，只是在有利于共同利益的情况下，利用自然

---

① 〔美〕约翰·罗尔斯：《正义论》（修订版），何怀宏等译，中国社会科学出版社，2009年，第57页。

和社会的偶然性因素。"①

罗尔斯强调，公平正义的两个原则之间是按照"词典式的优先次序"（lexical order）来排序的。也就是说，自由原则优先于第二条正义原则；在第二条正义原则中，机会的公平平等的原则又优先于差别原则。在现实社会生活中的各种社会价值之间，如政治与经济、自由与平等、正义与效率之间，有时也可能会发生严重的冲突。为了在发生冲突的时候不至于无规则可循，罗尔斯提出了关于公平正义原则的"两个优先性规则"。第一条优先性规则确立了自由的优先性，它只允许自由因其自身的缘故而受到限制。第二条优先性规则确立了正义对于效率和福利的优先性，它包含两层含义。首先，它意味着第二个正义原则作为一个整体优先于"效率原则"，以及在社会中"使利益总量最大化"的功利主义观念。其次，它还意味着在第二个正义原则中，机会的公平平等的原则优先于要求尽可能地改善最少受惠者状况的差别原则。

在罗尔斯看来，正义总是意味着平等，平等主义是罗尔斯正义理论的重要特征。两条正义原则虽然各有侧重，但从不同的角度都体现着平等的价值。具体而言，公平正义的平等主义特征主要体现在以下几个方面。首先，在作为比较基点的理想社会状态中，一般的正义原则要求所有的社会价值都应该平等地分配。其次，在一种改进的公平正义的两个原则中，不仅第一个正义原则主张平等，第二个正义原则也主张平等。第一个正义原则是平等分配的原则，它规定了公民们平等的基本自由；第二个正义原则是不平等分配的原则，因而也可以被称作广义的"差别原则"。第二个正义原则由机会公平平等的原则和差别原则组成，它们作为一个整体，调节着社会中的不平等分配，一同捍卫了平等的价值。

---

① 〔美〕约翰·罗尔斯：《正义论》（修订版），何怀宏等译，中国社会科学出版社，2009年，第78页。

公平正义的两个原则并不是一开始就以一种完成的形式被提出来的。在尝试性地对两个正义原则进行最初概括之后，罗尔斯对它们的表述是随着论证的进展而不断地修正的。对正义原则的每一次修正，都会在原来比较含糊的表述中增补进新的内容，使其含义更加明确。这种增补并不意味着推翻原来的表述，而是代表着在承认既定解释的基础上进行创造性添加的过程，亦即不断深入的反思平衡的过程。反思平衡贯穿着罗尔斯的正义论证明。证明是罗尔斯正义理论的根本任务，整部《正义论》的首要问题就是证明公平正义两个原则的正当性。这一证明过程由三个不可分割的部分组成。其中，理论部分的论证受到了人们更多的关注。相对而言，制度和目的部分的论证（尤其是后者）却并没有如罗尔斯期望的那样得到人们的关注。然而，《正义论》第三部分的论证不应该被忽略，正如罗尔斯强调的那样，若不考虑最后一部分提出的论据，他的正义理论就有被误解的危险。我们还应该看到，后期罗尔斯的政治自由主义转向正是针对目的部分的论证缺陷而产生的。

二 对正义原则的概括

在罗尔斯的正义理论中，存在着三个层次的人的观念，即道德人（也就是具有正义感的、能够设想自己处于原初状态的你与我，后期罗尔斯还把这个观念发展成为具有两种基本道德能力的自由而平等的公民）[1]、原初状态中受无知之幕限制的理性人，以及秩序良好的理想社会中的人（或公民）。在《正义论》的理论

---

[1] 正如原初状态中的理性人并非现实生活中的人，愿意加入罗尔斯式的思考的你与我也并不一定是现实生活中的你与我（或公民）。"你与我的观点——即以自己的方式来充分证明公平正义的观点——是通过我们对公平正义之秩序良好社会里获得充分自律的公民之思想与判断的描述来塑造的。"理想的意义是设立目标，引导人们不断提升自己。后期罗尔斯的公民概念同样受到秩序良好的社会（在这种社会中，所有人都能够充分尊重他们共享的政治观念）之公民理想的规范。参见罗尔斯《政治自由主义》，万俊人译，译林出版社，2000年，第74页。

部分，对原则的论证主要涉及前两个层次的人的观念。一般认为罗尔斯对正义原则的论证就是从原初状态出发的论证，罗尔斯自己似乎也是这样暗示的，他将之称为"正式的证明"。但是，在《正义论》的第二章，尤其是第11至第13节，罗尔斯尝试着陈述原则，并多次修改其表述形式，使之更加符合道德人的常识和直觉性信念。虽然罗尔斯强调这样做的目的只是使人们对原则有初步的印象，但是既然知晓对原则做怎样表述更为恰当，也就有了相同的接受这样表述的原则的理由。如此一来，第二章概括（或者说陈述）原则即推敲原则表述形式的过程，实际上就构成了一条独立的证明路线。

英国政治哲学家布莱恩·巴里也支持这样的观点，他在《正义诸理论》中提出："（在《正义论》的）第二章'正义原则'中，罗尔斯构想了一个不需要任何原初状态支持的论点"，"这一线索很难被人注意到，并且常常容易引起误解。"① 我们认为，《正义论》中确实存在着这样一条独立的证明路线，它使得公平正义的两个原则可以不依靠原初状态的设置就得到初步的证明。② 从某种意义上讲，离开第一条证明路线来理解罗尔斯对正义原则的理论论证，这正是从原初状态出发的论证容易引起误解的源头。这样，在《正义论》的理论部分，正义原则的证明实际上就存在着两条路线：第一，《正义论》第二章"正义原则"是尝试性地提出原则的过程，我们可以将之称为"诉诸直觉的论证"。那些会设想自己处于原初状态的道德人（自由民主社会有正义感

---

① 〔英〕布莱恩·巴里：《正义诸理论》，孙晓春、曹海军译，吉林人民出版社，2004年，第277页。
② 布莱恩·巴里这样来支持这种观点："罗尔斯在事实上并没有认为所有的事情都起源于原初状态，他有关原初状态的全部说明，以及他使差别原则来自于原初状态的尝试，出现在共有九章的《正义论》的第三章。但是在第二章'正义原则'中，罗尔斯构想了一个不需要任何原初状态支持的论点。它从机会的平等转向了收入的平等，从这里出发，经由一个基于平等的帕累托改良概念，达到了差别原则。"（〔英〕布莱恩·巴里：《正义诸理论》，孙晓春、曹海军译，吉林人民出版社，2004年，第277页）

的公民），在开展原初状态的思想实验之前，通过诉诸一些直觉性的信念，在把若干可能的社会安排（体系）拿来与一个作为基点的社会安排（体系）相比较的过程中，初步接受罗尔斯对公平正义两个原则某种优化了的但仍然是暂定的表述，承认由这种原则所调节的社会安排（体系）相对于其他的社会安排（体系）而言更加可取。① 第二，《正义论》第三章"原初状态"，被罗尔斯称为正式的证明过程。在这一正式的证明阶段，在考虑一般社会事实、反复对照一些深思熟虑的判断（部分这样的判断已经体现在罗尔斯对从原初状态的描述中）的基础上，道德人将"从原初状态出发"，以某种受限制的"理性人"的视角来考察一组备选的正义方案，从中选出最符合其合理利益的那种原则。

在原则论证的第一部分，也就是概括原则内容的部分，罗尔斯指出，他先要把一种更一般性的原则搁置一边，而优先考察两个正义原则。这种一般的正义原则可以表述为：

> 所有的价值——自由和机会、收入和财富、自尊的社会基础——都要平等地分配，除非对其中的一种价值或所有价值的一种不平等分配合乎每一个人的利益。②

而罗尔斯对两个原则的首次陈述如下：

> 第一个原则：每个人对其他人所拥有的最广泛的平等基本自由体系相容的类似自由体系都应有一种平等的权利。

---

① 如果我们把反思平衡视为罗尔斯根本的证明方法，那么《正义论》第二章"正义原则"提出原则的过程也属于反思平衡的一个重要阶段。罗尔斯认为契约论的证明才是对正义原则的正式证明，他之所以未把对正义原则的概括当作是一种严格的证明，大概是因为这一证明过程太依赖于一些直觉性的观念，缺乏对不同正义原则之间的对比，因而不足以应对各种反驳。虽然提出正义原则的过程也属于反思平衡，但这种反思平衡还是太狭窄了。
② 〔美〕约翰·罗尔斯：《正义论》（修订版），何怀宏等译，中国社会科学出版社，2009 年，第 48 页。

>　　第二个原则：社会和经济的不平等应这样安排，使它们（1）被合理地期望适合于每一个人的利益；并且（2）依系于地位和职务向所有人开放。①

之所以这样做的理由是，虽然两个正义原则只是更一般的正义观的一个具体实例，但两个原则的表述更符合自由优先的直觉性观念。在《正义论》的开端，人们已经对自由优先的问题有了初步的印象，而正义原则的构建需要以一些共同认可的条件作为开端。罗尔斯对两个正义原则的首次概括就诉诸了自由权的优先性这一大家共同认可的直觉性观念。但他强调，虽然自由原则表达了自由权的优先性，但这只是初步的印象，在其他地方还可以有更多的证明。

如果说第一个原则（自由原则）体现了自由权的优先性，那么第二个原则（差别原则）又体现了什么样的直觉性观念，以至于罗尔斯会在对原则的首次陈述中就采用它呢？罗尔斯假定寻求建立正义原则的各方当事人都是理性的（rational）。"这里的人是指占据着由社会基本结构确定的各种社会地位、职务的代表人。这样在应用第二个原则时，我将假定可以把一种对福利的期望指定给占据这些地位的代表人。这种期望指示着从他们的社会地位展望的生活前景。"② 在"人是理性的"并有着一种对福利的期望这一假定的基础之上，通过与一个作为社会最初的安排的基点相比较，首次概括的差别原则将会被人们接受。

>　　让我们假设一个最初的安排，在这一安排中，所有的社会基本善都是被平等地分配，每个人都有同样的权利和义

---

① 〔美〕约翰·罗尔斯：《正义论》（修订版），何怀宏等译，中国社会科学出版社，2009年，第47页。
② 〔美〕约翰·罗尔斯：《正义论》（修订版），何怀宏等译，中国社会科学出版社，2009年，第50页。

务，收入和财富被平等地分享。这种状况为判断情况是否得到了改善提供了一个基点。①

"最初的安排"一旦确立，接下来要做的事情，就是把所有其他可能的安排逐一地拿来与最初的安排相比较，看哪一个安排更加可欲，从其中选择最好的那一个，包括接受这个安排所包含的原则。如此一来，正义的原则也就得到了初步的证明。当然，现实的政治社会状态（及其实行的原则）总是不那么令人满意的，但是选择的原则却为评价和改造现实的政治社会状态提供了一个理想的标准。

早在资产阶级革命时代，自由主义的思想家就认定，人类社会既不是单纯自然演进的结果，也不是上帝意志的产物，而是人为的。既然人类社会是人为的，那么人们就可以在不同的社会安排间做出选择，即在多种可能的社会安排中选择最好的那一个。在罗尔斯的正义理论中，作为一个可供对比的"基点"，"最初的（社会）安排"就是为了方便我们在多种社会安排中进行比较和选择而提出来的，它对应着一个原初的理想的社会状态。但是，面对人类经济活动的一般事实（原始的平均主义往往是人类社会处于物质生产水平十分低下的阶段的产物），理性的各方当事人马上会质疑这种平等的最初安排。"为什么这种安排是最终的安排？如果某些不平等能够通过比如说是激发更具生产性的努力而使每一个人处境更好，那又为什么不允许这些不平等存在呢？"②这种想法会引导他（她）们接受某种背离最初安排中对财富和权威的平等分配状态的情形。"如果某些财富和权威的不平等将使每一个人都比在这一假设的开始状态中更好，那么它们就符合我

---

① 〔美〕约翰·罗尔斯：《正义论》（修订版），何怀宏等译，中国社会科学出版社，2009年，第49页。
② 〔澳〕乔德兰·库卡塔斯、菲利普·佩迪特：《罗尔斯》，姚建宗、高申春译，黑龙江人民出版社，1999年，第53页。

们的一般观念。"① 差别原则坚持每个人都要从社会基本结构中允许的不平等中获益，这意味着不平等必须对这一结构确定的每个有关代表人都是合理的（reasonable），这样人们就会宁愿在他（她）们的前程中有这种不平等存在而不是没有它。但我们如何来判断这种合理性呢？

如果把平等的最初安排当作一个基点，显然有无数的方式可以使得所有人得利。那么我们怎样在这些可能性中做出选择呢？显然，自由原则已经为不平等的分配提供了一个限制。基本的自由权，是无论如何也不能够放弃的，它们必须平等地分配，而不能不平等地分配，允许被不平等分配的仅仅是财富和权威。这样，一般的正义原则就分裂为两个原则，但是除了平等地分配自由权以外，一般的正义原则所剩下的部分，即对不平等分配的限制——"合乎每一个人的利益"，并没有排除身份等级制（虽然平等的自由权是与之相对立的）。早在资产阶级革命时代，羽翼日渐丰满的资本阶级就提出，要打破封建主义的身份等级制，建立一个平面化的、自由竞争的社会。在这个社会中，没有人可以凭借其出身和血统先天地就享有一些权利（特权），地位和职务应对所有人开放，而不论其出身、种族、社会地位、宗教信仰、性别如何——这就是资产阶级的"职业向能力（talent）开放"的原则。首次概括的差别原则承认社会与经济的不平等，但它吸收了近代资产阶级革命想要确立的这个原则。罗尔斯强调："虽然财富和收入的分配无须平等，但它必须合乎每一个人的利益，同时，权威和负责地位也必须是所有人都能进入的。"② 相对于传统社会，"职业向能力开放"的原则具有积极意义，但其局限性也是十分明显的。资产阶级把人生看作是一场长跑比赛，并强迫

---

① 〔美〕约翰·罗尔斯：《正义论》（修订版），何怀宏等译，中国社会科学出版社，2009年，第49页。
② 〔美〕约翰·罗尔斯：《正义论》（修订版），何怀宏等译，中国社会科学出版社，2009年，第48页。

每一个确立了"身份平等"的个人参加这场比赛,展开激烈的竞争。但不同的个人由于禀赋和社会关系不同、运气有好有坏,从一个"平等的"起跑线出发,在赛程中肯定会有不一样的表现,从而产生不一样的结果,最后形成新的社会等级。

到此为止,在罗尔斯首次概括的差别原则中,约束社会与经济的不平等的两个短语("不平等适合于每一个人的利益"和"地位和职务向所有人开放")的含义还是含糊不清的。需要通过诉诸一般社会事实以及直觉性的信念来更确切地阐释它们的含义,以便以某种形式表达其含义的差别原则能够和自由原则一道为如何进行社会合作利益的分配提供一种明确的结论。在尝试性地概括出两个正义原则之后,对之抱有较大确信的第一个正义原则将会被暂时性地确定下来,而含义仍然比较模糊的第二个正义原则还需经过进一步地反思,以使它的表述更符合人们的直觉性信念。通过对体现着不同直觉性信念的各种经济与社会的不平等的安排进行比较,即比较自然的自由体系、自由的平等体系和民主的平等体系,罗尔斯表明民主的平等是一种更加可取的社会安排。另外,在民主的平等,即一个"基于平等的帕累托改进概念"的基础上,用这种安排所对应的原则来替代第二个原则中那两个含义模糊的短语,就得到了对差别原则的一种更为恰当的表述。

首次概括的第二个原则(差别原则)对财富与权威不平等分配的两个约束条件中,每一个条件都具有两种可能的意义(对应着两种不同的原则):"适合于每一个人的利益"可能意味着效率原则或者差别原则,"地位和职务向所有人开放"可能意味着作为前途向才能开放的平等或者作为公平机会平等的平等。这四种可能意义的组合产生了四种可能的解释(观念),分别是自然的自由平等、自由的平等、民主的平等,以及自然的贵族制(如表1所示)。每一种解释都对应着一种社会体系(安排),四种解释对应着四种社会体系(安排)。要从中找到对第二个正义原则最为可取的解释，选出最合理的社会体系（安排），就需要对这四种解释或者社会体系（安排）分别地加以考察（在所有的解释中罗尔斯都假定平等自由原则是被满足的，经济大致是一种自由市场经济，而不管采取什么样的生产资料所有制）。

表1 对不平等分配的两个约束条件

"平等开放"	"符合每个人的利益"	
	效率原则 （帕累托最佳原则）	差别原则 （适合最少受惠者利益）
作为前途向才能开放的平等 （形式的机会平等）	自然的自由平等	自然的贵族制
作为公平机会的平等 （自由主义的、优绩主义的平等）	自由的平等	民主的平等

与具有原始平均主义色彩的"最初的安排"相对的，首先是曾经盛行于西方世界的自由放任的资本主义，罗尔斯称将之模型化，称为"自然的自由体系"。自然的自由体系是第一种解释，这种解释将差别原则中的"符合每个人的利益"理解为效率原则，将"平等开放"理解为前途向才能平等开放。效率原则原本是一个经济学概念，罗尔斯将之用于制度或社会的基本机构。经济学中的效率原则即帕累托最佳原则，主要用于经济体系的特殊结构。下面用一个图（见图1）来对之加以演示。设想有总量为 Y 的产品要分给 X1 和 X2，图1曲线上的每一点都满足帕累托标准，即增加 X1 的所得就不得不减少 X2 的所得，反之亦然；曲线外侧的点意味着需要的产品数量超出了总额 Y，而曲线内侧的点则意味着还有富余的产品可以继续分配。罗尔斯认为，可以参照各代表人的期望将效率原则应用于社会的基本结构。"对于社会基本结构中某种权利和义务的安排来说，只要不可能把规范变成、把权利义务重订得能提高某些代表人（至少一个）的期望而不同时降低另外一些代表人（至少一个）的期望，这种安排就是

有效率的。"① 但是，满足效率原则的社会基本结构存在一个较大的问题，它没有清楚表明哪一个代表人应该获得多少资源。正如在图 1 中显示的，在曲线与两轴的交点处，效率原则都认为是有效率的，但大概不会每一个人都认为它是正义的。效率原则如果要成为一种正义观的组成部分，它就必须以某种方式得到补充。即使是在自然的自由体系中，它也要受到某些背景制度，即"前途向才能开放"这一形式的机会平等原则的约束。不过，虽然效率原则本身并不能成为一种正义观，但一种可取的正义观也不必与效率原则相矛盾。

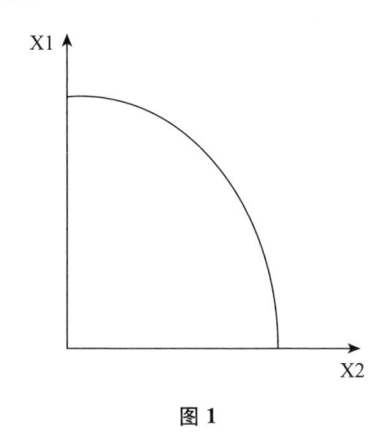

图 1

自然的自由体系（或解释）的缺陷十分明显，它允许资源的最初分配同时受到自然和社会偶然性因素的影响，这与我们的道德直觉是相抵触的。根据自然的自由平等的解释，这是合乎正义的，即一个人因自己拥有较高的才能（talents）而在分配中获得较多利益（或者较高职务）。正如一个人的劳动产出越多而报酬也越多，这在任何人看来应该是合乎正义的。但是，"自然的自由体系"中的才能就像是成品，而成品的原材料和制作过程却未被加以考虑。试想一个本来拥有较高天赋（nature assets）的人，

---

① 〔美〕约翰·罗尔斯：《正义论》（修订版），何怀宏等译，中国社会科学出版社，2009 年，第 54–55 页。

因为家庭贫困而无法得到更好的教育，甚至努力的动力也失去了，其最终的表现跟天赋平庸的人相差无几，这难道符合正义吗？自由主义者认识到了这一点，并且提出了补救的方法。

在"前途向才能开放"之外，自由主义的解释（自由的平等体系）加上了机会的公平平等原则的进一步限制。"各种地位不仅要在一种形式的意义上开放，而且应使所有人都有一公平的机会达到它们。"① 这里的"所有人"可以理解为主要是指"那些有着类似能力或才干的人"。相应的，这句话的意思就是指："那些有着类似能力或才干的人也应当有着类似的生活机会。具体地说，假定有一种自然禀赋的分布，那些处在才干和能力的同一水平上有着使用它们的同样愿望的人，应当有同样的成功前景，而不管他们在社会体系中的最初地位是什么。"② 罗尔斯在这段话中展示了三个"同样"：同样的才干和能力、同样的愿望、同样的成功前景。实际上还有一个通向同样的成功前景的第四个同样，即同样的条件。"在社会的所有部分，对每个具有相似动机和禀赋的人来说，都应当有大致平等的教育和成就前景。那些具有同样能力和志向的人的期望，不应当受他们的社会出身的影响。"③ 依靠国家来为个人提供同样的社会条件，这正是19世纪末期以来西方主流的自由主义实现社会正义的重要方式。传统的自由主义主张市场完全自由，政府不能过多干预，而资本主义新时代的新自由主义则强调政府适度干预的必要性。

公平机会的原则要求减少社会偶然性因素和自然运气对分配份额的影响。这样，就需要对社会体系增加进一步的基本结构性条件，让自由市场受到一系列政治和法律制度的规范。这一结构

---

① 〔美〕约翰·罗尔斯：《正义论》（修订版），何怀宏等译，中国社会科学出版社，2009年，第56页。
② 〔美〕约翰·罗尔斯：《正义论》（修订版），何怀宏等译，中国社会科学出版社，2009年，第56页。
③ 〔美〕约翰·罗尔斯：《正义论》（修订版），何怀宏等译，中国社会科学出版社，2009年，第56页。

调节经济事务的普遍趋势，以防止产业和财富的过度积累；保障公平的机会平等所需要的社会条件，坚持所有人受教育的机会平等的重要性。资本主义发展到 20 世纪，西方国家的公民对这一结构的要素是足够熟悉的。然而，即便公平机会原则完美地排除了社会偶然性因素的影响，它还是允许自然偶然性因素的影响，让能力和天赋的自然分布决定财富和收入的分配。这种结果从道德的观点上看仍然是任意的。而实际上，公平机会的原则也只能不完全地实现。一方面，某种家庭形式的存在会妨碍机会公平原则的实现。家庭的环境对一个人的才干和能力的发展是至关重要的。拥有同样天赋的两个人，因家庭出身的不同，即便其他的社会条件相同，也就是说都能够拥有大致平等的教育和医疗保障水平等，他（她）们能力的发展的可能性和取得成果的大小也是不同的。更进一步而言，"甚至努力和尝试的意愿、在通常意义上成为值得奖赏的人的意愿都依赖于幸福的家庭和社会环境"[1]。另一方面，这也是自由主义的解释允许天资的分布决定分配所必然导致的结果。天资的分布属于自然偶然性因素，而自然偶然性因素和社会偶然性因素之间会相互影响。"我们在决定分配份额时，只要我们为社会和自然偶然因素中的某一种因素的影响所烦扰，那么经过思考，我们会发现我们也必然为另一种因素的影响所烦扰。"[2] 自然优势很容易转化成社会优势，比如，在求职或择偶过程中，长相良好者更容易获得成功；如果把代际积累的因素也考虑在内，父母都拥有自然优势的家庭会倾向于把更多的优势传递给自己的后代。再如，成功的家长们更具备优生优育的条件，更能够提供有利于下一代的才干和能力发展的家庭环境和社会关系，培育出参与竞争、获取成功所需要的性格和意愿（虽然不清

---

[1] 〔美〕约翰·罗尔斯：《正义论》（修订版），何怀宏等译，中国社会科学出版社，2009 年，第 57 页。
[2] 〔美〕约翰·罗尔斯：《正义论》（修订版），何怀宏等译，中国社会科学出版社，2009 年，第 58 页。

楚家长的生育条件与子女的天赋分布之间的关系,但家庭环境对于儿童智力开发的重要性是毋庸置疑的)。正是在这个意义上,罗尔斯宣称自由主义的观念必然是不稳定的。自然优势或劣势与社会优势或劣势可以在代际间不断传递,形成积累效应,最后会使实现公平机会平等的一切努力都付之东流。

为了巩固自由主义的观念,可不可以单方面地致力于社会的改造,而任由能力和天赋的自然分布影响个人的生活,或者把抵消它们的希望寄托于未来社会的发展呢?比如,既然家庭的存在使得公平机会的原则只能不完全地实现,可不可以倚靠国家的力量取消家庭呢?答案是否定的。因为在家庭中有值得我们珍惜的东西,如亲人之间的关心和爱。更重要的是,我们并不知道取消家庭会带来什么结果,因为我们实际上就生活在家庭之中;离开经验,对取消家庭后的生活状态我们不具有任何知识。实际上,铲除社会偶然性因素的单纯企图,就像控制自然的盲目自信一样,都是不可取的。现实的态度应该是在既定的社会条件下同时对两者进行约束。这样,我们就从"自由的平等"转向了"民主的平等"。

在转向民主的平等的解释之间,有必要稍微提一下自然的贵族制。罗尔斯并没有花太多的笔墨解释自然的贵族制。除了接受形式的机会平等原则以外,自然的贵族制还接受确保最少受惠者受益的差别原则。就其主张保护弱势而言,自然的贵族制吸收了"贵族行为理应高尚"的观念,不过这种"贵族"是经过市场竞争的优胜劣汰而自然形成的,是自由放任资本主义下的与封建的血统贵族制相对的新贵。可以说,自然的贵族制就是文雅化了的自然的自由体系。但是,由于自然的贵族制对社会的偶然性因素完全持一种听之任之的态度,这就使得它跟自由主义的观念一样都是不稳定的。

民主的解释正是通过结合机会公平平等的原则与差别原则来达到的。"一旦我们试图找到这样一种对两条原则的解释,它平等地把每一个人看作一个道德人来对待,决不根据人们的社会幸运或自然抽阄中的运气来衡量他们在社会合作中利益和负担的份额,那么这四种解释中最好的显然是民主的解释。"① 自由主义的解释让能力和天赋的自然分布决定财富和收入的分配。罗尔斯承认"自然资质的分布无所谓正义不正义,人降生于某一特殊地位也说不上不正义。这些只是自然的事实"②。但是,在他看来正义或不正义是制度处理这些事实的方式,而正义或不正义才是真正值得关注的。是否拥有天赋,这一点对个人而言完全是偶然的(任意的);一些人拥有天赋而另外一些人没有,这种状况对任何人而言也完全都是偶然的(任意的)。③ "在天赋上占优者不能仅仅因为他们天赋较高而得益,而只能通过抵消训练和教育费用和用他们的天赋帮助不利者得益,没有一个人能说他的较高天赋是他应得的(deserve),也没有一种优点配得到一个社会中较有利的出发点。"④ 根据民主的解释,如果某些人碰巧拥有天赋,当然应该鼓励他(她)们运用才干和天赋(使用天赋的责任正是新教伦理所要求的),积极实现他(她)们的抱负;同时,也应当承认他(她)们有资格享有运用天赋所取得的一切成就,前提是使

---

① 〔美〕约翰·罗尔斯:《正义论》(修订版),何怀宏等译,中国社会科学出版社,2009年,第58页。
② 〔美〕约翰·罗尔斯:《正义论》(修订版),何怀宏等译,中国社会科学出版社,2009年,第78页。
③ 更进一步:不仅是否拥有天赋是偶然的,而且是否拥有市场青睐的天赋也是偶然的。一个人不能因为碰巧具有市场青睐的天赋,就声称"在道德上应得的"市场给予全部报酬(主要是财富);就像那些拥有其他天赋的人(比如说作战勇敢),在市场上却无法获得成功,甚至陷入悲惨的境地,不能说这就是他(她)们"应得的"。这不同于我们说奥林匹亚大赛中的冠军"应得"桂冠,因为大赛的"目的"就在于择出体能上最卓越的人,而市场(由一套复杂的制度调控的复杂的人际互动)本身是没有"目的"的。值得注意的是,这里罗尔斯也没有要求抵消一切偶然性因素的影响。作为社会合作的参与者愿意在某种程度上分担彼此命运,是因为他(她)们彼此关联,这不同于要求抵消坏运气不利影响的运气均等主义。
④ 〔美〕约翰·罗尔斯:《正义论》(修订版),何怀宏等译,中国社会科学出版社,2009年,第78页。

其他人尤其是最少受惠者受益。民主的平等的观念主张通过对分配制度的适当调适来使最少受惠者（往往是那些天赋较少而不是拥有昂贵偏好的人）也能够从天赋较高的人的成就中获益，社会的和经济的不平等在最好的情况下应当适合于最少受惠者的最大利益。通过挑选出一种特殊地位，差别原则消除了效率原则的不确定性。基本结构的社会和经济不平等将通过这一地位来判断。于是，我们就得到了第二个原则修正的表述：

> 社会的和经济的不平等应这样安排；使它们：（1）适合于最少受惠者的最大期望利益；（2）依系于在机会公平平等的条件下职务和地位向所有人开放。①

作为一个"基点"的（绝对）平等的方式（安排）只有一种，但不平等的方式（安排）却有很多种。我们要保证，从原初的平等出发，每一种不平等的安排都应该比作为基准的平等的安排更好，然后再从中找出最好的一个。最后，在我们已经陆续接受了的原则之外，适合最少受惠者利益的差别原则进入了我们的视野。虽然在所有的不平等的安排里，处境最差的人的生活都可能会比留在平等的安排下过得要好，但"差别原则挑出了全部能够满足每个人都应该通过不平等而有所收益这一要求的帕累托最佳安排中的最平等主义的结果"②。回顾整个论证过程，当我们在对不同的安排方案进行比较时，必须始终保持不偏不倚（impartial）。罗尔斯提醒我们，在想象一个可能的替代方案时，要知道这个方案之所以会被考虑在内，并不在于它能够最大限度地满足我们自己的特殊的利益（这恰是罗尔斯的"无知之幕"所要排斥

---

① 〔美〕约翰·罗尔斯：《正义论》（修订版），何怀宏等译，中国社会科学出版社，2009年，第65页。
② 〔英〕布莱恩·巴里：《正义诸理论》，孙晓春、曹海军译，吉林人民出版社，2004年，第292页。

的），而是在于它能够让所有人的利益得到公平的照顾。要这个世界按照我们的个人偏好进行最大限度的调整，这个想法本身是不正确的。

最后，我们来讨论一下罗尔斯"诉诸直觉的论证"中可能遭到的一些批评。第一，有人也许怀疑罗尔斯支持机会公平平等的原则理由是市场主义的，即为了实现对天赋的最大利用。一些人因为缺乏社会条件而无法施展自己的天赋，这对市场而言是一种智力资源的极大浪费。但是，罗尔斯支持"职务和地位向才能开放"的理由，主要不是基于效率原则的考虑。他指出："如果某些地位不按照一种对所有人都公平的基础开放，那些被排斥在外的人们觉得自己受到了不公正待遇的感觉就是对的，即使他们能从那些被允许占据这些职位的人的较大努力中获利，他们的抱怨还是有道理，这不仅是因为他们得不到职位的某些外在奖励如财富和特权，而且是因为他们被禁止体验因热情机敏地履行某些社会义务而产生的自我实现感。他们因此被剥夺了一种重要形式的人类善。"①

第二，"自由的平等"的安排又可以被称为"优绩主义"（meritocracy）的安排，它意味着如果能够确保每个人拥有公平的机会平等，那么职位和地位的最终分配就只需取决于个人努力所取得的成绩和表现。有学者担心，如果将这种安排付诸实践，有可能会导致一个英才统治的社会。"英才统治的社会"这个概念最初是由迈克尔·杨提出来的。② 这种对自由主义的解释的担忧，不是没有道理的。自由主义的解释主要针对的是具有相同的才干、天赋以及使用它们的愿望的人，它为这样的人提供的社会条件也只是基本的条件，但是家庭仍然会影响个人才能的发挥，家

---

① 〔美〕约翰·罗尔斯：《正义论》（修订版），何怀宏等译，中国社会科学出版社，2009 年，第 66 页。
② 参见 Michael Young, *The Rise of the Meritocracy, 1870 – 2033: An Essay on Education and Equality*, Harmondsworth, England: Penguin Books, 1958。

庭优势的积累性效应最终会使得一个社会沦为精英统治的社会。罗尔斯认为，对不平等分配的两个约束条件的三种解释：自然的自由体系、自由的平等和民主的平等——这个次序是根据直觉来排列的，每一种更可取的解释都吸取了前一种解释的要素，而且在所有的解释中都假定第一个原则（平等的自由原则）已经是被满足的。因此，对两个原则的一种民主的解释将不会导致一个英才统治的社会，平等的自由原则、机会公平平等的原则和差别原则一起捍卫博爱、互惠和补偿等民主价值。① 尤其是考虑自尊这一根本的基本善，实际上要求"为最不利者寻求一种对自我价值的自信，限制着等级制的形式和正义所允许的不平等的程度"②。

第三，20世纪的西方人也许对体现着公平机会的政治和法律制度是足够熟悉的，因而能够对机会公平平等的原则抱有较大的确信，但对差别原则的最初信心仍然是犹疑不定的，甚至可能会批评它没为激励（incentives）留下足够的余地。"如果有些人知道努力工作会得到额外的报酬，他们就会这么去做。这些人的辛勤劳动会提高生产效率从而使所有人受益，要么直接创造新的岗位和消费机会，要么间接地增加税收。"③ 但是，为努力奋斗的人添加额外负担的差别原则也许会打击这种的积极性。对此，罗尔斯的回答是，差别原则只是一种限制不平等的社会结构条件。在差别原则之下，人们的工作积极性会不会减少，这并不是政治

---

① 差别原则发挥了补偿的作用，但并不是一种补偿原则。补偿的价值只在一定意义上满足了补偿原则的要求。后者要求人们无限地分担彼此的命运，这是一种运气均等主义的原则。该原则主张社会应该补偿所有因天择因素而处于不利境况中的人们；它要求政府平等地对待所有人，并为他（她）们提供真正同等的机会。补偿的原则单独就是一个自明的原则，但反思平衡的方法拒绝这种未经中介处理的自明性原则。在罗尔斯的正义论中，对补偿的意义可做这样的解释，即作为社会合作系统的成员，人们应该分担彼此的命运；但这一直觉性信念还需与提高平均生活水平、推进共同利益等原则相平衡。
② 〔美〕约翰·罗尔斯：《正义论》（修订版），何怀宏等译，中国社会科学出版社，2009年，第82页。
③ Jonathan Wolff, *An Introduction to Political Philosophy*, Oxford University Press, 2006, p. 158.

哲学家关注的问题。当然，最初概括的第二个正义原则本身是针对激励问题提出的，人们期望某种不平等能够在满足道德要求的同时，也能提供一种激励以改善所有人的处境。但承认这种期望的合理性，并不意味着罗尔斯将认真考虑像何种范围内的不平等才不会阻碍经济的增长这样的问题（这实际上是一个发展经济学的问题）。对罗尔斯而言，存在着能够使每个人的生活状况都得到改善的不平等，这是一种值得期待的情形。问题是要找到为社会制度造成的人们生活前景的最初不平等做辩护的根据。就罗尔斯关注的问题而言，就是要找到为差别原则作合理性辩护的依据。

三 从原初状态出发的论证

在罗尔斯看来，虽然概括正义原则的过程帮助人们确立了对公平正义两个原则的初步信心，但对原则的概括并不等于对原则的正式证明。在对正义原则的分解和组合过程中所诉诸的直觉性信念，严格地说并不能成为正义原则的论据。这是因为，在契约论中论据都是从原初状态的观点做出的。但罗尔斯仍然强调，对原则的概括所涉及的这些直觉的考虑，有助于我们弄清楚公平正义的两个原则的性质和它们的平等主义含义。在正式证明的阶段，罗尔斯使用了一种假想契约来论证他的正义原则。大体上讲，我们可以把罗尔斯从原初状态出发的论证分为三个部分。"第一步是确定达成假想契约的条件；第二步是论证在这样的条件下他的正义原则将会被选择；第三步是宣称这样选定的正义原则是正确的，至少对现代民主政体来说是正确的。"[1]

关于假想契约的条件已经为人们所熟知，所以我们跳过这一部分的内容，直接来考察正义原则的选择。罗尔斯让我们设想自己处于原初状态中，在原初状态中各方要从一系列备选原则的清

---

[1] Jonathan Wolff, *An Introduction to Political Philosophy*, Oxford University Press, 2006, p. 163.

单中选出一种原则来指导社会合作项目。罗尔斯假定原初状态中的各方是理性的，他（她）们处于无知之幕之下，对自己以及自己所属社会的特殊情况一无所知，他（她）们唯一的选择动机就是要获得尽可能多的基本善。① 这里涉及的理性（rationality）的概念，除了它在经济理论中通行的含义（采取有效的手段来达到既定的目标）以外，罗尔斯还假定一个理性之人不会受到嫉妒之累。

处于原初状态中的各方，除了接受无知之幕的约束，还要受到一系列的限制。首先，适度稀缺的正义环境对选择施加了"自然条件的限制"（physical constrains）；其次，还有逻辑上的限制（logical constrains）。也就是说，无论人们选择什么，都必须是逻辑上可能的。人们不能选择"人人都拥有奴隶"，或者"人人都应该比别人富裕"这类显然自相矛盾的原则。此外，罗尔斯认为，更为重要的限制条件是形式的限制（form constrains）。"这种限制来自正义原则本身，或者更广义地说，来自对正当观念本身（可以把正义看成是正当的一个子范畴，即应用于社会制度时的正当）。但这一说法并不意味着这些限制是来自对正当或正义概念的分析，是来自其定义，而是意味着来自其作用和功能。"② 在《正义论》的开篇，罗尔斯就指出，正义原则的作用是分配权利和义务以确定利益负担的划分，这种作用提出了以下五个方面的限制条件：一般性（general）的条件、普遍性的条件、公共性的条件、次序性的条件以及终极性的条件。这五种限制条件本身并不排除任何一种正义观念的传统，然而它们确实排除了备选原则中的各种利己主义形式。其中，一般性的条件排除了第一人称的专制以及各种搭便车的形式，次序性的条件排除了一般的利己

---

① 罗尔斯指出，原初状态中各方可能知道的唯一特殊事实是他（她）们的社会在受着正义环境的制约及其所具有的任何含义。虽然无从知晓大量的特殊事实（包括性别），但原初状态中各方知道有关人类社会的一般事实，这些一般社会事实同时也为第三部分的稳定性证明提供了社会背景知识。
② 何怀宏：《公平的正义》，山东人民出版社，2002年，第144页。

主义。

　　首先形式的限制虽然并不决定何种原则能够列入备选清单之中，但罗尔斯在提出一系列备选原则的时候实际上已经进行了一次筛选。"那些有条件的正义观，即那些随着时代和社会条件为转移的特殊正义观是要被排除在表格之外的。"① 其次，形式的限制也不是罗尔斯对备选原则唯一的一次排查。在介绍公平正义的主要观念和特征的时候，罗尔斯把公平正义与古典功利主义、直觉主义进行了对比，揭示了后两种观念在直觉上的缺陷。在特殊的情况下（古典）功利主义允许牺牲一部分人来实现最大多数人的最大利益（功利），而直觉主义与道德哲学应避免在一些关键问题上依赖直觉以尽可能地缩小分歧的目标是相背离的。在从原初状态出发的论证中，无论是（古典）功利主义的观念还是直觉主义的观念都不再成为值得认真考虑的对象。在罗尔斯看来，传统的正义观念追求的是善，然而实现某种善的目的已经不再是现代的正义观念所追求的目标。这样，传统的正义观念同样不是值得认真考虑的选择对象。再次，通过对自然的自由体系的探讨，罗尔斯已经表明两个正义原则在某种意义上可以包容并且超越追求世俗利益的古典自由主义的正义观念；现代正义观念以制度为首要主题，罗尔斯也表明在一个法治框架下的公平正义与以应得为基础的正义观念并不冲突。② 最后，值得原初状态中的各方认真考虑的原则就只有剩下平均功利主义原则及其混合观念，以及

---

① 何怀宏：《公平的正义》，山东人民出版社，2002年，第144页。
② 罗尔斯承认，给定一种作为公共规则框架的正义合作体系以及它所确立的各种期望，那些希望改善自己状况且做出了这一体制宣布要奖赏的人，是有资格满足他（她）们的期望的。也就是说，做出较大努力且较幸运的人有资格要求更好的状况，这些要求是由社会制度建立的合法期望，社会有义务保障这些期望。但这种意义上的"应得"是一种法律正义上的权利（entitlement）。它预先假定了社会合作系统的存在，无关乎评价这一体系的某种标准。与传统的道德应得观念不同，罗尔斯主张的是法律上的应得。前者牵涉到对个人内在道德品质的评价，后者强调一种法定的资格。参见罗尔斯《正义论》（修订版），何怀宏等译，中国社会科学出版社，2009年，第9、79页。

罗尔斯的两个正义原则。

在罗尔斯特殊设计的原初状态中，各方的选择类似于不确定条件下的理性选择。不确定的条件下理性选择，有三种不同的策略：一种是选择"预期收益最大化"（maximize expected utility），也即使平均值最大化。也就是说，先求出每种选择效用的（加权）平均值，然后挑平均值最大的选择，这个平均值就是预期效用；① 另一种是选择"最大最小值"（maximin）的规则，即使最小值最大化，它指示我们要保证最坏的可能结果尽量地好，这是一种悲观主义者的策略；还可能选择的一种策略是"最大最大值"（maximax），它追求的是最佳中的最佳结果（不管其可能性有多小），这是喜欢冒险的乐观主义者的策略。然而，最大最大值规则并不是原初状态下一种值得认真考虑的选择策略。因为选择这种规则的人往往忽视，一旦最大最大值的希望不能实现，结果将是难以忍受的。三种不同的理性选择策略对应着三种不同模式的社会正义：选择最大预期值规则的人会寻求平均值最大的结果，他（她）们可能会选择一种平均功利主义的正义理论；奉行最大最大值规则的人只想得到最好的结果，因而他（她）们可能会选择一种高度不平等的社会；采用最大最小值规则的人更加注重最坏的结果，他（她）们想要尽可能地改善社会中的最少受惠者的处境。罗尔斯认为，在原初状态的特殊条件下，各方的理性选择策略将会是"最大最小值"规则。首先，最大最大值规则会被排除在外。这是因为，采取最大最大值策略的人并没有认真对待"承诺的压力"（burden of commitment）。选择这种策略的人往往抱有一种赌徒的心态，面对惨败的结局，赌徒的第一反应通常是全盘推翻自己的选择。因此，很难要求一位总是孤注一掷的疯狂赌徒为自己的行为承担道德责任。从一开始就准备违背契约的人，很难说他（她）是在真诚地缔约。其次，处于无知之幕下的

---

① 值得注意的是，预期效用只是一个平均值，而非每个人可以期望得到的效用。一个人实际上的得到效用绝不会与平均效用等同。

各方无法考虑每种情况的发生概率问题，因而他（她）们仅仅关注那些能够得到保障的东西，不接受最坏结果处于保障水准之下的选择。这样，追求预期收益最大化也是不可取的。最后，理所当然地，各方要采用最大最小值的策略。

　　这并不是说罗尔斯相信最大最小值适合于一切不确定条件下的决策，而是说原初状态这样的特殊状况使得最大最小值成为各方唯一合理的选择。原初状态下的各方选择最大最小值规则是基于对"承诺的压力"的充分考虑的，唯有采用最大最小值策略，在无知之幕打开之后，那些参与"思想实验"、准备践行其所选择的原则的个人，才不会遇到生命中难以承受之重，从而有充足的动力去坚守其承诺。反之，其践行原则的决意（commitment）则有可能会因为遇到不可克服的困难而发生动摇。总之，最大最小值规则只是不确定条件下的一种选择策略，在罗尔斯的正义理论中，它从属于从原初状态出发的论证。如果我们把最大最小值规则与从原初状态出发的论证割裂开来，将一种理性选择策略与罗尔斯对正义原则的理论论证相混淆，就有可能会得到一个错误的暗示，即这一从原初状态获取的原则的主要论据是来自于非常反感冒险的心理假设。这其实是对罗尔斯从原初状态出发的论证的一个很大的误会。

　　根据反思平衡的要求，从原初状态出发的论证必须从两个层面来进行：一方面，通过某些限制条件来审视备选清单上的一些正义原则，按照最大最小值的理性选择策略，排除备选清单上的一些具有明显缺陷的正义原则；另一方面，依据最大最小值规则，并参照一些直觉性的观念，通过两个比较来表明两个正义原则的优越性。第一个比较是把两个正义原则与平均功利原则（最大限度地增加社会成员的平均功利）相比较，它更多地依赖于最小最大值规则及其三个条件；第二个比较是把两个正义原则与某种受限制的功利原则（它赞同平等自由原则和公平机会原则，但主张用"社会最低保障"来代替差别原则）相比较，它更多地诉诸互惠这一直觉性观念和原则简明性的可行性要求。① 其中，第一个比较确立了两个正义原则尤其是平等自由原则和公平机会原则的优越性，因为两个正义原则满足了公民们最基本的要求，失去这些最必要的保障是他（她）们无法容忍的，但第一个比较并没有给予差别原则太多的支持；第二个比较确立了差别原则的优越性，因为差别原则体现了互惠的价值，考虑到判断最少受惠者地位的易行性，它也要优越于拥有一个模糊的最低保障概念的受限制的功利原则。

通过与其他正义原则相比较，罗尔斯最后可以推断两个正义原则将是原初状态中的各方一致同意的原则。至此，对公平正义两个原则的理论部分的论证才告以完成。一般来说，《正义论》理论部分的论证构成了公平正义的可欲性证明。但罗尔斯的正义理论不仅包括可欲性的证明（什么样的正义原则是可欲的），还包括可行性的证明（这样的原则是可行的吗）。在论证了两个正义原则的优越性之后，罗尔斯还要考察它们在制度方面的批判性运用。罗尔斯的正义理论要处理的并非是一个抽象的概念，他的正义原则本身就包含着其自身的现实化环节。如果缺乏后一个环节，我们就很难弄清正义原则的实质意义究竟是什么。"这种阐释之所以必要，不仅是因为要阐明这些原则的实践意义，而且也是因为要澄清它们的准确内涵究竟是什么。否则，诸如自由、机会、公平以及'最少受惠者'这些用来描述两个正义原则的概

---

① 两个正义原则与功利主义的这两个比较是在《作为公平的正义——正义新论》中提出来的，它以一种简练的方式表明了两个正义原则的优越性，而《正义论》中的相关论证却显得较为烦琐，而且缺少第二个比较。在《正义论》（修正版）序言中，罗尔斯指出，如果他有机会重写《正义论》，通过这两个比较来提出这一论证会是更好的。"使用这两个比较的优点是将有关平等基本自由及其优先性的论据与有关差别原则本身的论据分离开来。对平等基本自由的论据看起来是要强得多，而对差别原则的论据则涉及到一种对各种考虑的更微妙的平衡。"罗尔斯仍然认为差别原则是重要的，但他承认，认识差别原则的论据并不像前两个原则那样充分。参见罗尔斯《正义论》（修订版），何怀宏等译，中国社会科学出版社，2009 年，修订版序言第 4 页。

念，仍然是含义模糊和意义不明的。"① 正义原则不能脱离它们的制度形式，为了说明正义原则的内容，就必须描述满足两个正义原则的社会基本结构。这样，对罗尔斯来说，一个完整的"从原初状态出发的论证"实际上包括了两个方面的内容：一方面，他试图从原初状态的观点中发现支持两个正义原则的决定性论据；另一方面，他还试图引出它们在制度方面的推论，注意它们对基本社会政策的意义，并在这一过程中继续用我们深思熟虑的正义判断来衡量它们。除了理论部分的论证外，从原初状态出发的对正义原则的完整证明还包括它们在制度上（当然仅仅是作为理想的立宪民主政体的各种制度，罗尔斯认为这一点是无须证明的）的运用。这种运用既不是现实的运用，也不是理论上的运用，而只是表明正义原则是可行的，以及它们如何成为评判社会制度的价值尺度。正义原则的可行性论证就是要"表明两个正义原则确定了一种可应用的政治观，并合理地接近于和扩展了深思熟虑的判断"②。

为了进一步表明两个正义原则的可行性，罗尔斯在《正义论》最后一部分还论证了它们的稳定性，即它们能够产生自我支持的力量。罗尔斯想要表明的是，一个正义的社会更利于培育普遍的正义感，更能够唤起现代公民美德；在秩序良好的社会里，人们会普遍认同和支持公平正义的两个原则。罗尔斯指出，如果一种正义原则在可行性方面存在着致命的缺陷，以至于不能唤起支持它的力量，它就要被推翻。在这一部分的论证中，通过道德心理学的论证和正当与善的一致性论证，罗尔斯从正面捍卫了两个正义原则的可行性；另外，他还继续拿功利原则与两个正义原则相比较，通过揭示功利原则在可行性方面的缺陷来反对它。纵

---

① 〔澳〕乔德兰·库卡塔斯、菲利普·佩迪特：《罗尔斯》，姚建宗、高申春译，黑龙江人民出版社，1999年，第54页。
② 〔美〕约翰·罗尔斯：《正义论》（修订版），何怀宏等译，中国社会科学出版社，2009年，第153页。

观罗尔斯的《正义论》，它的内容一共分为三编。"前面（第一编：《原则》；第二编：《制度》）讨论什么是正义，此时，正义是不是与'好'一致或道德有没有力量，并不加以考虑。到了正义的本质的问题解决之后，他才在第三编（《目的》）中讨论正义与好的一致性问题或道德的力量的问题（罗尔斯喜欢用的术语是正义的'稳定性'问题）。"① 如果没有《目的》这个部分的论证，罗尔斯的正义论体系将是不完整的。

在《正义论》的理论部分，罗尔斯在论证原则的时候就使用了基本善的概念，但这种善的理论（善的弱理论）还仅仅是为了说明正当概念（为选择正义原则提供必要的心理动机）的必要且不充分的条件。随着"无知之幕"的打开，"善"必然会由"弱"变"强"，"理性（算计）的选择的原则"和"审慎的理性（算计）原则"必然会冲击在"原则状态"下选择的正义原则，"理性（算计）的原则"使人相互敌对，并且陷入霍布斯式的"囚徒困境"。因此，解决稳定性问题的关键就在于回答能否实现正当与善这二者的统一，也即正义感本身能否成为一种善，并且是作为一种超过了其他所有善的善。正义感是人的一种先天能力，在《正义论》的目的部分，罗尔斯为之提供了一种进化论的道德心理学的解释。"正义感"的形成历经"权威的道德"、"社团的道德"和"原则的道德"三个发展阶段。根据罗尔斯的论证，在一个秩序良好的社会中，人们必定会将正义感视为"最高的善"。这是因为"正义感的善"表现了个人作为一个自由平等

---

① 包利民、M. 斯戴克豪思：《现代性价值辩证论——规范伦理的形态学及其资源》，学林出版社，2000年，第137页。包利民指出，罗尔斯对《正义论》的结构安排表明了他希望建立包括"什么是正义"到"为什么正义有利"的完整的正义体系。罗尔斯建立完整正义体系的努力到《政治自由主义》仍然没有改变。他后来写的《政治自由主义》对正义体系的基本框架没有实质性的改变，只不过把第二部分《制度》与第三部分《目的》的次序颠倒过来了——第一部分："政治自由主义：基本原理"，对应的是《原则（理论）》编；第二部分："政治自由主义：三个主要理念"，对应的是《目的》编；第三部分："制度框架"，对应的是《制度》编。

的理性存在物的本性的生活方式，这种理性的存在物能够以正义允许的种种方式表达并遵循一项生活计划，从而塑造他（她）的自我统一。对一个社会而言，正义感也是一个极大的社会财富，它建立了相互信任和自信的基础，在正常的情况下对每个人都有利。

罗尔斯的正义论（主要是《正义论》理论部分的论证）受到了各方的批评。除了自由主义内部的几位重要批评者之外，罗尔斯很少从正面回应这些批评，但这并不意味着他无可救药地陷入了思想僵化和故步自封的双重困境。《正义论》以后的罗尔斯仍然在不懈地思考。结合自由民主社会这一特殊的背景（在某种程度上吸收了实用主义民主优先于哲学的观点），围绕着其自身理论的可能缺陷，后期罗尔斯致力于将《正义论》中提出的正义观念做进一步的完善。在经过一段时期的思考之后，罗尔斯逐渐认识到，《正义论》第三部分的稳定性证明存在着巨大缺陷。我们接下来将会论证，在后期罗尔斯思想的发展中有一个根本性的转向，这个转向最直接的后果就是把公平正义主要当作是一个政治的正义观念。罗尔斯做出政治自由主义转向的主要动因就是试图修正《正义论》第三部分"稳定性证明"的缺陷。在《政治自由主义》中，基于康德完备性道德学说的稳定性证明受到了重新审视。为了捍卫自由主义原则，筑牢自由民主社会的道德基础，罗尔斯充分发掘隐含在民主政治文化中的重要观念，提出了一组全新的理念。并在此基础上，针对《正义论》第三部分一致性论证的缺陷，给出了新的稳定性证明。

第三章 政治自由主义转向

《正义论》(1971年)出版后受到了来自各方的批评,这些批评中有一些是基于对罗尔斯正义理论的误解,但有一些却促使罗尔斯重新去思考和完善自己的理论体系。这些思考的结果就是他1993年的《政治自由主义》。稳定性问题,在罗尔斯一生的理论关注中均扮演着重要角色。在《政治自由主义》的导论中,罗尔斯就指出,《正义论》第三部分关于稳定性的解释与全书的观念并不一致,使得《正义论》中秩序良好的社会难以维持稳定,正是这个内部的不一致迫使罗尔斯后期做出政治自由主义的转向。[①] 之所以会出现这种不一致,是因为罗尔斯发现有必要认真对待现代西方社会宗教、道德与哲学的多元性问题。他认识到,有两条思考自由主义的途径:作为包罗万象的完备性学说(comprehensive doctrine),或者仅仅作为政治的观念。自由主义的完备性道德学说强调道德自律(康德的观点)或个体性理想(密尔的观点)的重要性。政治自由主义并不采纳这样一种涉及个人选择基础的广泛观点。依靠一套民主方案和个人权利体系,政治自由主义致力于(作为所有其他事务中的一种)基本的个人自由和政

[①] 一些学者把这一转向称为罗尔斯的"政治转向"(political turn)。参见 Paul Weithman, *Why Political Liberalism?*: *On John Rawls's Political Turn*, Oxford University Press, 2011. 刘莘:《罗尔斯的"政治"转向》,《社会科学》2007年第8期。在这些学者看来,"政治转向"(political turn)是后期罗尔斯(或者说罗尔斯理论上)的一个显著的变化。不过,"政治转向"的含义还有待进一步的阐释。

治自由的保障，拥有不同完备性观念的公民都能够支持这种保障个人权利体系的政治构架。在《政治自由主义》的导论中，通过对西方思想文化史的简短回顾，罗尔斯指出，现代西方社会中，无论是指导正确生活的宗教信仰，还是世俗道德自由主义，在它们之间都存在着深刻的分歧。他意识到合理多元论的事实乃是民主政治文化在立宪民主政体背景下长期作用的结果，但《正义论》却使得作为政治观念的自由主义太依赖于作为完备性道德学说的自由主义，仿佛只有主张完备性道德学说的自由主义才可以称为政治自由主义。为此，他转换了公平正义的表达（presentation）方式，将之表述成为一种政治的正义观念，以表明它同很多其他自由主义的政治原则一样，能够被广大范围内的公民们当作公共证明的共享基础。将公平正义表述为一种政治的正义观念，进一步促使罗尔斯做出许多其他的改变，要求罗尔斯在政治与非政治的观念之间做出区分，并且需要一组以前不需要的理念来解决稳定性问题。罗尔斯在《政治自由主义》中想要表明：自由主义是一种深度宽容的政治观点，它能够被不同完备性学说的支持者所采纳，作为它们重叠共识的核心，并为道德上和宗教上多元的民主社会提供共享的公共理性。

第一节 政治的正义观念

《政治自由主义》的主要目标是要表明正义而稳定的社会是如何可能的。罗尔斯宣称，《正义论》中秩序良好的社会的理念是有缺陷的，应该重新予以阐发，以解释合理多元论的事实。为达此目的，在《政治自由主义》的开端，罗尔斯就将《正义论》中提出的公平正义的学说转换为一种适应社会基本结构的政治的正义观念。与政治的正义观念相对应，在自由民主社会里存在着一个适用这种观念的独立而包容的政治领域。在《正义论》中，罗尔斯并没有区分一般意义上的道德正义学说与严格的政治正义观念。后期罗尔斯不无担心地提到,人们也许会认为《正义论》中存在着"公平正义的完备性学说",这可以从他宣称公平正义乃是公平正当性的一部分暗示出来。但是,更严重的问题在于,《正义论》中公平正义的一些构成性要素,可能是宗教的、哲学的或道德的,而事实上也确实如此,它们构成了"公平正义的完备性学说"①。重新阐释这部分构成性理念是《政治自由主义》的任务,但这个过程并不需要改变公平正义学说的许多内容。比如说,除了其所属的构架之外,正义两原则和基本结构的意义和内容都是一样的。

一 政治的正义观念的内涵

面对自由民主社会众多合理却不相容的完备性学说的多元性事实,即合理多元论的事实,罗尔斯意识到他在《正义论》中使用的公平正义之秩序良好社会的理念是不现实的。"这是因为,它与在最佳可预见条件下实现其自身的原则不一致。因此,《正义论》第三部分关于秩序良好社会的稳定性解释也不现实,必须重新解释。"② 为了消除《正义论》中的模糊性,在《政治自由主义》中,公平正义从一开始就被表达为一种政治的正义观念(罗尔斯承认,合理的政治的正义观念并不只有公平正义一种,而是有多种),政治的正义观念对应着一个其适用的特殊的政治领域。那么,什么是政治的正义观念?与之相对应的特殊政治领

---

① 例如,《政治自由主义》强调了政治自律与道德自律的区别,并明确地指出,一种政治的正义观念只包括前者。但《正义论》并没有做这种区分,在该书中,自律被解释为康德式的自律,仿佛预示着公平正义是从康德的完备性自由主义学说中引申出来的。后期罗尔斯并不否认,由于合理多元论事实的存在,即便在公平正义规导的秩序良好的社会中,而且这种观念作为政治的观念得到了绝大多数政治上活跃的公民的支持,公民行动所依据的理由也可能会包括那些由他们自己认定的那些正义解释所提供的理由,在这种情形下,公民们诉诸的对象就包括公平正义的完备性学说,该学说表达了他(她)们有效正义感的基本特征。

② 〔美〕约翰·罗尔斯:《政治自由主义》,万俊人译,译林出版社,2000年,导论第4-5页。

域的含义又是什么呢？

为了揭示政治的正义观念的内涵，罗尔斯总结了这种观念的三个特征，使它们与"一般的道德观念"（general moral conception）和"完备性的道德观念"（comprehensive moral conception）区分开来。在罗尔斯的后期思想中，一般的道德观念的根本特征是它所适用的主题的广泛性。"若一道德观念适用于广泛的主题范围、并一般地面向所有主题，则该道德观念便是一般的。"①而一个学说的完备性主要是就其内容的涵盖性而言的，比如完备性道德学说探讨的对象就涵盖了从政治价值到人生价值理想等方方面面。罗尔斯把完备性的道德学说界定为："（它们）包括各种有关人生价值观念、个人品格理想，以及友谊、家庭关系与联合体关系的理想，乃至包括其他更多的能指导我们行为并贯穿在我们的整个生活中的东西。"② 这类学说考虑了所有的事情，为它们提供了某种判断。为了将其考虑的所有相关的道德判断和政治价值以及所有相关的事实联结成为一个整体，具有充分完备性的道德学说往往拥有某种形而上学背景。当然，在通常的情况下，人们所持有的完备性的道德学说并不充分完备。③ 除了完备性的道德学说之外，关于上帝创世、灵魂拯救，关于自然本质以及认识可能性和人类认识条件的学说也都属于完备性学说。

政治的正义观念的第一个特征是它拥有一个特殊的主题，它是针对社会基本结构而建构的。罗尔斯指出，政治的正义观念属于道德观念，但它是为政治制度、社会制度和经济制度构造出来

---

① 〔美〕约翰·罗尔斯：《政治自由主义》，万俊人译，译林出版社，2000年，第13页。译文略有改动。
② 〔美〕约翰·罗尔斯：《政治自由主义》，万俊人译，译林出版社，2000年，第13页。译文略有改动。
③ 罗尔斯这样来界定充分完备的道德哲学与部分完备的道德学说："若一观念囊括了人们在相当清楚准确地阐明了的系统内所认识到的全部价值和美德，则该观念就是充分完备的；而当一观念只是部分而非全部地包括各种非政治的价值和美德、且只给予了极为粗陋的阐释时，它就只具有部分的完备性。"参见罗尔斯《政治自由主义》，万俊人译，译林出版社，2000年，第13-14页。

的道德观念。作为一种特殊的道德观念，政治的正义观念并不直接适用于家庭、学校、企业或社团（联合体），但却可以通过背景制度对其内部的公民行为构成制约。早在《正义论》中，罗尔斯就已经指出，公平正义的首要主题是社会基本结构。那么，可不可以据此断言公平正义就是一种政治的正义观念呢？我们还不能给出肯定的回答。这是因为完备性的道德学说也可能包含着针对社会基本结构的运用的内容，仅凭第一个特征还不足以使政治的正义观念与完备性的道德学说区分开来。

政治的正义观念的第二个特征涉及它的表达（presentation）①方式，它是作为一种独立的观点被提出来的。不能把政治的观念当成是完备性学说在社会基本结构上的运用，也不能把它视作直接从完备性学说的内部推导出来的。这并不是说政治的观念否认完备性学说，也不是说它与完备性学说之间毫无联系。事实上，公民们接受的政治观念在某些方面会与他（她）们认肯的完备性学说（假定全体公民都认肯一种完备性学说）相联系。但政治的观念的突出特征是，它应当被表达为一种独立的（free-standing）观点，对它的解释与任何较广泛的理论背景都毫无关系，这使得它能够超脱于各种完备性的宗教、哲学和道德学说。罗尔斯认

---

① 我们把"presentation"一词译为"表达"（万俊人译为"表现"，何怀宏等人译为"描述"）。罗尔斯在这里的意思是，哲学家可以用不同的方式来提出公平正义，也就是对它的属性做出不同规定，因而"表达"还更多地是一个理论问题，我们将在下一章中介绍在罗尔斯后期思想中这个理论问题是如何与民主社会中的实践问题相联系的。"presentation"其实是罗尔斯后期思想中的一个比较关键的概念（虽然没有那些新阐发的理念引人注目），可能是因为忽略了这个概念，在中译本的第12页存在一处误译，值得重视。"我们必须区分这样两种情况：其一，政治观念是如何表现在一种完备性学说之中的；其二，它是如何成为该学说之一部分的，或者说是如何从该学说内部推导出来的。"原著相应部分的内容为"We must distinguish between how a political conception is presented and its being part of, or as derivable within, a comprehensive doctrine". 参见 John Rawls, *Political Liberalism*, Columbia University, 1996, p.12。认真对待"presentation"这个概念，我们就可以把这个句子改译为"我们必须区分这样两种情况：其一，政治观念是如何表达的；其二，它是如何成为某种完备性学说之一部分的，或者说是如何从该学说内部推导出来的。"

为，政治的观念要想超脱于完备性学说，就必须采取回避的方法。它必须从各种完备性学说中抽离出来，或者悬置各种完备性学说（把它们放入括号之中）。只有表达为一种独立的观点，政治的正义观念才能作为一种制式（module），一个本质性的构成部分，相容于不同的合理的完备性学说，并得到它们的支持。在这种情形下，每个人都从某种完备性学说出发来认肯政治的正义观念。罗尔斯认为，既然任何一种完备性学说都无法得到普遍的认可，这些学说在社会中的长期存在就应该受到这种政治的正义观念的规范。对于那些不合理的完备性学说，则是要去包容它们，使其不得削弱社会正义的基础。

罗尔斯将政治的正义观念看作是一种独立的观点，它必须中立于各种完备性的善的观念，但政治的正义观念仍然是一种道德观念。"这样一种正义观念要成为一种道德的观念，就必须包含其自身的内在规范理想和道德理想。"① 比如说，公平的社会合作系统的理想，能够遵循公平的社会合作项目的自由而平等的公民理想，以及合理性的理想，它们是公平正义自身所包含的内在理想。作为一种政治的正义观念，公平正义的道义论特征就体现在它必须诉诸这类根本性的道德理想。"我们可以这样阐释这类理想中的一种理想：当公民们相互间都把对方看作是一个时代传延的社会合作系统中自由而平等的公民时，他们准备相互提供公平的社会合作项目（通过各种原则和理想来规定这些项目），而且他们都一致同意按照这样的条款行动，即使在某些特殊环境下要牺牲他们自由的利益时也要如此，假如其他人也接受这些项目的话，这时候，他们就是合理的。"② 因为这些项目是公平的，拥有平等公民身份的公民们必定能够合理地预期其他公民也会合理地

---

① 〔美〕约翰·罗尔斯：《政治自由主义》，万俊人译，译林出版社，2000年，平装本导论第30页。
② 〔美〕约翰·罗尔斯：《政治自由主义》，万俊人译，译林出版社，2000年，平装本导论第30页。

接受它们,这就是相互性的标准(the criterion of reciprocity)。由于政治正义的观念乃是一种具有其内在理想的规范性观念,因而政治的正义观念也是一种道德的观念,尽管它本身并不是,也不隶属于任何一种完备性学说。

在以一种新的方式提出公平正义(它属于一种自由主义的政治观念)的过程中,罗尔斯主张放弃自由主义观念对完备性道德理想的依赖,但他是否能做到这一点呢?罗尔斯充分意识到了这个困难。在谈论教育的时候,罗尔斯曾经讨论过国家要不要干预那些向其成员灌输某种完备性学说的社团的问题。国家是否应该对教育提出某些要求呢?康德或密尔的自由主义主张国家应该对教育提出要求,以培养自律和个体性的价值。但政治自由主义的要求却要少得多。罗尔斯主张,对儿童的教育只应包括诸如有关他(她)们的宪法权利和市民权利之类的知识,从而使他(她)们知道良心自由是存在的,不信仰宗教也不是一种法律上的犯罪。"而且,他们的教育也应该为他们准备条件,使之成为充分参与合作的社会成员,并使他们能够具有自我支撑的能力;它也鼓励这种政治美德,使他们在其与社会其他成员的关系中尊重公平的社会合作项目。"① 但这确实也就意味着,政治自由主义要求国家应该对某些价值(政治价值)进行反复灌输,而这些价值(政治价值)与康德和密尔的完备性自由主义价值之间具有显著的相似性,罗尔斯并不否认这一点。在有的批评者看来,"政治自由主义并不能真正摆脱对完备性学说的依赖",罗尔斯认为,回答这种反驳的唯一方式"是从范围和一般性两个方面,仔细阐明政治自由主义与完备性自由主义之间的重大差别"。②

罗尔斯并不否认,一些完备性的道德学说塑造了自由民主社

---

① 〔美〕约翰·罗尔斯:《政治自由主义》,万俊人译,译林出版社,2000年,第212页。
② 〔美〕约翰·罗尔斯:《政治自由主义》,万俊人译,译林出版社,2000年,第212页。

会的政治文化，而这正是政治自由主义所阐释的诸多理念的来源。重视自由民主社会的公共政治文化实际上构成了政治的正义观念的第三个特征。罗尔斯一再强调，政治的正义观念的内容是借助某些基本理念得到表达的，这些基本理念被看作是隐含在自由民主社会的"公共政治文化"之中的。"此种公共文化由立宪政体的各种政治制度及其解释的公共传统（包括那些司法解释传统）以及作为共同知识的历史文本和文献所组成。"① 与公共政治文化相对的是市民社会的"背景文化"，罗尔斯称它们为社会文化，而不是政治文化。罗尔斯指出，在自由民主社会里，存在着一种其内容至少为公民的教养常识所熟悉和理解的民主思想传统，它构成了公民们理解和评判社会基本结构时可以诉诸的思想和理论资源。政治自由主义重视公共政治文化，但并不排斥道德哲学。它对近代道德哲学的一般问题的态度是回避，而不是拒绝。政治自由主义有它自己的主旨问题，道德哲学的一般问题并不是它所关心的，除非这些问题影响到背景文化及其完备性学说对立宪民主政体的支持方式。罗尔斯实际上非常重视宗教改革后对西方社会造成了巨大影响的道德哲学传统（在《政治自由主义》的导论中，罗尔斯还特别提到了休谟和康德的道德哲学）及其塑造的那些价值。他指出，考虑到一立宪民主政体的政治的正义观念，政治自由主义认肯这些价值中的某个方面，即将道德知识视为每一个拥有正常理性和良知的人都可以获得的。② "在这些

---

① 〔美〕约翰·罗尔斯：《政治自由主义》，万俊人译，译林出版社，2000年，第14页。
② 罗尔斯概括了三个道德认识论和道德心理学的基本问题以及关于这些问题的两种选择，并指出休谟和康德以各自不同的方式认肯这三个问题中的第二种选择，这种选择从根本上规定了当代西方资本主义国家的政治文化价值。这种价值的信念是：道德知识是每一个拥有正常理性和良知的人都可以获得的；道德秩序来源于人性本身（或源于理性，或源于情感，亦或源于两者的统一）并与我们共同生活在社会中的各种要求联系在一起；我们生来就有充足的动机引导我们按我们应当做的去做而无须外在的胁迫和利诱。参见罗尔斯《政治自由主义》，万俊人译，译林出版社，2000年，导论第15页。

基本的情形中肯定那些选择性的答案，乃是政治建构主义的一部分。"① 但鉴于政治自由主义自身问题的特殊性，它不会介入对这些问题的讨论。

在罗尔斯看来，政治自由主义不同于启蒙的计划，它并不接受启蒙计划所设定的目标。在资产阶级启蒙时代，面对支配性的宗教权威和基督教时代的宗教信仰，启蒙运动的思想家们试图完全依靠理性来建立起能够取代盲目宗教信仰的完备性的世俗哲学学说。罗尔斯认为这种启蒙的计划已经不适合于当代自由民主社会。政治自由主义无意去寻找一套世俗的、以人性（人的理性或情感）为根据的完备性学说，来说明各种（知识的、道德的、法律的）规范的正当权威。更具体地说，政治自由主义并不认为在自由民主社会里，依赖于人类理性的各种完备性学说可以作为公共证明的基础。"政治自由主义的问题是，为合理学说之多元性——这永远是自由民主政体的文化特征——可能认可的立宪民主政体，制定一种政治的正义观念。"② 政治自由主义的目标相当明确，它要制定的正义观念是这样的自由主义观念，自由民主社会中的公民们可以依靠它们来作为解决宪法根本和基本正义问题的共同基础。政治自由主义并不想取代各种完备性学说，也不是要给它们提供一种真实的基础。但它有意与宗教的和非宗教的完备性学说保持区别，并且希望这些完备性学说都能接受它。

罗尔斯承认政治的正义观念也是道德观念，但他避免用"真理"而是用"合理"来描述自己的正义观。公平正义的目的是实践的（practical），而不是形而上学的或认识论的。它"并不声称任何形而上学的真理，而是充当这样一个基础，在这个基础上，公民们能够对某些问题达到一致，即使他们持有不同的生活观

---

① 〔美〕约翰·罗尔斯：《政治自由主义》，万俊人译，译林出版社，2000年，导论第16页。
② 〔美〕约翰·罗尔斯：《政治自由主义》，万俊人译，译林出版社，2000年，导论第6页。

念。"① 公平正义并不提供一个现成的道德秩序，对于自由而平等的公民们而言，承认其合理性就意味着：在正义的环境下，他（她）们最有理由依照公平正义的两个原则来评判社会基本结构、调和他（她）们在根本性问题上的争执。但公平正义何以成为公民们评判社会基本结构、进行公共证明的基础呢？这涉及对它的特殊理解。公平正义现在被当成是一种政治的正义观念。罗尔斯提示我们，必须区分这样两种情况：一种政治的观念是如何表达的；另一种政治的观念是如何作为一种完备性学说的一部分，或从这种学说的内部推导出来。在《政治自由主义》中，这两种情况实际上构成了两个维度。② 正义观念的表达方式代表着第一个维度，其中包含着罗尔斯对规范政治概念（以及政治领域）的特殊理解，它提供了一个理论的维度；政治的观念如何与完备性学说相联系，这是一个与民主社会实际政治过程相联系的理论问题，它提供了一个实践的维度。对政治观念的表达提供了关于基本政治问题的公共理解。这一理论维度构成了实践维度的前提和条件。只有把政治的观念表达为一种独立的观点，它才可能与完备性学说相容；但完备性学说又是出于自身的理由来认可政治的观念，也就是说，完备性学说并不一定会根据对基本政治问题的公共理解（依照从原初状态出发的论证）来认可它，但这种公共理解（在理想的情况下作为一种深厚的政治传统）却保证了它们接受这种观念的可能性。

---

① 徐向东：《自由主义、社会契约与政治辩护》，北京大学出版社，2005 年，第 267 页。
② 这两个维度对应着两个阶段：在第一个阶段罗尔斯以一种特定的方式构造政治的正义观念，使它在第二阶段能够获得各种合理的完备性学说的支持。整个过程都不牵涉为理性辩护的问题，也不是要以理性为根据推演出一套完备性学说，但它确实又贯穿着理性的精神。罗尔斯强调的是要在民主社会的多元论背景下使用理性，他号召人们："不能过多地使这一观念（合理多元论的观念）服膺于世界的无理性暴力，而要使它成为自由人类理性的必然结果。"（罗尔斯：《政治自由主义》，万俊人译，译林出版社，2000 年，第 38 页）

二 捍卫自由民主社会的公共政治领域

将公平正义表达为一种政治的正义观念，这意味着公平正义是从西方政治传统内部出发的：它把社会看作是自由而平等的公民世代相续的公平合作系统，并承认存在着一个特殊的政治领域。"在一立宪政体中，除了其他领域之外，还有一个特殊的政治领域。"① 这个领域内的政治关系，具有两个特征：第一，它是社会基本结构内的一种个人关系，对这一基本结构个人只能生入其中、死出其外，其认同受到它的塑造，这个相对封闭的政治社会不是个人能够随意进出的。第二，政治权力作为政府依照法律行使的强制型的权力，从本质上说是一种公共权力，也就是说，是作为集体性实体的自由而平等的公民的权力，因此将其按照规则强加于公民就必须提供令人信服（虽然有时候不能够达到）的正当性的理由。根据这两个特征，可以看到："政治的领域不同于联合性的领域，后者在许多方面是志愿性的，而政治的领域则不是；政治的领域也不同于个人的领域和家族的领域，后两者在许多方面是情感性的，而政治的领域却不是。"② 在《政治自由主义》中，罗尔斯只是将政治的领域与非政治的领域的几个范例——联合性的领域、个人的领域和家族的领域——进行了对比，以便突出它的特殊性。但要深入理解这一领域的独特内涵，离不开对西方历史尤其是近代以来的自由主义思想文化史的考察。

与古希腊哲学家对特殊政治领域的理解不同，早期自由主义的思想家，如霍布斯、洛克、休谟等人，不是单纯从人类心智活动出发，就是单纯从人类情感出发来理解社会与政治问题，他们

---

① 〔美〕约翰·罗尔斯：《政治自由主义》，万俊人译，译林出版社，2000年，第145页。
② 〔美〕约翰·罗尔斯：《政治自由主义》，万俊人译，译林出版社，2000年，第145页。

主张的是一种自由主义的消极国家观（这是人们通常理解的一般自由主义的观点）。而某些欧洲大陆的哲学家，如卢梭、康德、黑格尔等人，则在某种程度上继承了古希腊的城邦精神，他们认为国家和法是共同利益和公共意志的体现。他们反对把理性单纯理解为满足个人生理欲望的工具，或者把人参与政治生活的动机解释为依靠在经验教训中培养的机智，出于明智或者审慎而在社会生活中有条件地遵守某些行为准则，以便最好地实现自己的利益。

单纯从人的情感或心理活动来理解道德确实存在着某些难以克服的弊端。首先，即便是拥有完全利他情感的人，也会在别人相互冲突的要求面前感到不知所措。其次，人的情感经常是多种多样并且相互冲突的。如果人们必须在相互冲突的情感中做一个选择，他（她）到底应该更看重哪一种情感，这本身无法再由情感来决定。最后，在社会政治生活中，个人难免会存在着侥幸心理。即使存在着所有人都必须遵守的规范准则，个人也难免会希望别人都遵守它们，而自己却置身事外，除非他人的例外可以增大他（她）的利益。也就是说，单纯从个人的心理出发，规则的履行永远有来自他人的障碍，所以国家总是以一个施行强制的角色出现，来保证规则对所有人都有约束力。但是国家的意志又总是可能和公共的意志相分离，私人的意志也随时可能绑架国家意志，所以明智的人又必须想方设法来限制国家权力。"一般自由主义所忧虑的是国家权力的异化，所以把所有重心都放在制约国家权力和为私域开拓与保障更大的自由空间之上。"[1] 当然，从原则上说，建立在机智之上的最大限度的法治状态是可能的，因为这里毕竟还有一个规则的观念存在。这种法治把人类社会生活截然划分为两个部分：一方面是作为私人世俗生活领域的市民社会，另一方面则单纯从人的心理活动来理解国家，把对一致行动

---

[1] 包利民、M. 斯戴克豪思：《现代性价值辩证论——规范伦理的形态学及其资源》，学林出版社，2000年，第111页。

能够带来的潜在利益的谋划带进公共生活。然而，在霍布斯式的虚荣自负或者错误的心理认知的双重扭曲之下，传统自由主义的公共领域已经不能承担起克服人与人之间的相互疏离的重任，所以为个人保留一个在受到伤害和打击之后还能退入的私人空间就变得极为重要。在规则的履行方面，国家虽然在某种程度上保证了相互性，却没有消除少数违规行为消解规则（经济学上的"劣币驱除良币"）的可能性，人们永远不可能在公共生活的基础之上重新认识自己、建立自己和提高自己。

　　与一般自由主义对国家权力的忧虑相反，使罗尔斯感到忧虑的是：在私域的重要性上升之后公共性如何能够建立的问题。启蒙时代的经济学家认为市场受"看不见的手"的支配，社会秩序只不过是市场秩序的放大。罗尔斯反对一般自由主义者所喜好的这种建立公共性的"看不见的手"的思维方式。他认为"看不见的手"根本无法确保公共性，维护公共性必须先使政治领域成为与市场相分离的领域。作为市场活动的主体，个人的活动总是要受到他人的限制。市场不可避免地具有盲目性和滞后性，市场过程不可避免地会伴随着矛盾和冲突。于是，在市场中最重要的就是信息畅通和沟通无碍。面对陌生的交易伙伴，我们需要坐下来谈一谈。市场交往总是和商谈结合在一起，做买卖实际上就是一个人与人之间相互讨价还价的过程。言语不但缓和了冲突，还向人们展示了一条超越个人自然欲望、寻求共同利益的可能性途径。然而不幸的是，市场作为商品买卖的场所，它越是庞大复杂，就越是喧嚣，但市场却止于喧嚣，一旦超出讨价还价范围它便会哑然失语。单纯建立在讨价还价基础上的协议是不稳定的。正如罗尔斯所指出的那样，单纯以实力为依据的利益平衡很容易因为力量格局发生新的变化而打破。因此，需要一个高于市场并作为市场的保障的独立且体现着普遍的公共利益的政治领域或者国家（黑格尔意义上的），来克服市场交易的缺陷。"作为差别的阶段，它（市民社会）必须以国家为前提，而为了巩固地存在，它也必须有一个国家作为独立的东西在它面前。"① 市民社会或市场本身是有缺陷的，国家或社会制度、法律必须介入。只要社会制度是正义的，强制的力量就可以依据正当的理由来行使。"很明显，某些物品的不可分性、公共性以及所产生的外部效应和吸引力，使得有必要由国家来组织和推行集体协议。认为政治统治仅仅是因为人们的自利倾向和非正义倾向而设立的看法是一种肤浅的观点。"②

但是现代自由主义所倡导的政治领域已经与传统社会所珍视的政治领域有了很大的不同。在古希腊城邦社会中，政治领域被视为公共生活领域，它与单纯为了维持生计的家庭生活相对。公民们在政治领域内进行政治活动。政治被希腊人理解成为共同体成员（公民）对公共事务的讨论、对话并达成同意的活动过程，以及实现此过程的制度、程序和技巧。当然，任何政治活动都必须做出政治决策、处理利益冲突。从根本上说，处理利益冲突的政治手段只有两种：使用暴力消除异己或者通过对话说明理由使人信服。古希腊人对人类政治的一个伟大贡献就是，他们把对话说理视为唯一正常的政治手段。古希腊人把政治领域理解为一个说理的领域，政治领域中的交往活动必须以言而不以力。古希腊人相信公民拥有理性，他们之间能够以理性说理的方式来解决冲突；强制或者暴力都不是正常的政治手段，世俗政治权力的合法性必须建立在论证之上。在希腊城邦时代，要进入政治领域，公民们只需要走出家庭。然而，现代市场社会大大增加了公民进入政治领域的成本和难度。公民们走出家庭只是为了获得一份工作以维持生计，他（她）们依靠商品交换关系连接成一体（组成市民社会）。在现代社会条件下，任何捍卫公共政治领域的努力都

---

① 〔德〕黑格尔：《法哲学原理》，范扬、张企泰译，商务印书馆，1961年，第197页。
② 〔美〕约翰·罗尔斯：《正义论》（修订版），何怀宏等译，中国社会科学出版社，2009年，第211页。

不能只是简单地回到从前，而是必须经过市民社会的中介。"国家主要不是由个别的公民组成。个人必须经过一系列公司和团体的'中介'，才能达到国家的公民身份这一崇高的地位。"① 这种努力还要受制于一个基本事实：在现代社会条件下，参与政治生活不再是价值的唯一来源。与之相应，对现代人而言，政治自由也不再具有至高的重要性。市民社会为个人追求有价值的生活提供了舞台。因此，各种基本自由不仅对不同人来说不具有相同的价值，对同一个人来说，它们也不具有同样的重要性或价值。"在庞大的现代社会里，在绝大多数个人的善观念中，各种政治自由所占据的地位就更不显要了。政治自由的作用也许在很大程度上只是保存其他自由的工具性作用。"②

除了"看不见的手"之外，启蒙时代的思想家还认识到，市民社会必须依靠道德得以维系。作为启蒙运动的成果之一，近代道德哲学确立了这样的信念：道德秩序来源于人性（或源于理性，或源于情感）本身，源于社会的生活条件；道德知识是每一个拥有正常理性和良知的人都可以获得的；我们生来就有充足的动机引导我们按我们应当做的去做而无须外在的胁迫和利诱。在现代社会的条件下，任何维护公共性、捍卫特殊的政治领域的努力都必须以市民社会的个人道德为契机，使政治的正义观念在平等的良心自由和思想自由的基础上坚实地建立起来，并得到公民

---

① 〔美〕乔治·霍兰·萨拜因：《政治学说史》（下册），刘山等译，商务印书馆，1986年，第730页。
② 〔美〕约翰·罗尔斯：《政治自由主义》，万俊人译，译林出版社，2000年，第317页。但罗尔斯强调，把某些政治自由归入基本自由之列只是为了使它们成为保障其他自由的根本性制度手段，这并不意味着确认政治自由仅仅是工具性的，或者它们在绝大多数人的生活中毫无意义。政治自由主义会避免做出这样的判断。在《答哈贝马斯》一文的一个脚注中（该文后收入《政治自由主义》），罗尔斯指出："的确，我可能会坚持认为，政治自由至少在两个方面具有内在的政治价值：第一，在以这样或那样的方式介入政治生活的那些公民的生活中，政治自由发挥着一种重要的、甚至是足定性的作用。第二，当它们得到人们的尊重时，它们便是公民自尊的社会基础之一。"参见罗尔斯《政治自由主义》，万俊人译，译林出版社，2000年，第429页。

们的普遍认可。在《正义论》中，罗尔斯的原初状态提供了这样一个道德的视角。原初状态中处于"无知之幕"下的人，由于不知道自己将处于社会的哪个阶层、拥有何种社会地位，也不知道自己的天赋和能力，甚至不知道自己特殊的善的观念，根本就不可能从某个特殊的立场出发来选择偏向性的原则，所以也不会出现通常意义上的讨价还价。确实，每个人都在选择，但每个人又是在为所有人选择。为了避免误解，罗尔斯还强调"原初状态"并非用来描述历史上发生过的事件，而是一种假设的理论状态，它是任何人随时都可以在思考中进入的状态。真实世界的人们确实并不是像原初状态要求的那样子的，但他（她）们（包括那些处于强势地位的人）之所以能够在思想中思考自己进入原初状态，仍在于他（她）们自身是有道德能力的，而道德之所以为道德就在于它是反自然主义的。正如罗尔斯在《正义论》中所强调的那样："自然资质的分布无所谓正义不正义，人降生于社会的某一特殊地位也说不上不正义。这些只是自然的事实。正义或不正义是制度处理这些事实的方式。"①

罗尔斯的公平正义与康德的道德哲学一样，都属于道义论的伦理学，但罗尔斯却拒绝康德所持的那种先验理性立场。通过设立原初状态，罗尔斯试图改造康德的先验道德，使之承担更多的经验动机。在公平正义中，善良意志的效果是由集中条件的合力产生的。一方面，原初状态中的各方不能缺少某些基本的利益关切，他（她）们是在为他（她）们的世俗生活制定道德原则。世俗社会生活中的成员，无论生活计划有多大的差异，他（她）们都有一个共同的特点，那就是他（她）们都得去生活，要生活就离不开一些基本的利益；另一方面，人们的利益动机又必须受到正义感的平衡和调节，正义的标准是由那些促进反思的契约在倾

---

① 〔美〕约翰·罗尔斯：《正义论》（修订版），何怀宏等译，中国社会科学出版社，2009年，第78页。

向于公平和善良意志的环境下所达到的目的的标准。① 罗尔斯的公平正义是一种世俗的正义理论，这种理论关系到世俗社会中的合作问题，通过人们之间相互合作的道德能力的发挥，原初状态中选出的正义原则被用来指导社会基本制度对个人权利和义务的分配，并规定由社会合作所产生的利益之划分方式。

罗尔斯的正义原则与康德的道德法则在某种意义上确实是相类似的：后者是衡量个人行为的价值尺度，而前者是衡量社会基本制度的价值尺度。但与罗尔斯的正义理论不同，在康德的道德哲学中，他的正义理论实际上是超验的（上帝的正义）。② 现代正义总是与利益分配相关，准确地讲是与一种以道德为依据的利益分配（如何配享幸福）相关，这就涉及利益分配的公正的立场。在罗尔斯的正义论中，这种立场是靠"无知之幕"来保障的；在康德那里，完全的公正无偏是（既属于理智世界又属于现象界，同时跨两界的）凡人永远也达不到的。人们必须公正地选择正义原则，然而现实世界的人都是有肉体的存在，拥有各式各样的需要和要求，一种完全公正的立场在现实生活中——既有正义感又充满各种欲望，同时具有达到既定目标的工具理性——的人那里是达不到的，唯有（纯属于理智世界的）上帝才拥有一种纯粹公正的（pure impartial）立场，因此也唯有上帝的正义才是完全的

---

① 罗尔斯在对公平正义两个原则的理论论证中试图平衡个人的正义感与理性动机，即承认个人理性动机，但又靠"无知之幕"来保证它们受到道德的约束。康德认为个人理性动机与道德动机是不相容的，人们唯一的道德动机就是排除一切其他情感的情感。不过，罗尔斯似乎忽视了"无知之幕"打开以后这两种动机之间潜在的冲突，对公平正义的康德式的解释并不能够减轻这一疑虑。但如果把民主政治的制度背景和政治文化背景考虑在内，我们发现罗尔斯的论证仍然是成立的。
② 康德道德哲学中确实存在着一种正义理论。在"纯粹实践理性辩证论"部分，康德讨论了道德与幸福的问题，并提出了道德与幸福相一致的至善（圆满的善）的概念。追求至善是个人的道德义务，它离不开纯粹实践理性的两个悬设；在纯粹理性的实践应用中，必须设想上帝会根据（拥有不朽灵魂的）人的道德给予人配享的幸福，此乃超验的上帝的正义。参见康德《实践理性批判》，韩水法译，商务印书馆，1999年，第118–144页。

正义。对罗尔斯而言，作为实现可行的社会理想的有力保证，体现在社会基本结构中的正义也许是不完全的，但却是更有意义的。但是，通过原初状态这一代表设置（依靠无知之幕排除人们的一些非理性的情感）来模拟纯粹公正的立场，必然会遭遇极大的困难。因为所有的理论本身是不完善的（所以才需要留下修正的余地），而且人们可能会对理论设定的各种条件感到不满。不过罗尔斯却相信，虽然现实生活中的人很难在任何时候都坚持一种公正的立场，但通过正义的制度安排一个接近正义的社会下的公民有可能在其反思中做到这一点。① 在此基础上，罗尔斯提出了受公共正义原则有效规导的秩序良好的社会的理念。与康德的"目的王国"一样，秩序良好的社会也只是一种理想，它指引着人们向着一种优良的政治生活不断迈进。这两种正义理论的最终根据都可以被看成是一种悬设或假设，其理想是激励人们不断努力的目标。

公平正义的首要主题是社会基本结构，这就决定了我们无法随心所欲地讨论一切，因为我们的理解必须满足政治生活的实际要求。与康德一样，罗尔斯十分重视理念的规范作用，但他更加关注一种可行的社会理想。秩序良好的社会是一个高度理想化的概念。"然而，任何不能很好地规范一立宪民主政体的正义观念，

---

① 公平正义的首要主题是社会的基本机构，即由社会基本制度或机构所构成的一个总体，这个总体是社会合作不可或缺的条件，对生活于其中的人们的影响十分深刻并自始至终。罗尔斯认为我们能够从公平的观点出发来判断社会的基本结构，也就是说，生活在社会基本制度和机构总体下的人们能够在一种合理规则的基础之上来相互提出要求，而正义原则恰好为人们相互提出的正当要求提供了令人信服的标准。罗尔斯十分强调充分挖掘既定制度（或者传统）中所包含的合理性的内容，这一点与黑格尔有相似之处，有学者指出罗尔斯后期的理论发展受到了黑格尔影响，恐怕这也正是基于这一点。此外，与康德一样，罗尔斯也认为单独的个人很难做到公正无偏，所以他才会依靠一种特定背景下的文化和制度，并把它们作为其正义原则之有效性的根据；罗尔斯并不强求个人去做道德上孤军奋战的斗士，而是把希望寄托在正义的社会之上。罗尔斯还特别强调了倚重互惠的公平正义与公道的正义的区别，公道的正义观念强调人际间的说理，认为依靠一种实质性的理由能够让人们公正行事，罗尔斯反对这一点，并把这种观点指定为一种利他主义的诉求。参见罗尔斯《政治自由主义》，万俊人译，译林出版社，2000年，第17页。

作为一个民主的观念都是不充分的。"① 如果该正义观念不被人们普遍地认可和希求，它便会成为无效的。在民主社会的合理多元论的背景下，如果一种政治的正义观念无法成为重叠共识的核心，它就可能会失败。在这里，罗尔斯的理论旨趣似乎更接近黑格尔。但罗尔斯并不像黑格尔那样强调贯穿在历史过程中的那种必然性（如自由意识的觉醒），他认为"历史充满着各种惊奇"，政治哲学的一个很有意义的工作是阐明一种立宪政府的理想，这种理想会对我们的行为产生指导作用。② 正如反思平衡的方法所强调的那样，政治哲学所要做的也只是把一些已定的确信汇集起来，并将隐含在这些确信中的基本理念和原则组成一种连贯的政治正义观念。这些确信都是一些临时固定的观点，正义理论必须对之加以系统解释。这样，我们就得从留意公共文化着手，这些公共文化是人们隐约意识到的共同积累。③ 在强调既定的文化和制度成果这一点上，后期罗尔斯确实与黑格尔有相似之处。然而罗尔斯重视既定文化与制度成就，恰恰是回避了任何本体论的承诺，以便在各种形而上学观点之间保持中立。在这个意义上，可以说罗尔斯继承了资产阶级启蒙时代的政治理想，却降低了政治哲学的形而上学抱负。④

---

① 〔美〕约翰·罗尔斯：《政治自由主义》，万俊人译，译林出版社，2000年，第36页。
② 参见〔美〕约翰·罗尔斯《政治自由主义》，万俊人译，译林出版社，2000年，第92页。
③ 参见〔美〕约翰·罗尔斯《政治自由主义》，万俊人译，译林出版社，2000年，第8页。
④ 启蒙时代的哲学家意识到他们的世界处于一系列巨大的变革之中。市场的扩张、资产阶级的反思精神以及大众的政治参与，撼动了旧的、人们习以为常的社会秩序。新的力量、新的原则、新的观念在为自己开辟道路，要彻底地改变世界的面貌。在层出不穷的"新生事物"背后，根本性的推动力量乃是资本主义在欧洲的兴起及其向全世界的扩张。资本主义商品交换关系使得过去处于分散状态的人们紧密地连接起来。资本主义兴起的过程同时也是人类生活与社会结构发生剧烈变化的过程。传统社会以理性世界与感性世界分离解释了现实世界的分裂，但资本主义却只从世俗的角度来看待这个世界。资本主义商品生产与交换打破了传统社会的闭塞和停滞，过去人们（转下页注）

在启蒙时代的经验主义哲学家看来，社会现象虽然可以成为经验科学的研究对象，但人类的社会历史进程仍然是一个神秘的过程。一些欧洲大陆的哲学家，尤其是黑格尔，他们反对早期自由主义者单纯从人的心理活动来理解社会政治生活。黑格尔认为思维活动的客观逻辑，为人们提供了理解社会政治生活以及人类历史变迁的基础。与黑格尔不同，罗尔斯试图超越哲学家们的形而上学争执，他把自己的理论建立在公共的理性以及民主文化中的众所周知的理念之上。在罗尔斯看来，公平正义或者某种类似的观点能否成为重叠共识的核心，固然只与公平正义自身的性质有关，但除此之外，还需要阐明一组理念，它们是从自由民主社会公共政治文化的内部抽象出来的，并为公众所熟知（虽然在众多情形下并非真知）。依靠这些理念，才能阐释正义原则是如何被建构的。政治哲学家只能通过创造某种正义观念，并展示它可能获得支持的那种方式，才能得出一种合理的预期；也就是说，政治哲学家必须把他人也看作是有理性的存在者，他（她）要做的仅仅是把问题说清楚，并期待他人凭借他（她）们的理性能够理解他（她）的论证。

第二节 《政治自由主义》中罗尔斯正义思想的发展

在《政治自由主义》中，公平正义从一开始就被表达为一种

（接上页注④）可以在狭小的交际圈子和地域范围内从事简单的劳动，朴素而平静地终老一生；资本主义却把人们推向一个复杂的社会生产与交往空间。随着资本主义的兴起，知识传播也由于新的交往手段的出现获得了飞速发展。识字率的提高，各种思潮和观念的交锋，鼓舞着人的理性信念，同时也极大地改变着公共生活的面貌：国家和法的问题已经重新为人们广泛地探讨，先前为一部分人所独享的政治生活，现在要寻求主观的基地。哲学要为国家服务，而国家要汲取新的精神，国家哲学要求新世界的一切要素都要受到理性的审视，安排政治生活的原则要能够在人们之间普遍传达，被普遍认识和希求，这样国家自身才能巩固。这就是启蒙时代的政治理想。

政治正义的观念。这种改变又依次促使罗尔斯做出许多其他的改变，使得他感觉有必要阐明一组以前不需要的理念，如公平正义的两个基本构成性理念，以及重叠共识的理念和公共理性的理念。现在，它们都是作为政治的观念被提出来和加以使用的。作为这一系列改变的最终结果，罗尔斯在《政治自由主义》中对公平正义以及其他可能的自由主义观念提供了一种新的解释。

一 个人与社会的观念

为适应合理多元论的事实，罗尔斯修正了公平正义的表达方式。"将公平正义的学说转换为一种政治的正义观念，要求重新阐发作为政治观念的各种构成性理念。"① 在《正义论》中，罗尔斯并没有对这些观念构成公平正义的完备性学说的可能性进行辨析。在《正义论》的开篇，罗尔斯在介绍建构正义论的一些主要观念时，就谈到了个人与社会这两个基本的构成性观念。在从原初状态出发的论证中，罗尔斯还只把这两个观念当成社会知识的一部分，它们是社会科学常识或一般性的结论。公平正义的首要主题是社会基本结构，这就决定了在从原初状态出发的论证中必须假定缔约各方掌握了关于人类社会一般事实的知识。"他们理解政治事务和经济理论原则，知道社会组织的基础和人的心理学法则。确实，各方被假定知道所有影响正义原则选择的一般事实。再一般的信息，即一般的法律和理论方面没有任何限制，因为正义的观念必须被调整得适合于它们要管理的社会合作系统的特征，没有任何理由排除这些事实。"② 对正义原则的证明不可能建立在对事实的归纳之上，理想的证明应该是严格地演绎的。但原则的证明也要依赖于一般的社会事实，它们为公平正义的两个

---

① 〔美〕约翰·罗尔斯：《政治自由主义》，万俊人译，译林出版社，2000年，导论第29-30页。译文略有改动。
② 〔美〕约翰·罗尔斯：《正义论》（修订版），何怀宏等译，中国社会科学出版社，2009年，第106页。

原则提供了（一般的）社会背景。当原则体现在社会的基本结构中时，人们倾向于获得相应的正义感，并发展出按照它们行事的欲望。只有先假定原初状态中的各方了解一般社会事实，他（她）们才能在一开始就对正义原则的可行性抱有信心。随着对公平正义两个原则的论证在可行性层面的展开，罗尔斯对这两个基本的构成性观念的阐释便与某种完备性的道德哲学纠缠不清，尤其是到了《正义论》的目的部分，对道德自律的强调预示着公平正义的完备性学说，但是建立在道德自律基础上的正当与善的一致性论证难以满足相互性标准，在合理多元论的背景下是不成立的。

后期罗尔斯在做出政治自由主义的转向以后，不再把人与社会这两个基本的构成性观念简单地当成是一般的社会科学知识（由后者构建的正义观念是普世主义的），也不把它们看作某种完备性道德学说（特别是康德式的自律）运用的结果——任何学说的理论基础都是关于人以及由人组成的社会的观念，而是把它们视作民主政治传统内部建构正义原则或政治建构主义的出发点。人和社会的基本构成性观念现在被视为建构公平正义（或其他自由主义观念）的基本理念（idea），它们是政治哲学家为了用一种统一而明确的方式来表述公平正义而引进的理念。这些理念隐含在民主社会的公共政治文化中，并作为这样的社会中的教养常识为人们所熟知。当然，人们未必对这些教养常识有真正自觉的认识，这个时候就需要政治哲学家，通过政治哲学家系统的论证有望将这些教养常识变成人们自觉的政治意识。

在《政治自由主义》中，公平正义被表达为一种政治的正义观念。为了阐释这种观念，罗尔斯引进了一组相互关联的理念。其中，公平的社会合作系统的理念是最基本的、起核心组织化作用的理念。罗尔斯对公平正义的阐释是从民主政治传统内部开始的，因而也把世代相续的公平合作系统的社会理念看作是它的基本理念。把社会视为一种时代相续的公平合作系统，这意味着公民们并不把他（她）们的社会秩序看作是一种固定的自然秩序，或者看作是一种因宗教信仰或血统而得到正当性证明的等级体系。罗尔斯认为社会合作包含着三个要素：首先，合作不同于纯粹的社会协调活动，例如服从某中心权威发布的命令。合作是由公共认可的规则和程序来指引的，合作者也愿意接受它们的指引。其次，社会合作是建立在公民们的相互尊重之上的。合作包含着公平合作项目的理念：在其他人可以同样接受的情况下，这些项目是每一个参与者都可以合理地予以接受的。公平合作项目是相互性理念的具体体现。也就是说，所有参与合作并按照规则和程序履行其职责的人，都将以恰当的方式从中受益（这种恰当的方式是从一种平等的分配基准来评定的）。① 最后，社会合作的理念包含着各个参与者的理性的利益或善的观念。这些善的观念具体规定着参与合作的人从他（她）们自身的立场来看待合作时，期望从中能够获得什么。

这里涉及"理性的"理念。后期罗尔斯在"合理的"（the reasonable）和"理性的"（the rational）之间做了区分。"合理的"是后期罗尔斯思想中一个非常重要的理念，许多重要的理念都与它相搭配，如"合理多元论的事实""合理分歧"等。罗尔斯并不试图直接定义"合理的"这一理念，而是通过社会合作实

---

① 罗尔斯认为相互性理念介于公道理念与互利理念之间。相互性理念（又被译为互惠的理念）不同于互利理念，后者是每个人按照其当下的或预期地位来获得利益。比如，个人希望按照商谈实力在合作产生的利益分配中获得更大的份额。相互性理念则意味着，个人要求不应该超出正义制度所规定的合法利益。由于规范社会基本结构的正义原则可以被理解为所有人一致同意的结果，个人必须承担承诺的压力。罗尔斯举例说，如果一位富翁进入到公平的合作系统中来，这不仅不会让他获利，反而会使他损失惨重，但他仍然会认可这一系统的正义性，并自愿接受它的约束。相互性理念也不同于公道理念，罗尔斯认为后者受一般善的观念的指引，因而是利他主义的。在何怀宏等人翻译的《正义论》中，"reciprocity"被译为"互惠"。但在后期罗尔斯思想中，这一概念主体间性的内涵突显出来了，因而这里把它译为"相互性"更为恰当。但是应注意"互惠"与"相互性"并不是罗尔斯正义理论中的两个不同的概念。

例具体地指出它作为个人美德的两个方面。"在平等的个人中间,当他们准备提出作为公平合作项目的原则和标准、并愿意遵守这些原则和标准时,假定我们可以确保其他人也将同样如此,则这些个人在此一基本方面就是合理的。他们把那些为大家都接受的规范看作是合理的、因而对于他们来说也是可以得到正当证明的规范;而且,他们也准备讨论别人所提出的公平项目。"① 由此可见,罗尔斯实际上是把"合理的"视为公平合作系统的社会理念的一个要素,而社会合作系统中公平的合作项目能够被所有人合理地接受,则是其相互性理念的一部分。②

在《正义论》中,罗尔斯主要使用的是理性的理念,合理性的理念还很含糊。但后期罗尔斯明确指出"理性的"不同于"合理的"。前者既适用于单个的主体,也适用于联合的行为主体,他(她)们在追求自己特定利益和目标的过程中具有判断能力和慎思能力。"理性的(理念)适用于人们如何采取、认定这些目的和利益,也适用于人们是如何给予这些目的和利益以优先性的。它还适用于手段的选择,在手段的选择中,实际指导人们的是这样一些为人熟悉的原则:在其他条件相等的情况下,采取最有效的达到目的手段,或者选择最可能的抉择。"③ 理性的理念实际上同时包含着"审慎"和"工具理性"两个要素。后者是人们熟悉的,即选择最有效的途径或手段来实现给定目标。一个拥有工具理性、知道怎么寻求最有效的方式来实现既定个人目标的人,很可能是自私自利的。但审慎不同于单纯的工具理性,它强调的是要在各个目标之间进行平衡。"当理性的行为主体可能通

---

① 〔美〕约翰·罗尔斯:《政治自由主义》,万俊人译,译林出版社,2000年,第51页。
② 此外,"合理的"还包含着能够认识和接受"判断的负担"的结果,即承认理性的局限,不把自己所谓的真理强加于人的承诺;具有成为正常的和参与合作的社会成员的道德能力;以及具有合理的道德感受性。参见罗尔斯《政治自由主义》,万俊人译,译林出版社,2000年,第86页。
③ 〔美〕约翰·罗尔斯:《政治自由主义》,万俊人译,译林出版社,2000年,第52页。

过终极目的对其整体生活计划的意义来平衡各种终极目的、并通过这些目的相互间的一贯性和互补性来平衡各种终极目的时,他们并不只限于手段—目的推理。理性的行为主体也不仅仅是自私自利的。"① 理性的行为主体是否自私自利,这取决于他(她)如何来看待自己的人生(他或她的核心的善的观念是什么)。

总之,"合理的"与"理性的"这两个理念的主要区别是,前者是包含着道德感的道德观念,而后者则不是这样的观念。理性的行为主体所缺乏的是对社会合作的道德敏感性。这种道德敏感性是公民介入公平合作、并按照那些可以合理地期望同样平等的他人能够认可的条件来这样做的意愿之基础。"合理的"与"理性的"是两个不同的理念,它们之间不能相互推导;但这两个理念又相互补充,都不能离开对方而独自存在。罗尔斯强调,只有在一种片面的哲学结论中,或者在研究某个特殊主题时(如在经济学或决策理论中),才能把它们设想成是单独存在的、可以相互推导出对方。然而,任何可信的推导都必须将理性的行为主体置于表达着合理理念的恰当条件的环境中,也就是说,"理性的"理念将会受到"合理的"理念的限制。同样,我们也可以用"理性的"理念来评价"合理的"理念。

作为核心的组织化理念,公平的社会合作系统的理念是与另外两个基本理念,即自由而平等的个人理念以及秩序良好的社会理念(所谓秩序良好的社会就是由公共的正义观念加以有效规范的社会)联系在一起的。在《政治自由主义》中,由于罗尔斯对公平正义的解释是从把社会设想成一种世代公平合作系统的理念开始的,所以他也采用了与该社会理念相配置的个人概念。"在从公平正义的完备性学说到公平正义的政治观念这一转换中,作为道德人格及其充分的道德行为主体之能力的个人理念则被转换

---

① 〔美〕约翰·罗尔斯:《政治自由主义》,万俊人译,译林出版社,2000年,第52页。

为公民的理念。"① 在《正义论》出版以及其后的一段时期，罗尔斯曾试图对公平正义提供一种康德式的解释，并为公平正义的两个原则提供了一种建立在道德自主基础上的稳定性证明。他认为"人们通过遵循这些原则行动来表现在一般的人类生活条件下他们作为自由的、平等的理性存在物的本性。"② 《正义论》以后，罗尔斯开始把公平正义置于自由民主社会的背景下。自由民主社会所存在着的合理多元论的事实，使他很快意识到，对公平正义的康德式解释不可能成为让所有公民都认可它的理由。最终，罗尔斯放弃了奠基于个人自主之上的稳定性证明，以及自由主义政治哲学对康德式的道德个人观念的依赖。道德的个人观念被转换为政治的个人观念。后期罗尔斯所主张的个人概念，不超出民主社会中普通公民的常识性理解。"自古代世界起，个人的概念在哲学和法学中，一直被理解为某个能够参与社会生活或能够在社会生活中发挥作用、因之能践行和尊重社会的各种权利与义务的人之概念。因此，我们说，个人便是某个能够成为公民的人，也就是，能够成为一个正常的终身能充分参与合作的社会成员。"③ 后期罗尔斯主要从参与社会合作、成为社会成员的角度来理解个人概念，他（她）们是法律上能够认定的，具有行为能力、能够承担法律责任的主体。这是通常法理意义上的公民概念，它包含的责任观念不超出法治背景下或日常道德生活中所要求的东西。④ 由于罗尔斯是从民主传统的内部来考察公平正义（或者任何其他可能的自由主义观念）的，所以他也把公民当作

---

① 〔美〕约翰·罗尔斯：《政治自由主义》，万俊人译，译林出版社，2000年，导论第31页。
② 〔美〕约翰·罗尔斯：《正义论》（修订版），何怀宏等译，中国社会科学出版社，2009年，第198页。
③ 〔美〕约翰·罗尔斯：《政治自由主义》，万俊人译，译林出版社，2000年，第19页。
④ 我们必须区分法理意义上的公民概念与法律上的公民概念，后者是指法律对公民资格的界定，而法理意义上的公民则是权利义务载体，它包含着最低限度的道德责任观念。

自由而平等的个人。也就是说，法理意义上的公民概念应该包含"自由而平等"的规范含义。这一规范意义意味着：个人凭借两种道德能力和理性能力（判断能力、思想能力，以及与这些能力相关的推理能力）成为自由的；而拥有这些能力让个人能够在最低的限度上成为充分参与合作的社会成员，这一点使得他（她）们成为平等的。两种道德能力是指正义感和善的观念的能力。正义感是指理解、运用和践行代表社会公平合作项目之特征的公共正义观念的能力，它表达的是公民按照公开认可的正义观念来行动的意愿；善的观念的能力是指形成、修正和理性地追求个人利益或善的观念的能力。正义感的能力和善的观念的能力这两种基本的公民道德能力，分别与作为公平的社会合作系统理念之要素的"合理的"理念和"理性的"理念相联系着。

从道德的个人观念到自由民主社会的公民观念，这一转换有两个方面的深远意义。一方面，这种转变意味着进行罗尔斯式的思想实验的主体是自由而平等的公民。罗尔斯强调要区分这样三种观点：原初状态中各方的观点；秩序良好的社会中公民的观点；最后是我们自己的观点，也就是现在详细阐述着公平正义和正在把它作为一种政治的正义观念来考察的你和我的观点。现在，"你和我"都作为民主社会的公民，依据其参与社会合作、成为社会合作成员的两种基本道德能力，拥有确定的公共认同或者制度认同，并且能够对自己的目的负责。另一方面，原先参与罗尔斯式的思考，仅仅在理论上探究正义原则的个人，转变成了在民主社会中拥有公民身份、能够在公共政治生活中发挥持续政治影响的公民。由于民主社会中公共权力是作为集体性实体之公民的权力，当公共权力的行使涉及宪法根本和基本正义问题的时候，公民们必须发挥应有的（影响最后的决断的）作用。

二 对公平正义的新解释

罗尔斯的公平正义具有很强的康德主义色彩。从原初状态出发的论证跟康德式的人选择理智世界的法则作为行动的规定根据十分相似。原初状态的设立是为了让人们能够开展思想实验，从而达到正义原则。在这样一种思想实验中，有关个人的特殊信息和目的都被抽象掉了，个人仅仅作为一个普遍立法者来选择规范社会合作的原则，这个过程所蕴含的具有道德属性的人的观念与康德式的作为自在目的本身的人的观念是相似的。康德道德哲学不是建立在专断的人性论预设之上，他的结论是在一些理性事实基础之上，通过理性推理得出来的。只要承认理性，我们就没有理由推翻他的推理过程，除非否定这一过程的前提假设。然而否定那些前提假设，又需要运用理性，否则就无法否定那些前提。但是，一旦运用理性，我们就不能否认理性事实（至少有一个理性事实是不能够否认的，那就是，人是有理性的），从而也就无法否认那些前提假设。康德道德哲学是从理性或者说自由这个无法否认的事实出发，由理性所推出的结论具有客观必然性和正当合理性。与康德不同，罗尔斯的正义理论拒绝康德式的先验人性论预设。作为反思平衡出发点的正义感虽然也是一个理性事实，但它仅仅是一个开端，多种判断参与了反思平衡的过程。罗尔斯无意追随康德，另设一个批判来为人的道德能力做辩护。这样，他就能够把自己的理论与各种完备性学说区分开来。作为罗尔斯正义论中根本的证明方法，反思平衡贯穿着罗尔斯思想发展的整个过程。按照反思平衡的要求，后期罗尔斯结合自由民主社会合理多元论的事实，对《正义论》第三部分的稳定性证明尤其是一致性论证做出了彻底的修正，并对原先的原则论证中所隐含着的公共证明和公共理性的理念有所扩展。在旧的一致性论证中，罗尔斯试图依据康德式的道德自主观念为稳定性问题提供直接的论据。由于合理多元论事实的存在，这种做法不但与证明的理念相抵触，而且还会与自由主义的良心自由相抵触。在第二章中，我们已经指出，反思平衡必须排除与其他判断或原则发生严重抵触的判断，但合理的判断最终会得到保留，这也就意味着罗尔斯的政治自由主义转向只需改变旧的一致性论证，而无须推翻公平正义的实质内容和原则。

把《正义论》中提出的公平正义的完备性学说转换为政治的正义观念，使得罗尔斯有必要对公平正义提出新的解释（政治自由主义的阐释）。这种解释实际上包含了罗尔斯政治自由主义转向的全部内容，它包括两个组成部分或者"两个阶段"。在第一个阶段，公平正义被设定为一种独立的观点，一种对政治的正义观念的说明。这种政治的正义观念首先指向社会的基本结构，并表达着两种政治价值，即政治的正义价值和公共理性的价值。由于第一个阶段提出了正义原则，在第二个阶段才能提出重叠共识的理念。在后一阶段里，罗尔斯修改了《正义论》第三部分的稳定性证明。在自由民主社会合理多元论的背景下，通过引入重叠共识的理念，罗尔斯对包括公平正义在内的自由主义正义观念提供了一种新的稳定性证明。"第一阶段"的解释对应于《正义论》的第一、二部分，它与正义原则的理论论证和民主制度相关。后期罗尔斯的论证虽然对《正义论》中的相关内容有所发展和澄清，但并没有实质性的变化。它仍然以我们共享的深思熟虑的正义信念为基础，只是根据民主政治文化中所隐含的某些根本性理念（如公平的社会合作系统的理念和自由而平等的个人理念）对它们进行了详细的阐述。但在"第二阶段"的解释中，罗尔斯对《正义论》第三部分的稳定性证明做出了实质性的修改，新的稳定性证明成为后期罗尔斯政治自由主义转向的标志。现在，公平正义要获得稳定性，还必须能够在不同完备性观点的内部得到正当性证明，要达成这一目标，就不能诉诸任何一种完备性学说。"至于各个公民如何看待与其完备性学说相联系的这些政治领域的价值（公共的政治观念），则有待每个公民自己做出判断——这正是良心自由的一部分。"[①]

罗尔斯认为，对于政治领域的公共正义观念（它们对民主公

[①] 〔美〕约翰·罗尔斯：《政治自由主义》，万俊人译，译林出版社，2000年，第148页。

民提出了最低的要求),必须诉诸政治文化中最显而易见的东西,才能够使它们得到公共的正当性证明,这种证明是所有公民凭借他(她)们共同的公民理性都能够理解、认可和接受的。对正义观念的公共证明(public justification)使得长期生活在这种政治文化传统中的公民们,能够从自己的善的观念出发,把它们纳入自己的善的观念中,作为他(她)们不同的善的观念的一部分。这一可能性建立在这样一个假定之上,即公民们的完整观念由两个不同的部分构成,一部分是完备性的,另一部分是政治的,这两个部分之间恰当地相互联系着。一旦把公民完整的观念考虑在内,就无法要求他(她)们对公共正义观念的接受,一定是建立在公共的正当性证明之上。

依据罗尔斯对公平正义的新的解释,可以把后期罗尔斯思想的发展归纳为以下几个方面。首先,对公平正义的重新阐述必须从民主政治的文化传统中公民们共同享有的东西开始。罗尔斯在《政治自由主义》中的目标是要表明,《正义论》中秩序良好的社会的理念必须重新予以阐发,以适合于合理多元论的事实。为达此目标,公平正义的道德学说被转换为一种政治的正义观念,这种转换伴随着一系列的改变。政治自由主义之所以会显得有些复杂,正是由于它接受了合理多元论的这一事实。如此一来,它就不得不引进一组新的理念来对公平正义重新加以阐释。这些理念隐含在民主政治的文化传统中,虽为人们的教养常识所熟知,但还未达到清醒的认识的程度。[①] 政治自由主义必须阐明这些理念,

---

[①] 罗尔斯在他的后期作品中试图阐明的这些理念,对于不属于西方政治文化传统的阅读者来说,甚至连熟悉都谈不上,这大大增加了他(她)们理解罗尔斯《政治自由主义》等后期作品的难度。相对而言,带着普世主义抱负的《正义论》阅读起来要更容易一些。我们知道,从原初状态出发的论证是从个人拥有正义感这一基本事实开始的,因而只要具有正义感的个人,都能够参与公平正义两个原则的建构。但是,如果把罗尔斯的思想发展考虑在内,就会意识到某种文化障碍的存在。从罗尔斯正义理论的整体观之,不同政治文化传统的差别,不仅会增加理解罗尔斯理论体系的难度,而且也会制约两个原则在其他社会的运用。

以支撑后期罗尔斯的正义论框架。在确认了公平正义的政治属性之后，罗尔斯还必须依靠重叠共识的理念来对自由主义正义观念的稳定性加以重新论证。他假定了一种理想的重叠共识状态，在这种理想的重叠共识中，每一个公民都既认肯一种完备性学说，也认肯作为此种共识的核心的政治观念（一种常见的对重叠共识的误解如图 2 所示，罗尔斯描述的重叠共识的真正含义如图 3 所示）。公民们持有的完备性学说与政治观念之间存在着某种联系，但它们具体是如何相联系的，这属于个人良心自由的范围，它并不是政治自由主义关心的问题。

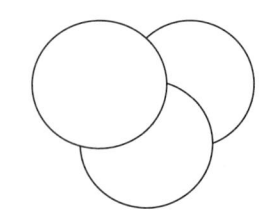

图 2　重叠共识的误解示意

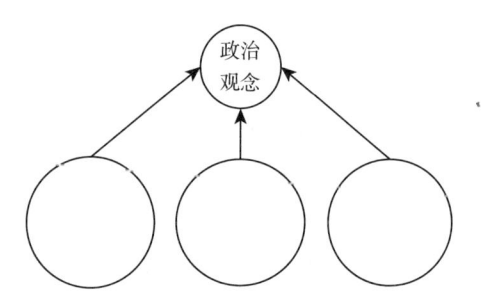

图 3　重叠共识的真正含义示意

其次，后期罗尔斯要为自由民主社会寻求一种可能的政治理想，因而对公平正义的阐释必须立足于立宪民主政体的政治过程。把政治简单地理解成为少部分先知先觉的贤人为普通大众谋求福利，并利用他们所掌握的知识来维护和实现公共利益的活动，这种认识是错误的。政治活动在任何时候或任何条件下都是各种政治力量在某个范围内参与意见表达、决策和执行的过程。即使是在封建专制政体下，政治决策也绝不是君主个人肆意的产物。在政治生活中，既没有现成的解决问题的方案，也找不到一劳永逸的解决方法，公共利益的实现是一个各种政治因素都参与其中的过程。民主政治作为一种大范围的政治参与形式，其实质就在于通过一种集体性的参与活动，创造出有利于维护和实现公民共同利益的制度和政治条件，并在这一过程中使得公共生活参与者能够超越狭隘的个人利益，获得一种公共的眼光。在《政治自由主义》中，罗尔斯试图认真对待的正是这样一种民主的政治过程，他把这一政治过程的参与者看成是拥有道德能力的公民。因此，除了在一般理论的层面表明秩序良好的社会的可能性，新的稳定性证明还必须从政治过程的角度，对达成基于正当理由的社会稳定可能经由的阶段予以解释。

最后，罗尔斯指出，受正义原则规范的社会的稳定是一种动态的稳定，是一种在受到挑战之后恢复秩序的能力。在出现宪法危机的时刻，在社会稳定受到挑战的时刻，公共的正义观念（它提供了人们支持和忠诚正义制度的理由）面临着极大的考验。在这样的时刻，它必须提供所有人都能够认可和接受的理由来确保立宪民主政体平稳地渡过难关。这就要求在公共讨论中，公民们必须接受公共理性（public reason）的指引，诉诸政治的正义观念。在实际政治生活中，即便存在着能够得到合理辩护的程序和规则，也不能保证所有人都不违规。政治秩序的维护与实现仅仅是一个程度的问题，政治过程总是离不开强制型政治权力的行使。为了确保正常的社会和政治秩序，公共讨论中的公共证明还必须对公共权力的合法性问题做出回应。

在《政治自由主义》中，罗尔斯指出，有三个条件似乎足以使社会成为因其认可的各种合理的完备性学说而产生深刻分化的、自由而平等的公民之间的公平而稳定的社会系统。它们是，"第一，社会的基本结构是由一种政治的正义观念所规导的；第二，这种政治观念是各种合理完备性学说达到重叠共识的核心；第三，当宪法根本和基本正义问题发生危险时，公共讨论是按照政治的正义观念来进行的。"① 对公平正义，或者更一般地讲，对自由主义正义观念的重新解释（具体来说，就是阐明一组理念），正是对这三个条件的系统说明，因而也就回答了正义而稳定的立宪民主政体何以可能的问题。

---

① 〔美〕约翰·罗尔斯：《政治自由主义》，万俊人译，译林出版社，2000年，第45页。

第四章 政治自由主义转向的内在逻辑

后期罗尔斯做出政治自由主义的转向主要并不是由外在的批评，而是由其内部的矛盾所推动的。针对《正义论》第三部分稳定性证明，尤其是一致性论证的缺陷，罗尔斯在《政治自由主义》中提出了新的稳定性证明。他要论证，在合理多元论的背景下，自由民主社会中的公民能否从各自完备性观念出发来认可和支持政治的正义观念，从而为正义而稳定的立宪民主政体辩护。[①] 稳定性问题，在罗尔斯前后期的理论中均扮演了重要角色，亦是他政治自由主义转向的主要原因。从《正义论》中建立在康德道德哲学基础之上的稳定性证明到以重叠共识为目标的新的稳定性证明，这构成了罗尔斯政治自由主义转向的标志。后期罗尔斯承认，政治的正义观念并不仅仅包含着公平正义，而是由一组具有相同特征的正义观念组成，也就是说，它们都是自由主义的观念。罗尔斯为自由主义的观念规定了三个条件：第一，某些自由、权利和机会的具体规定，它们都是民主政体中的人们所熟悉

---

① 公平正义在一个特殊的界限内接受康德哲学中使用的辩护（apoligia）概念，这就是：如果存在合理有利的条件，公平正义可以把自身理解为对一种正义的立宪民主政体之可能性的辩护，或者说追问正义而稳定的立宪民主政体何以可能。政治哲学是从理论的角度探讨一种可能的政治理想，正如对康德而言，应当同时也意味着可能。但它并不关心实际政治过程中解决一个具体问题的可能性，后者把政治当成是一门可能的艺术，因而必须依靠实践经验。参见罗尔斯《政治自由主义》，万俊人译，译林出版社，2000年，第107页。

的；第二，这些自由的特殊优先性；第三，存在着许多措施，以确保所有公民都拥有充分适应于目的并使他（她）们理性而有效地运用其自由和机会的手段，不管他（她）们的社会地位是什么。① 罗尔斯承认，在任何实际的政治社会里，除了相互冲突的完备性学说之外，还存在着各种不同的自由主义的政治正义观念。罗尔斯对公平正义的重述实际上已经超出了公平正义的范围（虽然还在自由主义观念的限制之下）：在修改后的稳定性证明中，罗尔斯关心的并不单纯是公平正义能否获得各种完备性学说的重叠共识，而是自由主义的正义观念能否获得重叠共识。

第一节 政治自由主义转向探源

后期罗尔斯之所以会做出政治自由主义的转向，既是反思平衡的方法使然，也是其理论自身的实践倾向使然。这一转向是他立足于民主政治传统和自由民主社会的基本事实，对一个正义而稳定的立宪民主政体之可能性持续关注的结果。具体来说，促使罗尔斯做出政治自由主义转向的因素既有现实的，也有理论的。现实方面，这一转向是基于对自由民主社会合理多元论事实的反思；理论方面，这一转向的动力来自于正义理论自身的内部紧

---

① 参见罗尔斯《政治自由主义》，万俊人译，译林出版社，2000年，平装本导论第35页。有人也许会觉得奇怪，比如说按照罗尔斯这里的标准，诺齐克的观点似乎就不属于自由主义的观点了。其实，罗尔斯是在西方民主社会既定条件（既包括制度条件，也包括政治文化条件）下来规定自由主义的这三个条件。《政治自由主义》并不是在抽象地谈论一种政治理想，它所讨论的基本问题不仅是17、18世纪对贵族政治进行自由主义批判的焦点，而且是19、20世纪对自由主义立宪民主进行社会主义批判的焦点，还是现在自由主义与保守主义之间围绕着私有财产的要求以及跟福利国家相联系的社会政策之合法性（与有效性相对立）等问题产生冲突的焦点。罗尔斯的正义理论正是对社会政治中的这些现实问题的回应（但后期罗尔斯强调，公平正义并不是对福利国家的辩护，必须把产权民主的观念与福利国家的观念区分开来）。

张,即《正义论》第三部分稳定性证明中的某些假设与全书的观点并不一致。在做出政治自由主义转向的这个过程中,自由主义阵营中的"内部的批评"起到了较大的启发作用,而一些具有误导性的"外部的批评"却没有发挥任何决定性的推动作用。罗尔斯主要是基于其理论自身的弱点来修正它,而不是忙于应付外界的批评。有的批评确实触及了他理论中的某些弱点,有的批评却没有触及。

一 合理多元论的事实与广泛的反思平衡

在《正义论》中,反思平衡的方法是在罗尔斯介绍原初状态的观念的时候明确提出来的。这可能会给人这样一种印象,即只有从原初状态出发的论证运用了反思平衡。然而,作为罗尔斯正义理论的根本的证明方法,反思平衡实际上贯穿着他的整个思想过程(甚至就连罗尔斯对反思平衡的论述都带有反思平衡的意味),并随着罗尔斯的思想发展,被带入公民互动的实践领域。正是在这种"广泛的"意义上,我们把罗尔斯的政治自由主义转向理解为结合自由民主社会合理多元论的事实,在人际互动的层面上(而非简单的个人的层面上)展开进一步的反思平衡的结果。

确实,可以说《正义论》中罗尔斯对公平正义两个原则的概括以及从原初状态出发的论证构成了反思平衡的一个范例。① 但按照后期罗尔斯的理解,反思平衡应该伴随着罗尔斯式的理论思考始终,它应该是一个无止尽的过程,也不会局限于国内正义的情形。虽然罗尔斯从一开始就对自己在《正义论》和《政治自由

---

① 对公平正义两个原则的概括及从原初状态出发的论证构成了运用反思平衡的一个范例,但并不是唯一的范例。《政治自由主义》对原初状态中各方所能一致达成的项目就有所扩展:各方不仅要就基本正义原则达成一致,而且还要就公共的探究指南达成一致,并确认自由主义的合法性原则。

主义》中的探究对象做了限制，即这两部著作只讨论相对封闭的国内社会、严格服从情况下的基本正义问题。但他许诺会在其他著作中讨论国际正义问题，而且其他的情形也是可以得到解答的。视野的扩展可能要求修改先前业已达成的结论。按照反思平衡的要求，这种前后往返的程度是预料中的事情。但扩展的思考与已达成的结论之间必须有一定承接关系，就正义论而言，就是要把其他问题看作是基本正义问题的延伸。"因此，有一种延伸的公平的正义问题，它包括我们对后代的各种义务，这类问题属于公正储存的问题。另一个问题是，如何把公平正义延伸到民族法的领域，就是说，使它包括适用于国际法和各政治社会之间关系的那些概念和原则。"① 当然这种延伸是有边界的，它并不能囊括所有问题。我们不能期望建立在一种道德事实（正义感）基础上的反思平衡能够解决所有的问题。

在罗尔斯的正义论中，主要有四种判断参与了反思平衡：深思熟虑的判断、（历史传统中的）道德原则、有关道德原则成立的条件及其应用性推论方面的判断，以及有关一般信念（general convictions）的判断。② 其中，一般信念又包括一般事实（general facts）和一般知识（general knowledge）。"所谓一般事实就是公认的社会事实和自然事实（如合理多元论的事实等），而一般知识就是作为科学知识和常识的知识（如心理学、经济学、政治学乃至自然科学的知识等）。"③ 与社会科学的经验归纳相反，道德哲学或者政治哲学在理想的意义上应该是严格的演绎的。但罗尔斯反思平衡的方法却表明，理想意义上的道德哲学实际上是不可

---

① 〔美〕约翰·罗尔斯：《政治自由主义》，万俊人译，译林出版社，2000年，第21页。
② 参见李志江《良序社会的政治哲学——罗尔斯分配正义理论研究》，人民出版社，2009年，第123—126页。
③ 李志江：《良序社会的政治哲学——罗尔斯分配正义理论研究》，人民出版社，2009年，第125页。

能的，因为有关一般信念的判断要加入反思平衡。确实，规范研究处理的是价值，经验研究处理的是经验材料，价值与事实是不同的。但这并不意味着价值与事实是无关的。事实上，正是由于价值与事实常常纠缠在一起，才有必要在概念上把它们区分开来，以避免不必要的混淆。① 然而，任何有意义的价值判断都必须正视事实，无视事实的价值判断只能存在于人的头脑之中，依靠它们只能创造出一种空想的乌托邦。"当我们判断一个价值问题或试图决定应当怎么做的时候，我们就是在两个或者更多的具体选择中做出决定，而这些选择的吸引力如何则依赖于事实。"②

公平正义（或者其他自由主义的观念）要成为公共认可的正义观念，它就必须正视民主社会政治文化的基本事实。诚如罗尔斯所言，政治哲学绝不会从社会和世界（的问题）中退缩，它也不试图在自己的政治文化与实践传统之外去寻求所谓的真理。"只有当一种政治的正义观念在所有普遍性层次——从最普遍的层次到最特殊的层次——上有助于梳理我们已定的正义确信时，它才会对我们具有意义。"③ 在《政治自由主义》中，罗尔斯指出民主社会的政治文化包含着这样的三个一般事实。第一个事实是，在现代民主社会里，各种合理的完备性宗教学说、哲学学说和道德学说构成的多元状况，并不是一种暂时的历史现象，而是民主社会公共文化的永久特征。在得到自由制度对基本权利和自由的保障的条件下，即使这种多元性一开始并不存在，也会逐渐发展起来。罗尔斯把这种完备性学说的多元状态称为"合理多元

---

① 例如，如果我们懂得价值与事实的区分，就知道不能从"个人通常是受自我利益的推动来行动的"（姑且把它当作一个事实判断）推论出"应当满足每个人正常的利益要求"（价值判断）。在这样一种错误的推论中，由于缺乏规范的视角，其结论中的规范性限制条件如"正常的"或者"合理的"（利益）常常是模糊的（这个推理过程实际上是在求助于直觉）。
② 〔英〕布莱恩·麦基：《思想家》，周穗明、翁寒松译，生活·读书·新知三联书店，1987年，第222页。
③ 〔美〕约翰·罗尔斯：《政治自由主义》，万俊人译，译林出版社，2000年，第47页。

论的事实",它不同于"实际的多元事实"(the fact of pluralism as such)①,后者仅仅是指各种利益或价值在激烈冲突过后的偶然平衡。但合理多元论的状态并非仅仅是偏狭利益或价值的产物,而主要是在自由制度框架内自由实践理性作用的结果,因而它并非是人类生活中的一种不幸状态。

在《正义论》中,罗尔斯实际上就已经注意到了善的观念的分歧。在介绍原初状态主观的环境时,罗尔斯假定参与社会合作的各方都有大致相同的利益,但是他(她)们却都拥有各自的生活计划,而且这些人还要受知识、思想和判断方面缺点的影响。"结果各人不仅有不同的生活计划,而且存在着哲学、宗教信仰、政治和社会理论上的分歧。"②但在那里,罗尔斯强调的是主观环境中的利益冲突,观念的分歧并没有得到特别的重视。由于参与社会合作的个人都有各自的生活计划,这些计划(或善的观念)使他(她)们抱有不同的目的和目标,结果"造成了利用自然和社会资源方面的冲突要求"③。资源的中等匮乏,只是加剧了这种利益的冲突。为了论证的方便,罗尔斯假定原初状态中的各方是相互冷淡的。因为如果假定了其他的情感或信念,就很可能从一开始就会引入各种理想之间的相互冲突。"圣徒、英雄的精神理想能够像别的利益一样毫不妥协地互相对立。在追求这些理想中发生的冲突是所有悲剧中最大的悲剧。"④罗尔斯对观念的冲突点到为止,便转而强调一般利益的冲突。通过强调利益的冲突,观

---

① 万俊人把"the fact of pluralism as such"翻译成为"一般多元的事实",并没有准确地表达这个概念的含义。"实际的多元事实"采用的是刘莘的翻译,参见刘莘《罗尔斯的"政治"转向》,《社会科学》2007年第8期,第134页。
② 〔美〕约翰·罗尔斯:《正义论》(修订版),何怀宏等译,中国社会科学出版社,2009年,第98页。
③ 〔美〕约翰·罗尔斯:《正义论》(修订版),何怀宏等译,中国社会科学出版社,2009年,第98页。
④ 〔美〕约翰·罗尔斯:《正义论》(修订版),何怀宏等译,中国社会科学出版社,2009年,第99页。

念冲突的问题就被罗尔斯回避掉了。① 然而在现代西方社会中，人们在善的观念上已经达不成任何广泛、深刻的统一，这一事实是无法回避的。② 忽视完备性学说的多元现状，这本身就是导致冲突的根源。《政治自由主义》中的罗尔斯承认，《正义论》中基于同质性的道德信念的秩序良好的社会理念是不现实的，必须重新予以阐发，以适应合理多元论的事实。

与合理多元论的事实相关的另一个一般事实是"压迫性的事实"，即只有依靠压迫性地使用国家权力，人们对各种完备性学说的持续共享才能够维持下去。对这一事实，西方人可能并不陌生，只要他（她）们对近代早期西班牙宗教裁判所针对异端的种种暴行还感觉记忆犹新。然而罗尔斯还把这种警惕扩大到曾经为自由主义奠定了理论基础的密尔和康德的道德学说，甚至包括他自己试图把正义原则的稳定性证明建立在道德自主基础上的解释。

既然在民主社会条件下公民们不能求助于各自完备性的学说，那么第三个一般事实就是，持久而稳定的自由主义民主要想

---

① 这种回避与原初状态中的"理性人"相得益彰。在《正义论》中，罗尔斯把原初状态中的各方设想为理性人，他（她）们希望得到尽可能多的基本善，无论他（她）们追求何种有价值的生活，他（她）们都需要这些基本善。由于后期罗尔斯对合理多元论的事实以及公平的社会合作系统这一规范性社会理念的关注，他扩充了基本善的意义，认为它们也是发挥公民两种基本道德能力所必需的，并且是由作为合作背景的社会来决定的。而原初状态则被视为一种代表设置，它是作为公共反思和自我澄清的手段来发挥作用的。

② 合理多元论是现代西方社会中的一个事实。在《政治自由主义》的导论中，罗尔斯通过比较政治哲学在现代世界与古代世界的不同问题，回顾政治自由主义与宗教改革和近代道德哲学的关系，来说明产生具有合理多元论特征的西方民主政治文化的特殊历史背景。罗尔斯的观点是，政治自由主义（乃至一般意义上的自由主义）乃是特定历史情景和经验的产物，这些情景和经验在非西方的世界可能是不存在的。由于历史情景和经验的不同，在不同的社会会形成不同的政治观念。强调西方社会特定的文化传统和特殊的历史经验，这意味着后期罗尔斯放弃了《正义论》中的普世主义立场，他所构建的正义理论主要适合于像美国这样的自由民主社会，对非西方的社会可能仅仅只有某些借鉴的价值。参见罗尔斯《政治自由主义》，万俊人译，译林出版社，2000年，导论第8－16页。

不被阶级冲突和价值分裂所断送，就必须得到在政治上持积极态度的公民的实质多数的支持。"这一事实与第一个一般事实共同意味着，政治的正义观念要发挥立宪政体的公共正当性证明的基础的作用，就必须是一个能够得到各种不同且相互对立的（然而却是合理的）完备性学说的广泛认可的观念。"① 这一要求同样适用于公平正义。只有依靠一种恰当的方式在其自身的框架之内表明其用意，来赢得每一个公民的合理支持，公平正义才能够首先成为合理的。只有作为一种独立的观点，而不奠基于任何一种完备性学说，公平正义才能够得到各种完备性学说的重叠共识。唯有如此，它才能在民主政治中发挥辩护作用，为政治权威的合法性提出公共证明。

罗尔斯式的反思平衡应当是开放的。除了必须承认曾经被忽视的社会基本事实之外，在反思平衡的过程中，新的道德信念还可能会随着思考的逐步深入被意识到，并加入新的反思中去，达成新的平衡。首先，人们的道德判断并非是一成不变的。即便是那些曾经为人们坚定地持守的信念也会随着时代的发展逐渐改变：在西方世界，宗教宽容已经深入人心，对宗教压迫的公开辩护已经十分罕见；曾经导致美国南北战争的奴隶制也不再受到公开的支持，虽然其遗留的效果还没有完全被消除。反思平衡就是要把民主社会公民们已定的确信汇集起来，并将隐含在这些确信中的基本理念和原则组成一种连贯的政治正义观念。其次，公平正义的原则（或者其他自由主义正义原则）适用于社会基本结构，但对它们在具体应用过程中产生的一些问题，我们无法在抽象的、超出实际情况的条件下做出判断。"我们需要小心地弄清楚这些情况，以澄清我们该如何看待这些情况。因为如何思考一种情况，并不只取决于一些一般考虑，而且还取决于我们系统阐述的那些相关的政治价值，而这些政治价值可能是我们在反思某

---

① 〔美〕约翰·罗尔斯：《政治自由主义》，万俊人译，译林出版社，2000年，第39页。

些特殊情况之前所没有想到的。"①

　　罗尔斯意识到，正义理论的完善意味着在反思平衡的过程中实质性的价值因素还会不断地被添加进来，某些容易遭到忽视的社会事实和道德信念也需要特别地加以强调。比如说那些倾向于拒绝差别原则的人，可能会把由某种正义原则指导社会基本结构称为纯粹程序的正义。但是，对于社会基本结构而言，纯粹程序的正义也许只是一个永远无法企及的理想。罗尔斯认识到，在现代资本主义社会中，通过商品交换关系无数个人被连接成了一个整体（组成了马克思所谓的市民社会）。买与卖的商品交换网络，虽然是由个人逐利的行为所推动的，但单个的个人在这种无限扩张的复杂网络面前，却变得十分渺小和无能为力。在现代商品经济条件下，由于任何人际关系都是通过商品交换发生的，人与人之间的关系也变成间接的了。正如博格所言："参与市场的个人完全不能预料其经济决定的远端效应。这并不仅是因为他不了解经济学，而主要是因为此类个人决定的远端后果相互纠缠在一起。"② 马克思对以商品经济为基础的资本主义社会提出了尖锐的批评，指出了其内在的矛盾。在对资本主义社会的许多判断上，罗尔斯显然是支持马克思的观点的。罗尔斯认识到，在资本主义条件下，所有人都不清楚相互分离的交易作为一个总体所产生的结果是如何影响他人的机会的。他承认，即便任何人都没有不公平地行动，但作为社会交往背景的社会基本结构可能仍然是不义的。"如果说这些条件可能在较早的时候是公平的话，那么，许多相互分离和明显公平的契约，以及各种社会趋势和历史偶然性之积累起来的结果，就可能随着时间的推移而改变公民的各种关

---

① 〔美〕约翰·罗尔斯：《政治自由主义》，万俊人译，译林出版社，2000 年，平装本导论第 41 页。
② Thomas Pogge, *John Rawls: His Life and Theory of Justice*, Michelle Kosch, trans., Oxford: Oxford University Press, 2007, p. 32.

系和机会,以至于达成自由而公平的契约的条件不再适用。"① 因而,属于社会基本结构的那些制度的作用就是确保正义的背景条件。罗尔斯提出,我们必须区分两类社会规则,以及这些规则实现于其中的不同制度形式。这两类规则是,界定社会背景的各种制度和不断调适、弥补不可避免地偏离背景公平之倾向的操作(如收入税和遗产税一类的操作)的规则,以及支配各种具体交易与联合体之间合同的规则(如"契约法"等)。② 公平正义必须持续地加以调节的规则属于前者(因此并非纯粹程序的正义),而非后者。

由于新的一般事实和较为特殊的判断还会继续产生,反思平衡就应该是一个没有终结的、不断循环往复的过程。罗尔斯指出,把某些现成的抽象观念或普遍原则看作是永远压倒我们较为特殊判断的想法是错误的。在我们实际的思想中,抽象观念和普遍原则与较为特殊的判断之间其实是相互补充的。既不能把这两方面当成是相互孤立的或僵死的,也不能把正义原则当成是一种现成的标准或者认为它奠基于一种现成的标准。在罗尔斯看来,反思平衡的一个特点是,它应该包括个人所有一般性层面上所考虑的确信;无论是抽象原则的层面,还是特殊情形中的特殊判断,任何一个层面都不能被视作基础性的,虽然它们全都可能具有最初的可信性。因而,对作为最高评价标准的正义原则,我们充其量只能通过反思平衡表明其可欲性和可行性,却不能从一开始就(依据某种现成的标准)证实它。"在哲学中,最根本层面上的问题通常并不是通过结论性的论证来解决的。对于某些人来说,显而易见的和被他们作为基本理念接受下来的东西,却是别人所难以理解的。解决这一问题的方式是,经过恰当反思后,再来考察哪一种观点提供了最连贯、最让人信服的解释,该观点又

---

① 〔美〕约翰·罗尔斯:《政治自由主义》,万俊人译,译林出版社,2000年,第282页。
② 参见〔美〕约翰·罗尔斯《政治自由主义》,万俊人译,译林出版社,2000年,第284页。

是在什么时候完全建立起来的。"①

反思平衡并非是一劳永逸的，后期罗尔斯的思想发展刚好印证了这一点。考虑到反思平衡的这一特点，他把狭隘的（narrow）反思平衡与广泛的（wide）反思平衡区别开来。狭隘的反思平衡与广泛的反思平衡之间的确有着很大的不同，但这种区别实际上在《正义论》中就已经有所暗示。罗尔斯在那里指出，对反思平衡存在着好几种解释，因为这个概念是变化的。"这种变化取决于只向个人提出除一些小的差异外大致符合他的现有判断的描述，还是提出了所有可能的描述，这些描述是他可以合理地使自己的判断及其所有相关的哲学论据与之相符合的描述。在前一种情况下，我们要相当如实地描述一个人的正义感，虽然允许抹去某些偶然因素；在后一种情况下，一个人的正义感却可能会、也可能不会发生一种彻底的变化。"② 对反思平衡的这两种不同意义的区分所隐含的正是狭隘的反思平衡与广泛的反思平衡之间的区别。在《正义论》中，罗尔斯就提出，道德哲学中值得关注的实际上只是第二种意义上的反思平衡。它强调任何层面上的个人道德确信都只是些临时的固定点，任何合理的概念都必须对之加以解释。后期罗尔斯只是以亲身的理论实践活动进一步表明了这一点。在此基础之上，他还明确指出，反思平衡必须从公共文化着手，这些公共文化是公民们隐约意识到的基本理念和原则的共同积累。反思平衡的目标就是要足够清晰地、系统地阐明这些理念和原则，以使它们能够结合成适合于公民们深思熟虑的确信的政治正义观念。

反思平衡需要在原则与深思熟虑的判断之间进行反复的对照和修改，深思熟虑的判断是在最有利于我们的道德能力的条件下

---

① 〔美〕约翰·罗尔斯：《政治自由主义》，万俊人译，译林出版社，2000年，第55页。
② 〔美〕约翰·罗尔斯：《正义论》（修订版），何怀宏等译，中国社会科学出版社，2009年，第38-39页。

做出的,辨识这些深思熟虑的判断的标准不是任意的,但它们有时无疑还是要受到某些偶然性因素的影响;有人甚至可能会相信,深思熟虑的判断在根本上是有偏向性的。罗尔斯认为,对于一个人深思熟虑的判断之特有的原则与另一个人深思熟虑的判断之特有的原则是否会相同这个问题,我们不能事先加以解答。而对于深思熟虑的判断是否带有偏向性这个问题,罗尔斯也指出,我们不能以根据自己的特殊条件来接受正义原则,而是要从一种无偏私的公正立场来思考正义原则。"如果我们能描述一个(受过教育的)人的正义感,我们就会有一个走向正义论的好的开端。"① 关注正义问题的乃是罗尔斯本人,以及接受罗尔斯邀请参与原初状态的思想实验、拥有实践理性能力的读者们。作为读者的你和我与罗尔斯一道,我们关注的是我们当下的政治生活,我们愿意从超越个人特殊利益的立场来审视我们的政治生活。后期罗尔斯明确指出,这里的"你和我"实际上就是民主社会的公民。罗尔斯式的反思平衡虽然最初只是单个主体内部的反思平衡,但它却凭借主体的公民身份,在民主政治生活中拥有了公共的维度。在公共政治生活中,一位合理的公民能够通过合法途径合理地表达自己的利益,但又对自己的要求留有余地,能够做出合理的妥协和让步;一位合理的公民并不是那种最不妥协地追求和实现自身利益的人,而是能够进行妥协折中,愿意去聆听别人的观点,愿意修正自己观点的人。从公共政治生活的立场来看,为了理清自己的正义感,寻求对公共正义原则的重叠共识,公民们的反思平衡应该是广泛的,而不是狭隘的。

二 社群主义的批评和误解

在谈及罗尔斯政治自由主义转向的理论方面的原因的时候,

---

① 〔美〕约翰·罗尔斯:《正义论》(修订版),何怀宏等译,中国社会科学出版社,2009年,第39页。

我们首先要重申这样一个观点：后期罗尔斯的这一根本性转向内在于他的最初计划，这意味着《政治自由主义》并不是由外部的批评所推动的。在《政治自由主义》的导论中，罗尔斯曾指出，该书与《正义论》之间的差异主要是主题的差异。"要理解这种差异的本性和程度，就必须视之为源自力图消除内在于公平正义的一个严重问题时所产生的差异。"① 关于罗尔斯做出政治自由主义转向的原因，有一种广泛流行的观点，它认为后期罗尔斯的这一转向在很大程度上是出于对社群主义批评的回应。例如，迈克尔·桑德尔就批评罗尔斯的康德式自由主义提供了这样一种人的观念，它摒弃了对个人之间深刻纽带或最高目的的任何实质性承诺。他批评罗尔斯式的行为主体是冷漠的、空洞的、理性的选择机器，不值得拥有罗尔斯作为一位康德主义者所要求的那种对人的尊重。原初状态下的人都想获得尽可能多的基本善，然而"如果组成自我的所有东西只是多种偶然的欲望、需求和目的的聚合，那么，无论对于自我，还是某一外部的观察者，必将以一种任意的方式把这些欲望、需求和目的认同为任何特殊主体的欲望。甚至不仅仅是属于主体，而且他们就是主体。但是他们所是的主体将无法从一未言及情景的不加区别的属性之海洋中分辨出来，也就是说，它根本就不是什么主体，至少不是我们会承认或辨认为像人一样的主体。"②

如果只考虑罗尔斯对原初状态下各方的描述（这种理解必然会忽视《正义论》中罗尔斯对人的说明，而把对原初状态下各方的说明当成是这种说明），我们就不难理解为什么这种批评会如此流行。同样，我们也可以理解为什么很多人会认为，后期罗尔斯的转向是由社群主义的批评所促使的。后期罗尔斯主张的是一

---

① 〔美〕约翰·罗尔斯：《政治自由主义》，万俊人译，译林出版社，2000年，导论第3页。
② 〔美〕迈克尔·桑德尔：《自由主义与正义的局限》，万俊人等译，译林出版社，2001年，第25–26页。

种政治的个人观念,就此而言,他确实修正了《正义论》中对人的说明。但这种观念并非是对人的本质特征的一种形而上学说明(在桑德尔提出这样的批评之前,罗尔斯就已经放弃了这种主张)。它也并非来源于对道德行为主体的说明,或者是作为完备性道德学说一部分的一般观念,虽然在《正义论》中罗尔斯确实是这样认为的。取而代之的是一种由两种道德能力(正义感的能力和善的观念的能力)所规定的自由而平等的个人观念,它被认为是纯粹"政治的观念",被设计来把握自由民主社会的成员作为民主公民的自我意识。

在《正义论》中,从原初状态出发的论证所依据人和社会的观念为深思熟虑的判断以及被思考的原则提供了成立和运用的一般社会背景,康德式的解释更是加重了公平正义的普世主义(universalism)的特征。这一点遭到了社群主义的激烈批评。罗尔斯很少直接回应这些批评,但对公平正义的众多误解和反对意见却促使他纠正了先前的反思平衡所依赖的一些一般信念。后期罗尔斯的正义论思考较少依赖一般社会知识①,而是更多地考虑了自由民主社会的一般事实(尤其是合理多元论的事实),这集中地体现在对公平正义两个基本构成性观念的修正上。罗尔斯之所以会做出这样的修正,首先是因为原先作为反思平衡要素的一般社会知识本身是有前提的,人在进行科学认识的时候,已经假定了某些东西。这些假定有时候是片面的,而并非是"真实的和足够一般的"。② 其次,后期罗尔斯逐渐认识到脱离政治文化传统和

---

① 在谈到公共理性的内容以及政治论证的要求时候,罗尔斯仍然坚持一般知识是必需的,只要它们是当下不存在争议的科学方法和结论。但不应诉诸那些会产生争议的、苦心孤诣的一般经济理论。参见罗尔斯《政治自由主义》,万俊人译,译林出版社,2000年,第238页。
② 〔美〕约翰·罗尔斯:《正义论》(修订版),何怀宏等译,中国社会科学出版社,2009年,第122页。《正义论》中罗尔斯主张的人的观念并不是一种片面的知识,但它(至少在理论部分)却没有得到明确的阐述,容易与从原初状态出发的论证依赖的一般知识(理性人假设以及社会是可能而有益的合作体系)相混淆。社会知识如何可能是片面的呢?举一个通俗的(转下页注)

社会历史条件来抽象地论证正义观念是毫无意义的，他逐渐放弃了寻求一种普世主义正义原则的企图，转而主张公平正义是现代自由民主社会的正义观念。他还基于自由民主社会合理多元论的事实，对其正义论做了进一步的修正，并最终放弃了为公平正义提供一种康德式的哲学基础的努力。

与《正义论》以及《正义论》以后的一段时期相比，罗尔斯在《政治自由主义》中对康德道德哲学的态度确实发生了很大的变化。但是在转向政治自由主义的过程中，或者贯穿整部《政治自由主义》（作为这一转向的成果），没有哪一项重大的修正是为了回应社群主义的观点而做出的。转向后的罗尔斯思想与社群主义的批评至少存在着三个方面的偏离。第一，罗尔斯放弃其观点中的某些康德式的基础的同时，只要涉及公平正义的内容和结构，《政治自由主义》所肯定和发展的具有康德式特征的观点比以前更多了。如后期罗尔斯的政治建构主义的观点，自由而平等的个人观念，正当的优先性的观点等，都具有浓厚的康德主义色彩。在后期罗尔斯思想中，他所推崇的自由主义观念（罗尔斯仍然相信公平正义的两个原则是最恰当的政治正义观念）仍然具

（接上页注②）例子，社会学家可能会从权力的角度来解释男女青年之间的恋爱关系，但他们在解释恋爱现象的时候已经站在某种价值立场之上，即除了对特定时空中"恋爱"现象的描述和分析，排除任何类型的主体性（应然性）的理解。作为一般社会知识，对恋爱的社会学解释可能会给社会工作者或政策制定者提供帮助，但它也可能不会被恋爱中的男女所接受。再比如，假如社会科学家的研究对象是一头大象，那么这头大象就只能在科学家的"笼子"（各种限制性的前提和概念的笼子）中被认识，但笼中的大象早已经不是野外的大象。不幸的是，一旦习惯从科学的立场看问题，社会科学家们就会不自觉地排斥其他立场。他们坚信自己所持的立场就是既不涉及任何"规范主张"，也不表达任何"善良愿望"的纯粹客观的立场。当然，通过强调"判断的负担"，我们可以认识到社会科学研究的这种片面性，并把这种情况纳入罗尔斯的体系。值得注意的是，后期罗尔斯仍然坚持社会知识是公共证明或公共审议应当诉诸的，只要它们足够一般而不会引起争议。后期罗尔斯修正了人与社会的理念，却并没有改变甚至放弃从原初状态出发的论证。

有很强的康德主义特征,但这种特征被视为民主文化的特征。罗尔斯承认,康德、密尔等人都是民主文化传统的奠基者。因而,民主文化具有康德主义的色彩不足为奇。但转向后的罗尔斯确实放弃了对公平正义的康德式的解释,这种解释曾经是《正义论》第三部分中稳定性证明的重要组成部分。

第二,社群主义批评罗尔斯康德式的自由主义缺乏共享的善的观念,然而事实上《正义论》依赖的是一种罗尔斯后来称之为"部分完备的"善的观念,这是秩序良好的社会里的人们共同的善的观念。这一点在"一致性"论证中(它构成了《正义论》第三部分稳定性证明的核心组成部分)表现得最为显著。《政治自由主义》的一个主要变化是它放弃了这种"部分完备的"观念,同时也放弃了一般的康德式的道德观念,不再试图依赖这种观念来为公平正义提供基础。"《正义论》把公平的正义和功利主义都当作是完备性的或部分完备的学说。"[1] 但是"任何一种完备性学说都不适合于作为立宪政体的一政治观念"[2]。罗尔斯的这些变化可能会使他的观点遭到某些社群主义者更激烈的反对。因为正如我们看到的那样,罗尔斯主张平等主义的自由主义,虽然坚持一贯的原则,却认为这种观念不能够包含任何一般道德原则或完备性善的观念。这否认了社群主义视为根本性的东西:政治上认可并被社会成员所分享的完备性人类善的观念是一种社会条件和政治利益。当然,转向后的罗尔斯确实在公共政治观念的范围

---

[1] John Rawls, *Political Liberalism*, Columbia University, 1996, Introduction XVI. 万俊人此处的译文有误。中译本中的译文为:"一旦提出这个问题(提出了政治的正义观念与完备性学说之间的区分后),我认为,《正义论》有关公平正义和作为完备性或部分完备性学说的功利主义的具体行文还是清楚的。"参见罗尔斯《政治自由主义》,万俊人译,译林出版社,2000年,导论第4页。原著相应段落为:"Once the question is raised, it is clear, I think, that the text regards justice as fairness and utilitarianism as comprehensive, or partially comprehensive, doctrines。"

[2] 〔美〕约翰·罗尔斯:《政治自由主义》,万俊人译,译林出版社,2000年,第143页。

内承认一种为公民们共享的、内在的善,即受政治的正义观念有效规范的政治社会之善。《正义论》和《政治自由主义》都在某种意义上承认某些正义的共享的善的观念是一种社会条件和政治利益。但是《政治自由主义》与《正义论》中的看法不同,它要求这种善不能被公共地视为或确认为任何完备性伦理观念的一部分。

第三,《政治自由主义》中政治社会之善的观念超越了一般自由主义对政治关系的工具性的理解,后者只把政治制度视为达到个人目的或联合体目的的纯粹手段,因而沦为了"私人社会"的制度。罗尔斯强调,对于政治社会我们只能生入其中、死出其外,并且不可避免地要受到它的影响和塑造。社会基本结构的各种制度"具有着深刻而长远的社会效果,并在一些根本性的方面塑造着公民的品格和目的,亦即塑造着他们所是的和渴望成为的那种个人"①。罗尔斯指出,正义原则的设计是用来形成一社会世界的,在这里公民们首先获得了他(她)们的品格和个人观念,获得了完备性观点及其善的观念。但秩序良好的民主社会却与此不同,这种社会除了宪法规定的特殊社会目的之外,没有任何个人或联合体所拥有的那种先定的终极目的和目标,即那些在完备性学说中占有特殊地位的目的和目标。按照罗尔斯的规定,秩序良好的社会并不是私人社会。在秩序良好的社会里,公民们确有共同的终极目的,他(她)们能够认肯相同的政治正义观念,能够共享非常基本的政治目的。但它并不要求公民们认肯相同的完备性学说。公平正义(以及其他自由主义的政治正义观念)摒弃那种政治共同体的理想,如果这种理想意味着以一种(部分地或完全地)完备性宗教学说、哲学学说或道德学说为基础的政治社会的统一的话。后期罗尔斯虽然十分重视共同体的价值,但却拒绝社群主义者所珍视的那种政治共同体。这样,罗尔斯就在一般自由主义与社群主义之间采取了一条中间路线。视政治社会为一

---

① 〔美〕约翰·罗尔斯:《政治自由主义》,万俊人译,译林出版社,2000年,第71页。

种内在的善，虽然避免了工具性的国家观（从达到个人或者联合体目的的工具性的角度来理解政治社会），但实际上罗尔斯的主张还是与社群主义的观点相去甚远。由于社群主义把民主社会看作一种共同体，它必然会忽视建立在一种政治的正义观念之上的公共理性的限制范围，结果令立宪民主政体陷入困境。然而，立宪民主政体并不把社会统一的基础建立在公民们对完备性真理的一致见解之上，它并不要求那种无法得到公共理性证明的更为深刻的社会统一。

三　转向政治自由主义的内部动因

在《政治自由主义》的导论中，罗尔斯指出，在他"对《正义论》一书目的的概述中，社会契约论传统被看作是道德哲学的一部分，没有区分道德哲学与政治哲学。在《正义论》中，一种一般（general）范围的道德正义学说没有与一种严格的政治正义观念区别开来。在完备性的哲学学说、道德学说与限于政治领域的诸观念之间也未做任何对比"①。有学者以罗尔斯的这段话为依据，指出他《正义论》中提出的作为公平的正义是一种完备性的道德学说。这是缺乏依据的。在这段话中，罗尔斯只是说在《正义论》中"一种一般范围的道德正义学说没有与一种严格的政治正义观念区别开来"，但并没有承认《正义论》中的公平正义就是一种完备性的道德学说。

当然，这并不足以驳倒这种观点。因为支持这种观点的人还会指出，他（她）们并不是从罗尔斯的只言片语中得出的这种结论。之所以要把《正义论》中的作为公平的正义当作一种完备性的学说，是因为罗尔斯对公平正义提出了一种康德式的解释，这种解释蕴含了个人自主的道德承诺。康德式的解释是与合理多元

---

① 〔美〕约翰·罗尔斯：《政治自由主义》，万俊人译，译林出版社，2000年，导论第3页。万译本中"general"一词被翻译成"普遍"，但为了与"universal"区分开来（何怀宏等人译为"普遍"），我们把它改译成"一般"。

论的社会事实相抵触的，这使得罗尔斯不得不重新提出对公平正义的解释。确实，罗尔斯曾在公平正义与康德的道德哲学之间做过类比，并且在《正义论》后的一段时期，他对公平正义的阐释还展示出了较强的康德主义倾向。罗尔斯正是在这个意义上称公平正义为一种"部分完备的学说"。但我们不能据此宣称，罗尔斯在《正义论》中提出的两个正义原则就是某种完备性的道德学说的一部分，或者是从这种完备性学说中直接推导出来的，主张这种观点的人不但没有认识到公平正义的两个原则本身并不依赖于康德式的解释，而且也忽略了罗尔斯采用康德式的解释来说明公平正义的两个原则的目的。在《正义论》理论部分的证明中，罗尔斯只是从个人正义感这一理性事实出发，通过一系列理论设定得出公平正义的两个原则，整个过程并不以任何完备性学说为前提预设。

造成这种误解的原因，部分可以归咎于《正义论》的布局。《正义论》试图建立包含理论（原则）、制度与目的的完整的正义论体系，但是在具体的论证过程中，还会穿插某些实际上属于其他部分的问题（往往只是点到为止，而不给予详细的论证）。作为一个特例，在制度部分，"对公平正义的康德式的解释"是作为整节的标题被安放在"平等自由"之后的，然而这一节的内容与正义原则稳定性证明的关系更加密切。如果把第三部分的证明考虑在内，我们就不难发现，对公平正义的康德式的解释的一个重要目的是为了表明，基于康德式的自主的理由，公平正义的原则能够得到自由而平等的道德个人的认可。当然，这仅仅是《正义论》第三部分稳定性证明的一个组成部分。实际上，第三部分的其他章节（尤其是讨论理性计划的第 7 章，以及讨论道德心理学的第 8 章）也包含着大量的稳定性证明。纵观《正义论》全书，直到第 9 章稳定性证明的第二个阶段，即"一致性"论证的部分，公平正义的观念以康德式的伦理学作为更深层基础这一点才变得明显起来。"正当与善的一致性"论证的目的是要表明，在一个秩序良好的社会环境下，行事合理是理性的,这并不单纯是按照正义的要求行事或者把正义原则纳入个人理性的计划中(或善的观念中)。在公平正义的秩序良好的社会中,正义并非简单地作为一种工具性的,或者甚至作为一种实际追求的善(尽管弄清这一点也是罗尔斯稳定性证明的一部分)。一致性论证试图表明的是:正义是一种内在的善,一个因其自身之故就值得追求的目的;并且从本性上讲,正义是至高的善(the highest good),因为无论个人的最终目的是什么,正义的要求都对它们拥有优先性,对其他内在的善的追求无疑要受到正义要求的规范。作为一种善,正义起着至高的规范作用,相对于所有其他的善它拥有绝对的优先性。

如果罗尔斯的一致性论证能够成立,人们就能够理解公平正义如何指定了一个稳定的社会方案。因为这意味着在秩序良好的社会的理想背景下,公平正义有效地发挥着作用,公民们做出违背正义要求的行为在任何情况下都是不理性的,这是因为行事不正义与他(她)们(至高的)善相抵触。一致性论证提出的这种过高要求主要建立在对公平正义的康德式的解释之上:不仅仅按照而且出于正义的动机行事,我们就实现了作为自由、平等的理性存在物的本性,从而在道德上是自律的。[①]

罗尔斯的康德式一致性论证的基本含义是,正义是一种因其自身之故就值得追求的美德和目的,通过践行正义我们完全地实现了正义感的能力。正义感是一种按照正义原则行事的固定倾向,"对正义行为的欲望和表达我们作为自由的道德人的本性的欲望,在实践的意义上其实说的是同一个欲望"[②]。因此发展和实践按照正义原则本身行事的愿望就是实现个人正义感的道德能力,就是(与康德善良意志的观念相对应)实现在道德上自律的

[①] 参见罗尔斯《正义论》(修订版),何怀宏等译,中国社会科学出版社,2009年,第40节 "对公平正义的康德式的解释",第197—202页。

[②] 〔美〕约翰·罗尔斯:《正义论》(修订版),何怀宏等译,中国社会科学出版社,2009年,第452页。

道德能力。根据"亚里士多德主义的原则",实现我们本性中所隐含着的更高层次的能力是理性的,是最基本的善。[①] 也就是说,道德自律是一种内在的善。此外,根据这种本性,道德自律不仅仅相对于其他善来说是一种内在的善,由于正义原则的内容,它也是一种为了实现作为"自由而平等的理性存在物"的"人类本性"而起着至高的规范作用的内在的善。如此一来,因其自身之故而合理行事并持续地将自己的目的和追求置于正义的限制之下就是理性的。

罗尔斯稳定性证明的核心部分依赖于一种一般性的道德学说,它指定了一种关于个人道德自律(或自主)的部分完备的善的观念。值得注意的是,这种明显的康德式的论证并没有对解决《正义论》第一部分和第二部分的问题起到关键性的作用,这两个部分要处理的问题是:得出一部正义宪法的合理原则,以及判定确保它们的制度。根据罗尔斯的观点,即便在《正义论》中,我们也可以通过诉诸共同分享的深思熟虑的正义信念,以及关于社会制度运行的知识来得出"正确的概念"和正义的社会基础结构的制度。为了实现这样的目标,即便在《正义论》中也没有必要诉诸人类主体的本质和境况以及他(她)们内在的善这些深层次的哲学主张。这种考虑仅仅出现在《正义论》的第三部分,是为了表明第一部分提出的道德原则方案(它们是在独立的基础之上被证明为正当和合理的)同时也是善的,并且遵从和追求之都是理性的。于是,公平正义不仅表明了正义,而且还表明了其固有的稳定性。

那么,《正义论》中的稳定性证明到底存在着什么缺陷,以

[①] 罗尔斯把亚里士多德主义的原则解释为:"如其他条件相同,人们运用他们已经获得的能力(天赋的或从教育获得的能力)为快乐,能力越是得到实现,或实现的能力越是复杂,这种快乐就越增加。在这里,直觉的观念是,人们做某些事情越熟练,从中获得的快乐就越大,在两件他们能做得同样好的活动中,他们更愿意选择需要做更复杂和微妙的分辨力的活动。"参见罗尔斯《正义论》(修订版),何怀宏等译,中国社会科学出版社,2009年,第336–337页。

至于罗尔斯不得不对之做出修正，甚至要对公平正义提出一种新的解释呢？罗尔斯指出，《正义论》中受公平正义的原则有效规范的秩序良好的社会是一种在道德信念上相当同质的社会，其稳定性最终来自全体社会成员相似的道德信念。但现代民主社会不可避免地存在着完备性宗教学说、哲学学说和道德学说的多元化特征，从正义的立场来看它们都是合理的。民主的自由制度允许个人在这种社会里自由地运用他（她）们的理性，表达他（她）们的宗教观点、哲学观点和道德观点。这使得合理却又互不相容的完备性学说的多元论事实成为民主社会的永久特征。这种合理多元论的事实表明，《正义论》中公平正义的秩序良好的社会的理念是不现实的。在《正义论》的第三部分的一致性论证中，作为公平的正义与功利主义都被视为完备或者部分完备的学说。与公平正义相联系的秩序良好的社会的本质特征在于，它的所有公民都在完备性学说的基础上来认可这一观念。他（她）们对公平正义的两个原则的接受也是以这种学说为根基的。罗尔斯认为，这种理解与《正义论》全书的观念并不相一致，也不适应于现代民主社会合理多元论的事实。

在《正义论》第三部分的一致性论证中，罗尔斯赋予公平正义一种康德式的解释，它蕴含着对个人道德自主的承诺。考虑到合理多元论的事实，这种解释仅仅代表着那些认可此种观点的人的理想，却无法获得自由而平等的公民们的公共认可。在民主社会里，由于思想自由、良心自由和集会自由等基本自由受到保护，公民们必然会信奉不同的完备性宗教学说、哲学学说或者道德学说。社会统一的基础无法建立在人们对某一完备性学说达成一致之上，立宪民主政体也并不谋求这种深刻的社会统一。无视这一事实，试图树立对某一完备性学说的共同信念，就是要把这种完备性学说强加给那些并不信奉它的人。然而，这些人与真正信奉此种完备性学说的人一样，都是自由而平等的公民。把一种完备性学说强加给同为民主公民的他（她）们，违背了相互性的标准。

后期罗尔斯认为，秩序良好的社会应该以对那些与自由主义的政治正义原则相容的不同完备性学说和生活方式的宽容为标志。[①] 民主社会尽管存在着宗教信念、哲学信念和道德信念上的差异，但罗尔斯仍然相信，浸淫在民主文化中公民们凭他（她）们作为民主公民的能力而不是按照任何特定的完备性观念，能够同意并公开地认可和接受公共的正义原则来规范他（她）们的社会生活。然而，能够接受和认可一种自由主义的政治正义观念，这并不意味人们必须采取相同的方式来达到这一目标。也就是说，实现稳定性的目的只要求正义观念的正当性按照秩序良好的社会中人们所持有的不同的合理完备性学说得到非公共的证明（与之相对，对正义观念的表达却要求它必须能够按照自己的概念公共地证明其正当性）。可能存在着许多宗教观点、形而上学观点或道德观点，它们接受和认可公平正义是一种"正确的正义观念"，并把它当成自己的一部分。然而我们必须设想这样的可能性，信奉不同完备性学说的人们认肯正义原则（包括从原初状态出发的论证），不是（或者不仅仅是）因为在反思平衡中它与他（她）们深思熟虑的道德信念协调一致。相反，他（她）们认可公平正义是因为它是从他（她）们完备性的宗教和形而上学观点中得出的。罗尔斯只是要求公民从他（她）们信奉的各种完备性学说出发来认可政治的正义观念，至于在这一过程中他（她）们到底会依据什么样的自身理由，则并不是政治自由主义要关心

---

① 随着西方社会日益世俗化，在近代早期，宽容开始成为政治哲学中的一个重要的议题。17世纪的英国政治哲学家约翰·洛克就宣扬宗教宽容，他认为宗教信仰只涉及一个人的内心世界，这里不是世俗权力可以或者应该涉足的领域。教会作为人们信仰的联合体，并不应该掌握世俗权力。因此，对宗教异端教会能够做的唯一的一件事就是将其驱逐出教会。但是对于那些否认上帝存在的人即异教徒，是根本谈不上宽容的。20世纪的罗尔斯进一步拓宽了宽容的含义，他的政治自由主义对各种完备性学说也持一种包容的态度。不过，这仅限于那些合理的观点，宽容的边界止于那些非理性的、疯狂的观点。然而，由于对自由民主社会抱有信心，罗尔斯主张对非理性的甚至有些疯狂的观点也要尽量地宽容，引导它们尊重并最终接受立宪民主政体的那些根本性的政治价值。但是要防止它们蔓延开来，从而威胁到自由民主社会的根基。

的问题。具有合理多元论特征的民主社会中信奉不同完备性学说的公民，可能会依据不同理由来接受和认可像公平正义这样的政治的正义观念，但是他（她）们在进入公共政治领域的时候，这个观念本身却是作为所有人都接受和认可的公共的理由（公共理性）来使用的。罗尔斯观点的深刻之处在于，不仅正义原则的表达，而且对公平正义的完整证明（包括对正义原则的认可和接受）都作为公共文化的一部分能够公共地被达到。没有任何东西需要被隐藏而不能作为公共的观点。这就是他所谓的"完全的公共性"。

在《正义论》中，公平正义达到稳定要求公民们承认和接受相似的信念和最终目的。一致性论证通过表明正义与个人的至高利益相一致来推动个人行为：按照和出于正义原则来行事，人们就能够完全实现他（她）们正义感的能力以及道德自主的内在的善（这种善同时也是一种公共的善）。后期罗尔斯承认，即使是在秩序良好的社会里，公民们也会从可能与这种康德式的信念相冲突的宗教观点、哲学观点和道德观点来认可公共的正义观念及其支持的制度。如果不对《正义论》中的相应部分加以修正，就很可能会把对非康德式哲学和道德观点的公开的不宽容带进对公平正义的完全的公共证明，这无异于侵犯公民的良心自由、思想自由和言论自由。由于公共善的观念与许多公民的完备性观点相冲突，它还会影响公民们的自尊感，甚至破坏他（她）们对正义制度的忠诚。建立在康德式道德哲学基础之上的公平正义的秩序良好的社会的理念不具有现实性，因而《正义论》第三部分关于秩序良好的社会的稳定性解释也是不现实的，需要重新加以解释。在《政治自由主义》中，罗尔斯指出"民主社会政治正义的基本问题"是"由自由而平等的公民——他们因各种合理的宗教学说、哲学学说和道德学说而产生深刻分化——所组成的公正而稳定的社会如何可能长治久安？"[①] 它由两个基本问题结合而来：

---

① 〔美〕约翰·罗尔斯：《政治自由主义》，万俊人译，译林出版社，2000年，第3页。

第一个基本问题是"在被看作是自由而平等的、并在整个生活中世世代代都能充分合作的社会成员之公民间,具体规定其社会合作之公平项目的最适当的正义观念是什么?"① 罗尔斯认为,它们必定是自由主义的政治正义观念,作为公平的正义也许仍然是最合适的一种。第二个基本问题是"这样把合理多元论事实当作自由制度之不可避免的结果来理解和给定的宽容基础是什么?"② 它要求建立一种适合于拥有互不相容的完备性观点和善的观念的民主公民的稳定性证明。

第二节 新的稳定性证明

在《正义论》的初版序言中,罗尔斯指出,他的计划是"要进一步概括洛克、卢梭和康德所代表的传统的社会契约理论,使之上升到一种更抽象的水平"③,并借此提出一种正义原则,以取代长期占支配地位的传统的功利主义的解释。罗尔斯相信,"这种契约论的观点最接近于我们深思熟虑的正义判断,并构成一个民主社会最恰当的道德基础。"④《政治自由主义》并没有彻底放弃这一计划,它只不过是对这一目标的发展或扩展。"政治自由主义的问题是,为合理学说之多元性——这是自由民主政体的文化特征——可能认可的立宪民主政体,制定一种政治的正义观念。"⑤《政治自由主义》也关注为自由民主社会的公民们所接受的社会

---

① 〔美〕约翰·罗尔斯:《政治自由主义》,万俊人译,译林出版社,2000年,第3页。
② 〔美〕约翰·罗尔斯:《政治自由主义》,万俊人译,译林出版社,2000年,第3页。
③ 〔美〕约翰·罗尔斯:《正义论》(修订版),何怀宏等译,中国社会科学出版社,2009年,初版序言第1页。
④ 〔美〕约翰·罗尔斯:《正义论》(修订版),何怀宏等译,中国社会科学出版社,2009年,初版序言第2页。
⑤ 〔美〕约翰·罗尔斯:《政治自由主义》,万俊人译,译林出版社,2000年,导论第6页。

统一的合理基础问题。然而，它提出真正要处理的问题的方式却不同于《正义论》中提出问题的方式。在《正义论》的序言中，罗尔斯从一开始就明确了该书所要谈论的问题。但《政治自由主义》的开端给读者的感觉却是没有清楚地解释它的问题。《政治自由主义》开篇就围绕民主社会的背景提出了政治自由主义的两个基本问题，而且还在其行文过程中不断地提出一些问题。这可能会给人这样的印象，即《政治自由主义》处理的是一系列问题，而不是一个问题。但罗尔斯在《政治自由主义》中予以重点关注的确实是一个问题，即正义而稳定的立宪民主政体何以可能，不过这个问题是从不同的角度，用不同的表述形式提出来的。这个问题既可以表述为：能否为立宪民主政体制定一种政治的正义观念（作为公平的正义仅仅作为这类观念中的一种），在合理多元论的条件下，它能够得到各种完备性学说基于正当理由的认可；[①] 也可以表述为：一个拥有合理分歧的社会如何基于正当理由获得长治久安（这个问题与稳定性理念相关）；[②] 还可以被表述为：由因其认可的各种合理的完备性学说而产生深刻分化的、自由而平等的公民，他（她）们之间的公平的社会系统如何维持稳定。这种稳定是靠各种完备性学说基于正当的理由包容自由主义的政治观念来实现的，它不同于任何类型的临时协定。

一 基于正当理由的稳定性

在《政治自由主义》的导论中，在解释其转向的缘由时，罗

[①] 参见罗尔斯《政治自由主义》，万俊人译，译林出版社，2000 年，导论第 6 页。

[②] 参见罗尔斯《政治自由主义》，万俊人译，译林出版社，2000 年，导论第 13 页。政治自由主义的问题与稳定性问题相关，基于正当理由的稳定性是一个政治哲学问题，这就意味着罗尔斯关注多元社会稳定的方式与社会学家有着根本的不同。准确地说，罗尔斯真正关心的是在合理多元论的背景下，公平正义的秩序良好的社会如何才能确立和保持稳定，这是一个哲学（或者理论）问题，也一个实践问题（在理论或者理想对实践的规范意义上），但绝不是一个纯粹的社会学问题。

尔斯指出,《政治自由主义》和《正义论》之间的确存在着一些重要差异。"但要理解这些差异的本性和程度,就必须视之为源自力图消除内在于公平正义的一个严重问题时所产生的差异,亦即源自这样一种事实所产生的差异,这事实是:《正义论》第三部分关于稳定性的解释与全书的观点并不一致。我相信,所有差异都是消除这种不一致性的结果。若不然,这些演讲就会采取《正义论》一书的结构和内容,在实质上保持不变。"① 随后罗尔斯指出,令人惊奇的是"稳定性问题在道德哲学史上一直很少受到人们的重视",但是"对政治哲学来说,稳定性问题至关重要。"② 罗尔斯的一贯立场是,主张稳定性问题必须从一开始就被铭记于心,一种正义观念如果在稳定性上不能令人满意,就必须以某种方式加以修正。在罗尔斯的正义论中,稳定性问题实际上包含着两层含义。其一:在秩序良好的社会下,一种正义观念是否是稳定的,取决于它是否能够唤起人们对它的支持,并在实际社会生活中持续地践行之;公平正义的两个原则是否稳定,这本身就是正义论证明不可或缺的组成部分。其二:如果一种正义观念是稳定的,这就意味着受这种正义观念规范的社会也是稳定的,这种在根本性政治问题上具有高度共识的持续的社会稳定是秩序良好的社会最突出的特征。③

一般而言,说一个社会体系是稳定的,就是要表明它的正义

---

① 〔美〕约翰·罗尔斯:《政治自由主义》,万俊人译,译林出版社,2000年,导论第3页。
② 〔美〕约翰·罗尔斯:《政治自由主义》,万俊人译,译林出版社,2000年,导论第4页。
③ 罗尔斯认为,一个秩序良好的社会具有以下三个特征:第一,在该社会中,每一个人都接受并且知道其他人也接受相同的正义原则(这是正义原则的公共性条件中公共认可的含义);第二,人们具有这样的公共知识和信念,即这一社会的基本结构满足这些原则(这是受正义有效规范的社会的理念);第三,它的公民具有正常有效的正义感,因而他们一般都能按照社会的基本制度行事,并把这些社会基本制度看作是正义的。在这样的社会里,人们共享着评判社会基本结构是否正义的标准。参见罗尔斯《政治自由主义》,万俊人译,译林出版社,2000年,第36页。

原则能够得到预期的遵守，它的规范将会被遵从；当扰乱社会系统的背离和侵害发生的时候，稳定性的力量就会起作用，阻止这种背离和侵害的进一步发展，并使之恢复到原先的社会安排。当然，"一个社会要实现稳定有多种不同的途径。"① 对政治哲学而言，有价值的问题是何种性质的社会稳定才是真正值得期待的。"没有任何重要的政治哲学家（甚至包括霍布斯在内）会主张社会秩序具有绝对的价值。"② 他（她）们都认为，真正有价值的应该是正义的社会秩序，它包含着正确的规范和正义原则。对霍布斯而言，正义的社会秩序就是由自然法所规定的秩序。自然法是自然状态下的人们通向和平的手段，考虑到霍布斯对人性的幽暗理解，离开自然法，社会合作根本无法设想。对霍布斯而言，解决稳定性问题的关键就是要表明，每个人都能够从遵守自然法中得到好处，都有充分的理由不去违背它。霍布斯认为，存在着两个对正义社会秩序的维系具有重大意义的因素，即人的道德和主权者的权威。在社会契约论传统中，契约本身并不足以产生履行契约的义务，拒绝爽约的义务或者说道德必然有着其他的来源。在霍布斯看来，道德源自于人的自愿行为。霍布斯有一个很独特的观点，他认为即便是在受人胁迫的状态下，仍然存在着自愿行为。为了不使自己的自愿行为归于无效，个人必须为自己的自愿行为负责。"任何人的自愿行为目的都是为了某种对自己的好处。"③ 即便是那些不幸沦为受他人宰制之人，比如说战争中的战俘，他们也是自愿选择了自己的屈从地位。因为他们本来是既可以宁死不屈，也可以屈服于他人。所以失败者服从胜利者的意志，按照霍布斯的看法，这完全是一种自愿行为，借此换来了他们生命的保全。正是在这个意义上，霍布斯宣称："一个人无论

---

① Samuel Freeman, *Rawls*, Routledge, 2007, p. 245.
② Samuel Freeman, *Rawls*, Routledge, 2007, p. 245.
③ 〔英〕托马斯·霍布斯：《利维坦》，黎思复、黎廷弼译，商务印书馆，1985年，第100页。

在哪一种方式之下捐弃或让出其权利之后，就谓之有义务或受约束不得妨害接受他捐弃或允诺让出的权利的人享有该项权益。"①他认为，个人自愿听从自然法的召唤，放弃为所欲为的权力，因而便有遵从自然法的道德义务。

即便霍布斯对道德的理解是成立的，仅凭道德也不足以实现秩序。霍布斯当然也了解这一点。他指出，自然法在内部范畴内（in foro interno）确实是有约束力的，但在外部范畴内（in foro externo）却并不总是具有约束力的。也就是说，所有人都应当期望这些自然法生效，在思考问题时应当重视自然法的规范；然而，这并不意味着个人在任何情况下都应当永远恪守自然法。假如别的人都不履行自然法，或者如在自然状态下那样，无法期待别的人会这样做，那么独自履行自然法的人就是愚蠢的，一个人这样做只能给自己招来祸害。这样一来，在自然状态下根本就没有任何人会履行自然法。按照霍布斯的观点，只有依靠主权者的权威才能让人们摆脱自然状态下的困境，只有（通过社会契约进入社会状态）依靠主权者颁布的法律才能够维系社会秩序。对霍布斯来说，政府的主要作用就是给予每个人充分的保证，让他们确信法律将会被执行。通过强加一种具有公共强制性的惩罚系统，政府消除了个人对别的人可能会不遵守法律的顾虑。如果没有这种保证，个人自愿遵从规范就是不理性的。如此一来，遵从自然法的道德义务就转化为这样一种要求，即当一个人知道（或有理由认为）别的人都在履行自然法的时候，他就有遵守自然法的道德义务。在这样的情形下，他对自然法的信守就不会被别人利用。

从机械唯物论的观点出发，霍布斯认为人的行为是为支配性的自我利益所驱动的。他把自然法仅仅视为识时务的指令，把道德简单地还原成了个人自愿行为基础上的理性计算，对道德原则

---

① 〔英〕托马斯·霍布斯：《利维坦》，黎思复、黎廷弼译，商务印书馆，1985年，第99页。

和道德本质的这种理解本身只会削弱甚至瓦解道德义务。吊诡的是，霍布斯的自然法居然会排斥任何具有实质性内容的个人行为规范。由于任何明智的个人准则都必须顺应不断变化的形势，因而不可能存在任何稳定的、具有普遍性的行为规范。与实质性道德原则的非确定性相联系的是，个人在履行道德义务的时候总是存在来自他人的限制。根据他对人性的这种暗淡设想，霍布斯主张解决稳定性问题的唯一途径就是赋予一个（法律上的）人格，即"主权者"近乎绝对的权威，由他来颁布普遍性的法律（用法律形式来规定自然法的内容），并以强制力为后盾保证法律的执行。霍布斯真正关心的是道德的实质内容如何出现（任何社会秩序都要求实质性道德规范或理想在某种程度上的确定性），而不是道德本身如何起源的问题。他认为解决这个问题的关键就是，把决定权交给主权者，依靠一个意志来决定（制定法律来落实自然法）就可以避免谋求个人利益的人们在这个问题上产生无谓的争执。霍布斯既不试图（像康德那样）通过对道德本质的探究来唤起个人的道德动力，也不试图（像罗尔斯那样）诉诸人的道德能力，通过反思平衡得出的正义原则来给予这些能力明确的指导。然而，如果公民们普遍缺乏道德动力，这就意味着他们在订立契约的时候根本就缺乏守约的愿望；在缺乏守约愿望的情况下缔结契约，根本就不存在真诚的缔约行为，高风险的缔约会给维护这种契约的主权者造成极大的压力，并把他的权力推到极端。

在霍布斯的观点中，外在的强制为稳定性提供了主要的基础。与霍布斯观点形成鲜明的对比，罗尔斯对人性做出了不同的设想，并在此基础上构想了一种更为合理的社会稳定观。罗尔斯的社会契约论依赖于对个人道德能力的较高评价。罗尔斯并不把自我利益设想成个人的唯一动机，而是主张人们通常具有一种正义感，这包括遵从一种公平合理的合作项目的愿望，以及在相互尊重的良好关系下为他（她）们的行动提供能够得到其他人合理接受的正当性证明的愿望。罗尔斯认为，自由而平等的公民具有两种基本的道德能力,即正义感和理性地追求和实现自己善的观念的能力。在罗尔斯的正义理论中,除了彼此尊重、互惠、担当"承诺的压力"以外,正义感还包含公平协议、公正立法等内容,它蕴含着更加丰富的道德确信。罗尔斯认为秩序良好的社会的稳定性主要依靠的就是这样的道德动机。因而,对罗尔斯来说,稳定性问题之构造便与霍布斯的观点不一样,并且也有不同的解决途径。从个人具有正义感这个一般的事实出发,罗尔斯提出了公平正义的两个原则。《正义论》第三部分的目标是要表明,一种正义的安排如何能够自我巩固并达到内在的稳定性。对罗尔斯而言,社会稳定的前提是存在着能够为公民们所共享的评价社会基本结构的正义原则标准,而且它是被放在秩序良好的社会的理念之下来设想的。在罗尔斯的心中,社会稳定就是基于正当理由的稳定。在其理想的状态下,公民们都能够从各自完备性学说出发来认可和接受相似的正当理由。把社会稳定作为政治哲学的唯一目标,忽视罗尔斯正义论中所主张的社会稳定的特殊性质,很容易误解罗尔斯正义论的稳定性证明。

二 后期罗尔斯关注稳定性的方式

在《政治自由主义》的导论中,罗尔斯指出他在《正义论》中"没有区分道德哲学与政治哲学"。[①] 作为道德哲学的一个分支,政治哲学必须回应自由民主社会作为事实而存在的实践问题。政治哲学处理的对象是民主政治中的公共的事务,它是一门以特殊政治领域中的问题为主题的公共伦理学。与一般的政治哲学学说相比,政治自由主义的独特之处在于,它强调在合理多元论的条件下,民主的政治哲学要对它必须处理的问题做出回应,就必须限制自己的抱负,采取一种独立的和中立的立场,这是

---

① 〔美〕约翰·罗尔斯:《政治自由主义》,万俊人译,译林出版社,2000年,导论第3页。

"民主的"这一限定语所要求的。民主的政治哲学不应该试图去处理那些充满争议的形而上学或认识论问题,或者包括完备性道德理论和一般价值理论。这并不是说,它没有留下任何社会和政治批评的余地。而是要求,这样的批评是根据许多不同的视角都可以理解和认可的概念和原则来进行的。民主的政治哲学确实排斥那种直接诉诸完备性学说的辩护,因为对民主社会中的公民而言,行事合理(与理性行为相对)在某种程度上就意味着愿意根据分享的前提来进行说理,并根据所有人都能接受的原则来证明其行为和结果的正当性。

罗尔斯把民主社会中政治哲学的主要目的设想成是实践的(与认识论的或形而上学的相对①),它要为自由而平等的民主公民之间的公共证明以及针对社会基本结构的政治协议提供基础。这种基础由一系列概念和原则组成,它们构成了论据和判断的标准,按照这些标准公民们能够针对公共问题进行争论、批评彼此的行为,并证明其行为的正当性。然而,合理多元论的事实在相当程度上限制了公共证明和争论的条款。在公共讨论中能够被视为公共理由的共同考虑必须为广泛冲突的观点所接受,并与它们相容。否则,这些理由就不能够在公共证明中发挥作用,民主的政治哲学也不能达到它为公共证明提供基础的实践目标。民主的政治学要获得成功,就必须表达着公民们"共享的和公共的政治理性"②。"要获得这样一种共享理性,正义观念就应该尽可能地超脱公民们所认肯的各种相互对立和冲突的哲学学说与宗教学说。在系统地阐述这一观念时,政治自由主义将宽容原则运用到

---

① 在罗尔斯看来,宗教裁判所和宗教战争的历史记忆,现实的意识形态冲突,以及价值问题上的旷日持久的争论,使得任何清醒、理性的自由主义者都不得不承认理想证明的理念(注意:有理想的公共证明的理念,就有非理想的公共证明,理想与非理想的两个层次贯穿着《政治自由主义》的论证)成为了一个政治学的问题,而不是认识论的或形而上学的问题。政治哲学的工作就是来弥合冲突,促使人们在更抽象的层面上达成一致。
② 〔美〕约翰·罗尔斯:《政治自由主义》,万俊人译,译林出版社,2000年,第9页。

哲学本身。"① 为了达到这一点，首先就必须提出（或者使用罗尔斯的术语"表达"）一种能够与各种完备性观念相容的正义观念。

如果政治哲学要达到这种程度的"宽容"，并实现为公共证明和协议提供基础的目标，那么它就必须是"独立的"和"学说上自主的"（doctrinally autonomous）。作为独立的观点，政治哲学必须能够被公开地陈述，并能够按照作为民主文化一部分的"根本理念"以及民主公民们所共同享有的深思熟虑的正义信念做出正当性证明。在其公共证明中，政治哲学并不依赖于有争议的形而上学和认识论前提，或者完备性道德或宗教学说。同时，它的公共证明作为一种独立的观点，也不能排除对相同正义原则其他种类的论证。罗尔斯认为，民主正义原则也拥有按照不同的甚至相互冲突的合理完备性观点来提供的其他非公共证明，这一点是可欲的，并且与个人的良心自由相适应。确实，如果政治自由主义是可能的，这样的非公共证明似乎也是一种实践上的必然；反之，政治的正义观念就不能够实现持续稳定，因为一种被罗尔斯称为"重叠共识"的基础不能形成。

罗尔斯正义论的目标主要是实践的（这与他对政治哲学的作用的理解相关），这就意味着它必须对自由民主社会政治实践中的问题做出回应。然而，《正义论》第三部分中的稳定性证明却很少关注自由民主社会的政治实践，而是单纯从理论的角度（道德心理学的角度以及正义与个人至高的和内在的善相一致的角度）来考察公平正义能否被人认可和接受，并持续践行之。在《政治自由主义》中，为了克服旧的稳定性证明的缺陷，罗尔斯重新构想了一种适合于合理多元论事实的稳定性证明。新的稳定性证明并不单纯针对着公平正义的秩序良好的社会，也不再依赖于一种完备性道德学说的支撑。后期罗尔斯关心的问题并不是作为公平的正义能否适合政治自由主义的目标，而是政治自由主义

---

① 〔美〕约翰·罗尔斯：《政治自由主义》，万俊人译，译林出版社，2000年，第9页。

本身何以何能。

在《政治自由主义》中，罗尔斯认为稳定性包含着两个问题："第一，在正义的制度（这些制度是按照政治正义观念来界定的）下成长起来的人是否获得了一种正常而充分的正义感，以使他们都能服膺这些制度。第二，考虑到表现一民主社会之公共文化特征的普遍事实，尤其是合理多元论的事实，该政治观念是否能够成为重叠共识的核心。我假定，这种共识是由各种有可能在一种正义的基本结构（它是按照政治观念来界定的）内部长期得以保持并不断赢得信奉者的那些合理的完备性学说所组成的。"① 这两个问题分别有着不同的答案，第一个问题可以通过道德心理学来给予回答（《正义论》的第三部分给出的相关论证基本上还是有效的），第二个问题在《政治自由主义》中则是通过重叠共识的理念来给予回答的，或者说是通过考察政治正义观念如何成为重叠共识的核心来给予回答的。

为了说明这个问题，罗尔斯对比了政治观念关注稳定性问题的两种不同的方式。其中的一种方式把稳定性看作是一个纯实践的问题。"也许我们认为有两种各不相同的工作：一种工作是制定出一种政治观念，它至少在我们看来是健全的或合理的；另一种工作是找到使那些反对这一观念的人也能与我们一起去分享该观念的方式。或者如果找不到这种方式，则尽力使他们按照这一观念来行动，若有必要，可以通过国家权力实施惩罚来达此目的。只要我们能够找到说服或强制的手段，就可以把这一观念看作是稳定的。"② 但这种方式并不是罗尔斯关注稳定性的方式，《政治自由主义》回答稳定性的两个问题答案，都是出于对一种基于正当理由的稳定的关注。之所以需要这种稳定性，是因为罗

---

① 〔美〕约翰·罗尔斯：《政治自由主义》，万俊人译，译林出版社，2000年，第149页。
② 〔美〕约翰·罗尔斯：《政治自由主义》，万俊人译，译林出版社，2000年，第150–151页。

尔斯本人的公平正义是一种自由主义的政治观念，它以能够为理性而合理的、自由而平等的公民所接受并成为他（她）们所诉诸的公共理性为目的。在立宪民主政体中，自由主义的这一特征决定了其政治权力的行使方式。也就是说，这种政体下的政治权力乃是作为一个集体性实体的平等公民的权力，如果类似于公平正义这样的观念不能赢得那些信奉合理然而却相互冲突的完备性学说的公民的理性的支持的话，它们就不可能是自由主义的。

> 因此，关键在于，稳定性问题并不是让那些反对某一观念的人来分享该观念的问题，或者说，是通过有效制裁——如果需要的话——让他们按照该观念来行动的问题，仿佛我们的任务就是，一旦我们确信这一观念是健全的，就要立刻找到将该观念强加于人的方式。相反，公平正义只有用一种恰当的方式通过在其自身框架内表明其用意，来赢得每一个公民的理性支持，才能首先成为合理的。惟其如此，公平正义才是一种对政治权威之合法性的解释，这一解释与另一种解释是相对立的，后者认为，那些掌握着政治权力并只关心如何才能满足他们自己而不是普遍满足所有公民的人的所作所为是恰当的。一种政治合法性的观念以寻求公共的证明基础为目的，它诉求于公共理性，因而诉求于被视为理性而合理、自由而平等的公民。①

罗尔斯强调，关于政治的正义观念的稳定性证明必须诉诸自由民主社会的政治文化，并联系民主政治过程来进行。罗尔斯承认，重叠共识只是一种理论上的可能性（在这个意义上，可以把它当成是一种理想），但民主社会的成员们却可以在他（她）们的政治实践中把它创造出来。也就是说，自由主义的正义观念能

---

① 〔美〕约翰·罗尔斯：《政治自由主义》，万俊人译，译林出版社，2000年，第152页。

否成为重叠共识的核心,这一问题必须联系民主政治过程来理解。正因为如此,罗尔斯才会强调,政治哲学在处理稳定性问题的时候必须关注实践中的问题和可能遇到的情形,绝不能把这个问题当成一个纯粹的思辨问题。但又不可能像霍布斯那样太注重实践方面的问题,结果把主权者的权威看成是解决稳定性问题的关键。如果仅仅从实践的角度来理解稳定性问题,就很容易把它误认为一个统治的技术问题。但是,按照罗尔斯对政治哲学的理解,它并不试图为现实生活中的政治问题提供一个具体的解决方案(或者说提出有针对性的对策),这就决定了政治自由主义关注稳定性的方式,它所探讨的毋宁是"各种确保该稳定性的力量之本性"。① 也就是说,政治自由主义还更多地是从理论的(或者理想的)角度探讨稳定性问题,但这种理论探讨是与一个具体的实践背景相联系的。

三 重叠共识的理想及其可能性

罗尔斯的正义论试图建立包含着理论(原则)、制度和动力的完整的正义理论体系(在《正义论》中三个部分的比重是大致均等的),这一抱负在《政治自由主义》中仍然保留着,只是理论重心有所转移。现在,罗尔斯的问题并不单纯是要建立一种能够取代功利主义、接近于人们深思熟虑道德信念的正义原则(这个问题在《正义论》中已经做出了回答并基本上可以维持原样),而是追问正义而稳定的立宪民主政体何以可能。罗尔斯认识到,即便政治哲学家们相信自己提出的正义观念能够为合理而理性的公民们所共享,他(她)们也要展示公民们是如何获得这样一种共享的理念的,从而保证其稳定性。对稳定性的关注构成了完整正义论证明的一个不可或缺的组成部分,并且成为《政治自由主

---

① 〔美〕约翰·罗尔斯:《政治自由主义》,万俊人译,译林出版社,2000年,第151页。

义》重点加以论述的内容。①

放弃《正义论》中以康德式的道德学说为基础的稳定性证明，意味着罗尔斯必须在新的稳定性证明中用其他的论证来替补它，这就是引入重叠共识的理念的意义之所在。《正义论》中的稳定性证明主要由两个部分组成，《政治自由主义》对两个部分的相应内容都做出了修正。首先，它联系具有合理多元论特征的现代西方民主社会这一特殊的背景，进一步发展了《正义论》中的道德心理学论证（新的道德心理学是严格的公民的道德心理学）。为了区别于《正义论》中的论证，罗尔斯现在称他的道德心理学为"合理的道德心理学"，这种道德心理学论证能够把合理分歧或合理多元的状况考虑在内。其次，它要表明正义如何在公民的善的观念之内取得充分的重要性，以至于当正义向他（她）们的目的或承诺提出要求时，能够成为他（她）们行为的推动力量。在这一部分，重叠共识的理念被用来填补放弃康德式的一致性论证所留下的缺口。

罗尔斯承认，重叠共识与哲学论证相比是一种更具有不确定性的假设，因为它是建立在一种关于道德心理学和对公平正义的秩序良好的社会中个人间互动的"一种明智的猜想"（an educated conjecture）② 之上的。罗尔斯的假设是：在使公平正义得以实现的秩序良好的社会中，合理的完备性学说都会根据其自身的理由来确认独立的公共正义观念；并且不合理的完备性学说（包括那些不理性的、疯狂的和侵略性的观点）将不会拥有足够的追随者以至于破坏一种正义方案的稳定性。重叠共识是不是一种遥不可及的乌托邦式的设想？在《政治自由主义》中，罗尔斯提出了重叠共识可能产生并且保持稳定的两个阶段来回应这种疑虑。在

---

① 出于体系完整的考虑，《政治自由主义》也包括理论和制度部分，但这两个部分仅仅是对《正义论》中相关内容的一些细节上的补充和修正，因此占全书比重非常小。
② 〔美〕约翰·罗尔斯：《政治自由主义》，万俊人译，译林出版社，2000年，第15页。

第一个阶段产生一种宪法共识，在第二个阶段才产生一种重叠共识。第一个阶段的宪法共识满足了政治正义的某些自由原则，但是宪法共识还谈不上深刻，作为一种宪法共识，这些原则仅仅作为原则而为人们所接受，而不是作为以政治的社会和个人的理念为根据的原则，更不是作为一种共享的公共观念为人们所接受。除了不够深刻，宪法共识也不广泛，它的范围狭窄，只包括民主政府的政治程序，而未包括整个的基本结构。第二个阶段形成的重叠共识在深度和广度上都超过了宪法共识。"一种重叠共识的深度，要求其所达成共识的政治原则和政治理想必须建立在一种政治的正义原则之基础上，该政治的正义原则适用于公平正义所阐释的那种社会理念和个人理念。而其广度则超出了那些将民主程序制度化的政治原则，进一步包括那些涵盖着作为整体之基本结构的原则。因此，它的原则也确立了某些诸如良心自由、思想自由以及机会均等和包括某些根本需要的原则的实质性权利。"①在做出这种区分的基础之上，罗尔斯勾勒了一种自由的正义观念，最初作为一种临时协定的默许，如何随着时间的变化，先变成宪法共识，再变成重叠共识。

除了形成阶段的历时性分析，在《政治自由主义》中，罗尔斯还列举了西方民主文化传统中的几种重要的道德观念，指出它们都能够在其自身理由和思想资源的基础上来认可和接受政治的正义观念，而且在这一过程中并不存在任何策略主义的妥协（罗尔斯称之为"临时协定"）。康德的道德哲学及其自律思想会从其观点内部推导出这种政治观念；功利主义也会出于以下的理由支持该政治观念，诸如人们对社会制度有限的了解、必须面对不断发展的环境，以及原则的简明性要求等；而价值多元主义则原本就认为政治领域的价值应该有其独立的解释。也许还存在其他可能的道德观念，但罗尔斯认为这三种道德观念足以说明完备性观

---

① 〔美〕约翰·罗尔斯：《政治自由主义》，万俊人译，译林出版社，2000年，第174－175页。

点与政治观念之间的可能关系。再加上历史上的宗教学说大多接受自由信仰的原则（因而是合理的），它们也能够依据其内部的理由来认可和接受政治的正义观念，或者至少不去反对它。于是，在重叠共识的理念中，我们就有了一种不同的一致性论证，即"一种公共的和非公共的理由和观点的一致性论证"①。独立的民主正义观念从公共的观点来看是合理的，并以一种普遍的和公共可证明的方式建立在共享的民主观念基础之上。但它同时也以非公共证明的方式，被许多完备性的观点当成是合理的和真实的。这是因为公共的正义观念能够从所有合理完备的视角出发被视为合理的或者真实的，但又不要求这些非政治的价值做出妥协。如此一来，对公共可证明的正义观念就有了一种重叠共识。

假如罗尔斯的"一种明智的猜想"是成立的，还存在着秩序良好的社会中的公民如何持续地践行正义的问题。即便在秩序良好的社会中，所有人都拥有有效的正义感和按照由公平正义所规定的、正义的法律和制度行事的愿望，还有什么能够保证，当正义与人们在其完备性观点的内部所认可的其他价值相冲突时，不会被迫做出让步。这里涉及的是正义的优先性问题（这种优先性并不要求它成为个人生活的唯一内容）。在解决这个问题时，罗尔斯不能再诉诸作为一种内在道德上的善的正义，尤其是其（作为至高的善所拥有的）最高的规范地位。正义能够成为秩序良好的社会中的每个人内在道德上的善的观念，已经随着康德式的一致性论证一道被抛弃了。

罗尔斯承认，对于某些人，确实很难指望他（她）们将自己非政治的目的置于正义之下。然而，在民主政治的条件下，以下因素还是能够保证政治价值在个人信念中占有优先的地位。首先，针对特定正义原则的内容，人们被要求做出相关决定的情形并不常见，这样就不会破坏稳定性。与希腊城邦时代相比，在现

---

① Samuel Freeman, *Justice and the Social Contract: Essays on Rawlsian Political Philosophy*, Oxford University Press, 2007, p.192.

代自由民主社会中，政治生活的重要性已经降低，参与政治生活不再是价值的主要（甚至唯一）来源。在法治状态下，公民们可以把大量的精力投入到自己的事业上，他（她）们的抱负更多的是谋求市场中的成功。① 与这一事实相适应，公平正义对各种合理的完备性观点施加的是最小的限制，自由民主社会中的公民拥有良心自由以及其他基本自由，每个人都能够自由地认可、追求和实现他（她）们不同的合理的善的观念。

其次，许多合理的完备性学说同样关注个人基本权利。"对于许多合理的学说来说，许多政治的和非政治的价值也会在其内部得到表达和规范。"② 在西方文化传统的内部，这一点是显而易见的，因为西方政治传统本身是在西方文化发展的历史长河中孕育的。甚至在非西方的文化传统中，也可能包含着某些现代政治价值的胚胎。例如，中国古代的道家思想便在某种程度上支持个人自主。还有的学者考证，麦加时代的伊斯兰教义也对男女平等和信仰自由持支持的态度。此外，人们还不难发现，世界上几乎没有哪种宗教会否认正义的价值。倘若我们承认，政治价值已经在许多合理的完备性学说内部得到了某种程度的表达，那么我们就完全可以期待，对一公正而持久的立宪政府的忠诚，会在这些合理的完备性学说内部赢得突出的地位。

再次，在民主文化下成长起来的人们已经受到了政治正义观念的教育。他（她）们能够意识到，正义和宽容对他（她）们成

---

① 当然，政治自由主义并不反对这样的（古典共和主义）观点，只要它并不以一种完备性学说为前提：如果民主社会的公民们，想要保持他们的基本权利和自由，他（她）们就必须具备高度的公民美德，愿意参加公共生活。因为，如果没有一个坚实而理性的公民实体对民主政治生活的广泛参与（这肯定伴随着个人向私人生活的退却），即便是设计得最好的政治制度，也会落入野心家、政治掮客或者极端宗教派别之手。对自由的捍卫需要那些拥有维系立宪民主政体所必需的政治美德的公民们的积极参与，它需要一种与犬儒主义相对抗的公民美德。参见罗尔斯《政治自由主义》，万俊人译，译林出版社，2000年，第217－218页。

② 〔美〕约翰·罗尔斯：《政治自由主义》，万俊人译，译林出版社，2000年，第418页。

功地追求其完备性的观点而言是有益的。他（她）们受到公共文化的鼓励，能够尊重他人的基本权利并坚持正义；而且他（她）们也受到履行公民义务（the duty of civility）的教育，能够提出公共可接受的理由来为会对其他人造成影响的行为提供正当性证明。在个人善的观念与公共正义观念相冲突的时候，这样的政治文化自身就拥有减轻个人偏离正义的可能性的力量。此外，由于公民拥有言论自由，他（她）们便能够自由地对社会基本结构提出批评。他（她）们将在这种自由的批评活动中，学会公共生活的技巧，熟悉政治生活中的问题（如权力的分配等），理解政治秩序的合法性根据，并通过法律使他（她）们基本的道德能力得到确认和明确的规定。在这样的政治秩序下，公民们的文明举止会更加普遍，公民之间公平、忠诚、相互尊重和博爱的美德也会日益巩固。这些都是可以期待的。

值得特别提一下的是，在罗尔斯看来，重叠共识的理想之所以可能，还有非常关键的一点，那就是第一个阶段的宪法共识是比较容易形成的。"（在形成宪法共识的阶段）我们的各种完备性学说的某些不严格性，以及它们尚未达到充分完备的状态可能具有特殊的意义。"[①] 这使得自由主义的正义原则能够以多种形式与完备性学说相适合。在现实生活中，又有多少人真正是出于完备性的学说（比如说对上帝的信仰或者康德、密尔的道德哲学）来认可正义原则的呢？多数人在认可宪法中所体现的正义原则的时候，可能根本没有意识到正义与他（她）们的观点之间存在着任何特殊的联系。他（她）们逐渐领会了正义原则为他（她）们自己和他（她）们关心的人带来的益处，即便以后他（她）们认识到了两种观点之间的不一致，也很可能会调整或修正其完备性的观点，与正义保持一致，而不是拒绝正义。

除了一些积极的因素外，重叠共识的理想得以可能，还要求

---

① 〔美〕约翰·罗尔斯：《政治自由主义》，万俊人译，译林出版社，2000年，第169页。

秩序良好的社会中的那些不合理的完备性学说将不会赢得足够的支持者以至于破坏稳定。罗尔斯指出,民主社会存在着三种主要的冲突:公民间互不相容的完备性学说导致的冲突;他(她)们不同的社会身份、阶级地位和职业所导致的冲突,或他(她)们不同的种姓、性别和民族导致的冲突;由判断的负担(burdens of judgment)所导致的冲突。罗尔斯认为立宪民主政体中的公共正义原则能够调和第二种冲突,并在很大程度上消除这类冲突发生的根源(由于它满足了相互性的标准)。对于由判断的负担所导致的冲突,政治自由主义则无能为力,这些冲突会一直存在,并限制着公民们可能达成一致的性质和程度。最后,"政治自由主义能够缓和但无法消除第一种冲突,因为从政治上讲,各种完备性学说是不能相互调和一致的。"① 对于不合理的完备性学说,政治自由主义的态度与其说是试图调和它们,不如说是试图包容它们。这就重申了罗尔斯这样的一个观点,即民主的正义原则并不是各种既定的、本质上相互冲突的利益和欲望之间的一种妥协。它并不是一种临时协定,而是一种政治的观念,它从一开始就是从独立于特殊利益和欲望的、民主的自我意识和信念中发展起来的,并被展现为对自由而平等的道德个人之自我观念以及一个秩序良好的社会之理念的表达。只有这样政治自由主义才能表明正义是如何与人们的善相容的。罗尔斯承认,某些非理性的、疯狂的和侵略性的观点将会被排斥在重叠共识之外。罗尔斯身上既没有中产阶级左派常见的社会洁癖,不愿正视不合理的观点,更没有乌托邦主义者的狂妄,要人为地取消它们的存在。他预见到,即便在最理想的情况下,不宽容、偏执和侵略性的行为也可能会发生。一个秩序良好的社会并不是一个乌托邦,在那里一切非理性和不合理都消失了。然而,根据罗尔斯的推测,在秩序良好的理想社会里,那些被排斥的观点受到社会和政治条件的恩惠,比

---

① 〔美〕约翰·罗尔斯:《政治自由主义》,万俊人译,译林出版社,2000年,平装本导论第48页。

如政治文化缺乏宽容性、贫困和失业、缺少公平的机会等，挑战正义秩序的可能性被大大地降低了。虽然最终某些不合理的学说会被排斥在重叠共识之外，但由于在没有基于合理性明确的充分根据的情况下，政治自由主义事先并不对任何完备性学说加以排斥，这就为此类学说接受政治正义的观念创造了条件，即使这种接受最初可能会是十分勉强的。

到此为止，罗尔斯的稳定性证明还不能完全让人满意，因为它们都依赖于一种假设性的猜想。由于失去了任何形而上学的依托，新的稳定性证明并没有原先的一致性论证那么坚固。回忆一下，《正义论》中的一致性论证以康德的道德哲学为依托，强调了作为一种内在的善的正义对其他价值的优先性。① 然而，罗尔斯的修正却使得调整后的关于稳定性的情形更加具有现实性。有了重叠共识的理念之后，罗尔斯无需再依靠一种有争议的、一般和部分完备的康德式的伦理观点来证明正义观念的稳定性，这使得作为公平的正义对其他完备性观点的政治宽容程度极大地增加了。在合理多元论的条件下，这一事实本身就应该能够增强稳定性的力量。

此外，在《政治自由主义》的"正当的优先性与善的观念"一讲中，罗尔斯还提出公共的正义观念自身也包含着政治上的善的主张，这种善的观念进一步巩固了稳定性证明。"政治上的善"所指的不仅仅是政治背景中可欲的或必要的善，而且还是对正义观念独立的公共证明的一部分。罗尔斯列举了五种政治上的善的观念②，在这些作为公共正义观念一部分的善的观念中，不仅包

---

① 依靠一些形而上学的观点，例如，康德关于善良意志是至高的善的观点，《正义论》的最后一部分（目的部分）为稳定性问题提供了可靠的论据（这一部分的内容并不属于罗尔斯对正义原则的论证，而且直接提供论据也与证明的理念相矛盾）。由于把合理多元论的事实考虑在内，《政治自由主义》将不能直接援引这样的论据。

② 它们分别是理性的善（这种善的观念对政治的正义观念是合适的）、自由而平等的公民们所需要的基本善、可允许的完备性的善的观念、政治美德，以及秩序良好的（政治）社会。

含着基本善这样的工具性的善，而且还包含着正义和政治社会这类内在的善（虽然它们仅仅在公共的政治观念范围内被视为一种内在的善）。对罗尔斯而言，当善的观念运用于政治背景中时，从一种慎思的理性角度来看，与理性选择原则相一致的意愿就是理性的（这是"善的弱理论"的基础）。于是，如果人们想要享受民主社会合作的机会和利益，实践公民能力的意愿就是理性的。但，说正义是公共政治观念范围内的一种内在的善又意味着实践公民能力的意愿自身就是有价值的。在这个意义上，实践两种基本的道德能力就是公民们最高阶的利益。如果搁置人们完整的善，公民们通过践行正义来实现公民能力，从而成为政治上自主的；被公共地承认拥有平等公民身份（这是民主社会自尊的主要基础）；以及以相互协作的方式来建立且持续地维系秩序良好的社会的制度，并成为参与其中的成员等意愿就都是理性的。这些再加上政治社会的善构成了罗尔斯所谓的作为对公平正义的公共证明一部分的内在的政治上的善。当然，一旦人们完整的善被考虑在内，从个人完备性的观点来看，正义就可能不是一种内在的善。但重要的是对正义观念的公共证明并不依赖于对正义之善的一种纯粹工具性的说明。

《正义论》出版以后，公平正义的理论受到了众多的批评。不仅如此，许多政治哲学家还提出了与公平正义针锋相对的正义观念，比如诺齐克的持有正义观念，沃尔泽的多元正义观念等。公平正义的观念所引起的争议似乎比它受到的赞同还要多，我们同样可以想象诸如重叠共识之类的理念遭人反对的情况。那么人们是否可以据此来怀疑重叠共识理念的可能性呢？罗尔斯的态度是，在回答这个问题之前，先要弄清楚实践（政治）问题与理论（哲学）问题之间的区别。

罗尔斯强调，并不是因为完备性学说在重大问题上的分歧容易引发冲突而将之排斥在政治议程之外，之所以不把这类争议列入政治议程是因为这样做是合理的。实际上，属于政治议程之列的某些问题仍将是有争议的,至少在某种程度上是如此,对于政治问题来说,这种情况是完全正常的。罗尔斯承认,即便是在作为头号资本主义强国的美国,其日常政治生活中也仅仅存在着对一有效的政治宪法的各种原则与规则的较肤浅共识,而在其他相对具体的政治问题上则通常是争议不断的。所以美国实际上所取得的更多的还只是一种宪法共识,但就其眼下实际能够达到的目标而言可能已经足够了。不管怎么样,按照罗尔斯的观点,不把完备性学说列入政治议程,从结果上来看,能够使我们绕过某些最深刻的争论,同时也为我们提供了发现稳定的重叠共识的基础的希望。

罗尔斯指出,政治自由主义的问题是要为立宪民主政体制定一种政治的正义观念。他认为,现代自由民主社会存在着一个根本性的困境,那就是各种互不相容的善的观念的存在。由于在合理多元论的情形下,宗教救赎已经无法成为所有公民的共同善,因而这种政治的正义观念必须运用诸如自由和平等这样的政治观念,而不是宗教救赎之善的观念,并保证以适合于各种目的的手段(基本善)来使公民们能够理性而有效地运用他(她)们的自由。正是在这个意义上,罗尔斯承认,政治自由主义的问题更多的是政治问题,而不是哲学问题。"但人们经过了很长时间才认识到这一点。"①

当然,只要认识了这个问题的本性,就不应该纠结于称呼上孰是孰非。罗尔斯本人就倾向于继续把"政治自由主义的问题"称作"哲学问题"。他之所以这样做,还有另外一个理由,那就是,不仅政治的正义观念,就连政治领域和与之相关的其他的政治观念都是规范性的和道德的观念,政治哲学的规范性质使得政治自由主义的问题与政治实践中的具体问题区分开来。然而,在谈到重叠共识的理念的可能性的时候,罗尔斯又提醒我们:"公

---

① 〔美〕约翰·罗尔斯:《政治自由主义》,万俊人译,译林出版社,2000年,平装本导论第27页。

平的正义（或某种类似的观念）能否获得这样定义的重叠共识的支持，乃是一个思辨性（speculative）问题。人们只能通过创造这种公平正义并展示它可能获得支持的那种方式，才能做出一种明智的猜想。"① 也就是说，一种自由主义的观念如何能够获得重叠共识的支持，最终是一个实践（行动）问题（当然是需要一定的条件的）。

"哲学问题"与"实践问题"之间并不存在矛盾。政治哲学本身就是一门实践哲学，政治哲学家的主要任务并不是寻求真理，而是从理论的角度关注实践。"实践哲学的实践意谓在于，它们的目的或目标不仅仅是传播真理，而且还要影响行动。"② 正是因为有了这样一个实践的维度，政治哲学不把一切既成的东西视作是永恒不变的。既成东西中的不合理之处，作为拥有理性的存在者，人们不承认其既成性，而是力图去改变它。正如一句西方古训所言："勇为之人以行动创造存在（valet illatio ab esse ad posse）。"③ 然而，罗尔斯强调，对政治自由主义而言，这仅仅是一种希望，却没有任何保证。这是因为，政治自由主义悬置了各种完备性学说（包括形而上学），这就决定了政治哲学的实践目标得不到任何先在的保证。唯有形而上学才能提供这种保证，例如，在康德道德哲学中，理性就可以悬设上帝来作为德福一致（圆满的善或者至善）的保证。黑格尔也认为，面对人们做成了的世界，哲学家有义务说明它。只有理解这个世界，人才能够在精神世界之内安家，使自己的精神得到安顿，这就必然会牵涉到形而上学。

罗尔斯承认，如果经验事实证明作为公平的正义无法获得各种合理完备性学说的支持，以至于无法维持社会的持久稳定，那

---

① 〔美〕约翰·罗尔斯：《政治自由主义》，万俊人译，译林出版社，2000年，第15页。
② Jonathan Barnes, *Aristotle: A Very Short Introduction*, Oxford University Press, p. 123.
③ Zeno Vendler, *Linguistics in Philosophy*, Cornell University Press, 1970, p. 1.

么他所陈述的公平正义就会陷入困境。人们必须弄清楚，正义原则的各种可接受的改变是否会维持稳定，或者是否任何一种民主的观念都能够获得稳定。这些工作确实很重要，然而却不是政治哲学家们要做的工作。罗尔斯本人就不想去做这类的探究，而"只是基于大量可信的考察，假定公平的正义的稳定性或某种类似的观念能够获得稳定"[1]。

---

[1] 〔美〕约翰·罗尔斯：《政治自由主义》，万俊人译，译林出版社，2000年，第69页。

第五章　政治自由主义转向的
　　　　实践逻辑

　　在《正义论》的开端，罗尔斯就指出，他的计划是要为民主社会设计出一种最适当的道德基础，《政治自由主义》只是对这一计划的发展和扩展，而不是对这一计划的否定和背离。但罗尔斯认识到，《正义论》稳定性证明中的一些假设与自由主义的平等相抵触。为了解决其理论的内部紧张，罗尔斯在《政治自由主义》中修正的并不是公平正义的实质内容或原则，而是如何在具有深刻多元特征的西方民主社会的背景下来构想对它们的证明。具体而言，在自由民主社会的背景下，政治自由主义必须回答这样的一个问题：既然作为公平的正义被表达为一种政治的观念，作为独立而包容的政治领域内的价值，它能否为拥有不同完备性观念的公民们所接受，并成为他（她）们处理宪法根本和基本正义问题时进行公共证明的基础。对这个问题前半部分的回答涉及新的稳定性证明。重叠共识的理念的提出意味着罗尔斯对《正义论》中的稳定性证明做出了实质性的修正，这一修正成为其转向的标志；对这个问题后半部分的回答牵涉正义观念的社会功能。正是出于对公共性以及道德观念为证明（justification）[①] 和协议

---

① 证明（正当性证明）并不以真理为目的，也不单纯以说服别人为目的，它是被设计来用推理使分歧意见达到一致的。罗尔斯对证明的这种理解与他非实在主义的立场相关，他认为只有在作为人们共享基础的正义观念得到普遍承认的情况下，才存在对它们的证明。民主政治把公民看作是具有道德能力的个体，因而这也是对民主公民的基本道德要求，即对人的尊重表现在以能够被证明为正当的方式去对待他（她）们。

提供公共基础的可能性的关注,才引起了罗尔斯的政治自由主义转向,这是理解罗尔斯思想变化的另一条路径。后期罗尔斯的根本问题是追问在合理多元论的条件下,正义而稳定的立宪民主政体何以可能。罗尔斯对这个问题的回答分为三个部分,通过把公平正义表达为一种政治的正义观念和对重叠共识理念的阐释,罗尔斯已经提供了前两个部分的答案,对这个问题的第三部分的答案涉及公共证明和公共理性的理念。重叠共识是对《正义论》一致性论证的实质性修正。相比之下,公共证明和公共理性的理念则是《正义论》中契约论证明的自然延伸,虽然这一延伸由于依赖重叠共识的稳定性变得更加必要了。

第一节 公共性条件与正义观念的社会功能

后期罗尔斯思想中的"公共理性的理念是社会契约思想和公共性条件的一种结晶与发展,而公共性的条件在从原初状态出发的论证中占据着一个重要的位置。因为政治原则被公共地了解和接受是任何契约论观点的一种自然特征。"[①] 在《政治自由主义》中,罗尔斯发展了公共性的思想,使得这一思想在他的许多基本观念中都扮演着核心的角色。

一 正义原则公共性条件的双重含义

道德观念的公共性是康德式的和契约主义的道德理论的核心思想。在从原初状态出发的论证中,公共性的含义似乎还仅限于把公平正义的两个原则当成一种公共的知识。公共性的这一层含义(公开性)是契约论自身的特点所蕴含的。然而,契约本身并

---

① Samuel Freeman, *Justice and the Social Contract: Essays on Rawlsian Political Philosophy*, Oxford University Press, 2007, p. 196.

不能成为道德义务或者法律义务的基础。契约论被罗尔斯用来揭示正义原则,但它并不能成为道德的来源。当罗尔斯在契约论的论证脉络下表明一个人最有理由去做某件事情时,并没有蕴含着这个人有义务去做这件事情。即便从原初状态出发的论证能够得出作为公平的正义是最合理的正义观念,也不能推论出立宪民主社会的公民有道德上的义务依照公平正义的两个原则来安排社会基本结构、解决重大的社会冲突。也就是说,契约论论证并不能混淆于甚至取代《正义论》中第三部分的稳定性(或可行性)论证。这两个部分的内容对于完整的正义原则证明而言,都是不可或缺的。这一点其实在从原初状态出发的论证中已经有所暗示,原初状态下的协议的条件就是,正义原则应当被公共地了解,并通常为这些原则所规范的秩序良好的社会中富有正义感的自由而平等的个人所接受。在《正义论》第三部分的稳定性证明中,罗尔斯扩展了公共性的含义。除了公共知识的含义外,公共性还包含着原则在各种社会关系中的普遍可接受性的思想。通过这一扩展,罗尔斯使得这一概念不仅与契约论证明,而且与稳定性证明联系起来。然而,这种联系实际上可以追溯到正当概念的"形式的限制条件"(the formal constrains)。

在从原初状态出发的论证中,罗尔斯指出,任何被提议的社会基本结构及其规范原则,都应该满足正当概念的形式的限制条件。这些原则必须在形式上具有一般性,在应用上具有普遍性,而且必须被公共地接受为解决人们之间相互冲突的利益要求或各种主张的最终权威。也就是说,它们必须是一种公共的正义观念。这样一来,对任何一种正义观念的可行性证明,就变成了这样一个问题,即"这种建议作为一种公共的正义观念是否具有可行性"①。只有当契约观念满足了公共性的条件之后,它才能表明

---

① 〔澳〕乔德兰·库卡塔斯、菲利普·佩迪特:《罗尔斯》,姚建宗、高申春译,黑龙江人民出版社,1999年,第70页。

自己是与人们按照作为合理之人能够接受的原则生活在一起的能力和愿望相一致的。反之，普遍的可接受性和协议就是一种无法企及的理想，仅仅能够在假设的道德主体这一理论层面得到满足。也许一种缺乏公共性的契约论思想也会有它的价值，但它对公共政治生活的吸引力却消失殆尽了。与之相对，一种完全公共的道德观念的可能性和稳定性意味着，构成和规范社会与政治关系的道德原则是人们力所能及的，它能够成为合理道德主体的实践理性原则，并得到公共的辩护和批评。

值得注意的是，在将公共性与稳定性证明联系起来的过程中，相对于正当概念的形式的限制条件，契约论并没有发挥关键性的作用。但它却能够让公共性的条件获得直观上的吸引力和表达，因而契约论必然会在从原初状态出发的论证中（继续）扮演重要的角色。更为重要的是，由于契约论设计了公平的情景（"无知之幕"保证了原初状态中的协议是公平的），并确认了各种正当的限制条件，借助于它罗尔斯便能够表明：任何可接受的基本结构都不会给个人留下促进自己的利益或善的观念的特权，任何值得考虑的基本结构都必然要求人们按照与一种公共规则相一致的方式行动。这样，契约论就确立了正当优先于善的地位。

对罗尔斯而言，公共道德观念的公共性条件首先意味着，道德行为主体能够理解道德约束或要求的真正理由，并能够把这些理由运用到他（她）们的行动和努力中去。行为的道德理由不应该禁锢在个人的深思熟虑的考量之中，而是要贯彻在个人的实践活动之中。公共的道德原则应当是自由而平等的个人之间进行实践推理和辩护的原则，一旦他（她）们进入公共政治领域，就会受这些原则的支配。这一点不但对于一个负责任的道德主体而言是至关重要的，而且对于个人道德意识的塑造也是至关重要的。按照康德式的观点，具有完全的公共性是道德自律（自主）的前提条件。

公共的道德原则应该在民主社会的公民实践活动中得到贯彻和施行，以规范公民们之间的行为关系。于是，公共性理念便赋予了道德原则一种社会功能：民主社会中那些政治上活跃的成员依靠这些道德原则来作为他（她）们公共讨论、争辩和协议的共享基础。这样，公民们就能用共同的标准来评判社会基本结构和行为；当这些道德原则能够在共同接受的合理基础上被证明时，公民们就能相互辩明其合理性。

在《正义论》的开端，在阐述正义是社会制度的首要美德这样一种直觉的信念时，罗尔斯谈到了正义原则的功能。他指出正义原则为面临着相互合作困境的个人"提供了一种在社会的基本制度中分配权利和义务的办法，确定了社会合作的利益和负担的适当分配"①。然而，正义原则的功能不同于公共正义观念的社会功能，后者是要为自由而平等的公民们提供公共证明的基础。公共性的条件代表着这样一个特殊政治领域的要求，在那里，公民们应当用理性证明的方式处理公共政治问题。与这种规范性政治概念相对立的，不仅有赤裸裸的暴力对抗，还有被动情的说服技巧或幕后的暗箱操作所操纵的、充斥着偏见和狭隘利益的公共讨论。

综上所述，在《正义论》中，正义原则的公共性条件主要有两层含义。首先，个人能够理解、并且知道他人也能够理解规范社会基本结构的正义原则；其次，只有在通常为秩序良好的社会的成员所接受，并能够充当解决正义问题和冲突的公共证明的基础的条件下，正义原则才是合理的。罗尔斯反对功利主义的一个重要依据就是，功利主义的原则不能充当秩序良好的社会公共证明的基础，而公平正义的原则却由于强调相互性（或者互惠性）的标准，能够很好地发挥这一功能。由此我们还可以得出这样的结论：隐含在罗尔斯对秩序良好的社会的说明中的公共性条件预

---

① 〔美〕约翰·罗尔斯：《正义论》（修订版），何怀宏等译，中国社会科学出版社，2009年，第4页。

示着，他在明确地诉诸公共理性之前，就已经在关心公共证明的理念。在《正义论》及其以后一段时期的思想发展中，罗尔斯对正义原则的论证在某种程度上受到了公共性理念甚至公共协议和证明理念的指导，然而直到《政治自由主义》，我们才见到其独特的对公共理性理念的要求。

公共理性和公共证明的理念最初是被用来处理罗尔斯正义理论中的一个漏洞。《正义论》出版以后，罗尔斯逐渐意识到，该书的第三部分，即对公平正义两个原则的稳定性证明尤其是其中的一致性论证存在着严重的缺陷，这迫使他不得不对相关内容做出实质性的修改。在《正义论》中，公平正义的秩序良好的社会的稳定性依赖于这样一个假设，即该社会中的每一个人都承认，发展和运用他（她）们的正义能力来达到社会团结，并实现他（她）们作为自由而平等的、自主的道德存在者的本性，这是理性的。这种"正当与善的一致性论证"建立在这样的基础之上：秩序良好的社会中的绝大多数人都承认，确认和实现他（她）们作为自由而平等的理性存在者的本性是理性的，这蕴含着把康德式的道德自主理想认定为一种内在的善。为了达到这一目的，个人就必须在他（她）的生活计划中运用他（她）的道德能力，践行正义美德。联系公共正义原则公共性条件的第二层含义，这就意味着"道德自主的理由、道德和理性能力的自我实现的理由，以及相关的康德式的观点，将在制定和解释法律，或者更一般地讲在秩序良好的社会的公共证明中作为根本性的理由。"①

后期罗尔斯承认，自由民主社会存在着合理多元论的事实。然而按照他在《正义论》中的设想，公民们可以在政治上求助于道德和理性自主的价值来解决根本性的政治和法律问题；在政治生活中，他（她）们还会依照对公平正义的康德式的解释来作为公共辩论和协议的基础。用道德自主来为自由主义做辩护，在某

---

① Samuel Freeman, *Justice and the Social Contract: Essays on Rawlsian Political Philosophy*, Oxford University Press, 2007, p. 218.

种意义上，确实是道德证明的一条捷径。这一观念以其独有的抽象性、强健性和简明性，能够为自由主义提供有力的辩护。如果自由主义想要最好地防御其对手的攻击，这种辩护无疑也会是一面最坚实而安全的盾牌。然而按照罗尔斯的观点，政治论证或者道德证明应该使用更为复杂而曲折的反思平衡的方法，而不应以简洁雄辩、说服大众为其最终的目标。道德哲学必须正视一般事实，在经过充分的反思之后，得出的原则与各种价值判断之间不应该发生严重的抵触，无论是普遍，还是特殊层面的判断，都能得到恰当的考虑，达成平衡。如果政治哲学家也像政治活动家那样，执着于政治上的胜负成败，用政治效果的标准来衡量证明的合理性，就误解了政治哲学的本质。政治哲学按照其本性是对世俗政治的批判与反思；政治哲学家总是既存政治秩序的批判者，又是理想政治秩序的立法者和阐述者。

《正义论》以后的罗尔斯逐渐意识到，诉诸道德自主的观念作为正义原则的基础，这种立场与对良心自由的侵犯相去不远。这种完备性的理由在政治上被认可，是指立法机关和法院在把正义原则运用于法律的过程中，将以它为指导方针。在合理多元论的条件下，这就意味着要把由一种完备性哲学学说支撑的公共正义观念强加于人。那些被迫接受这种观点的人，与施加这种压迫的人一样，都是自由而平等的公民。作为拥有平等公民身份的人，一些人被要求依赖一种完备性的学说，但这种学说支持的理由和价值却与他（她）们最深刻的信念相对立。对罗尔斯来说，任何在这种条件下"被认可"的正义观念，都不能成为公共证明的基础。

二 从康德式的建构主义到政治建构主义

《正义论》中建立在康德道德哲学基础上的公平正义理论无法为秩序良好的社会的每一个成员所接受，并充当他（她）们在公共政治领域围绕宪法根本和基本正义问题进行公共证明的基础。为了解决这个问题，罗尔斯提出了能够解释合理多元论的事实的政治自由主义。这一理论主要包括三方面的内容：其一，政治领域和政治正义观念的理念；其二，重叠共识的理念；其三，公共理性的理念。首先，政治的正义观念不同于一般的道德正义观念，它独立于完备性的观点，并建立在民主文化所隐含的、为合理的公民共享的根本性理念之上。由于政治的正义观念是独立的，并且其根本性的理念是广泛分享的，因而它应当能够（在秩序良好的社会中）得到不同完备性学说的重叠共识，每一种合理的完备性学说都能够根据其特定的理由来认可它。其次，在合理观点的重叠共识中被广泛确认的政治观念提供了公共理性所需要的内容，并为拥有不同道德和宗教观点的人提供了公共证明的基础，公民们能够以此来证明公共权力运作的正当性。

从罗尔斯的政治自由主义转向可以得出这样一个结论："对公共性以及一种道德观念为证明和协议提供一种公共基础的潜力的考虑，是罗尔斯《正义论》后正义论述演变的主要依据；把握罗尔斯《政治自由主义》中理论转向的一个很有帮助的途径是，把这一过程理解成为他对在一种正义观念完全公共性与公共证明这两个目标之间所发现的紧张的一种回应。"[①] 上一章我们已经指出，罗尔斯的转向起源于其理论内部的一种紧张，即《正义论》第三部分的稳定性证明存在着较大的缺陷；在这里我们又提出罗尔斯转向的另一个依据，似乎有些自相矛盾。但这二者之间实际上并不矛盾。在《政治自由主义》的导论中，罗尔斯只是力求表明，他是如何把公平正义作为政治自由主义的一种形式来理解的，并指出为什么其中的一些改变必不可少。在把公平正义表达为一种政治的正义观念之后，罗尔斯回过头来看《正义论》，指出其中的缺陷；其实质是从政治自由主义的观点出发，对自己的

---

① Samuel Freeman, "The burdens of public justification: constructivism, contractualism, and publicity", *Politics Philosophy Economics*, 2007 (6), p.6.

理论演变进行事后的理解。"这些论述强调了迫使我做出这些改变需要认真对待的内在问题。然而我的意思绝不是想说明,我实际是如何做出这些改变,又为什么要做这些改变的。"① 他承认,对政治自由主义转向的原因可以从其他角度进行虚构或设想。

从方法论的角度来说,罗尔斯的转向经历了从康德式的建构主义向政治建构主义转变的过程。这一转变表明,公共正义观念对公共证明的适应性在罗尔斯的政治自由主义转向中扮演着关键性的角色。但在讨论这个问题之前,有必要先弄清楚几个相关的概念。首先是公共证明(public justification)。公共证明的主体是参与民主政治过程的合理公民。公共证明的理念意味着关于公共正义标准的道德证明,或者在把公共正义的道德标准运用于宪法根本和基本正义问题的具体情况时,所依据的理由是能够期待所有公民认可的。罗尔斯认为,《正义论》中从原初状态出发的论证实际上已经树立了公共证明的典范。"它包含着这样一种尝试,即把会对每个人产生影响的联合行动仅仅建立在合理的推测之上,也就是他们自己出于理性将会认可或同意的东西的推测之上。"② 但在那里,公共证明的理念仍然是隐含着的。只有把合理多元论的事实考虑在内,公共证明理念的必要性才突显出来。

其次是建构主义(constructivism)。建构主义把道德原则视为建构程序的结果,而不是建立在某种先在道德秩序之上。与道德怀疑主义不同,建构主义承认道德陈述的真实条件;它承认道德的客观性,这与道德相对主义也不同。不同的建构程序设计和与实践推理相关的要求会产生不同的建构主义。纯粹以利益为基础的契约论的选择程序,包含着一种最有效地实现目标的一般实践理性的概念。与之相反,以正当为基础的契约观,其建构程序

---

① 〔美〕约翰·罗尔斯:《政治自由主义》,万俊人译,译林出版社,2000年,导论第18页。
② Thomas Pogge, *John Rawls: His Life and Theory of Justice*, Michelle Kosch, trans., Oxford: Oxford University Press, 2007. p.61.

（原初状态）体现了实践理性的相关要求，而且包含着自由而平等、合理而理性的人的理念，以及普遍接受公平正义观念规导的秩序良好的社会的理念。通过把人和社会的理想体现在内，罗尔斯把康德道德哲学的一些特征整合进了自己的建构主义中，从而使自己的正义原则也具有了较强的康德主义特征。但是，罗尔斯后来认识到，康德的道德建构主义探究的是道德的本质和根源，并宣称道德是人类至高的善，它仅仅是西方伦理学史上的一种道德学说。

康德道德哲学的目标是要探求道德的本质，为道德原则提供合理的基础，而这些道德原则的合理性，并不依赖于那些变幻不定的人性，即不依赖于人的欲望、激情和本能等。从这个意义上讲，康德的道德哲学仍然是基础主义的。罗尔斯反思平衡的方法超越了康德的道德哲学。康德道德哲学主张通过定言命令来建构道德法则，定言命令强调道德判断必须符合形式逻辑的不矛盾律（the law of non-contradiction）。作为一条根本的道德律，定言命令要求个人要使他的行为准则成为一条普遍的法则。但行为准则如何能够成为普遍的法则呢？由于康德道德哲学的形式主义特征，他并没有完全澄清这一建构的可能性。康德道德哲学强调道德原则形式上的不自相矛盾，但道德实践原则除了依赖根本道德律的形式主义规定外，还需要实质性的内容。如果抛开一切内容，例如，个人的财产所有权，康德的建构主义就根本没有什么东西可以建构。因此，在建构道德实践原则的过程中，（确保道德之为道德的）形式上的逻辑一致实际上是有前提的。罗尔斯反思平衡的方法强调的就是，要在这些前提，也就是深思熟虑的道德信念与根本道德律，以及得出的道德原则之间进行反复的相互对照和平衡，最后使各种判断连接成为一个融贯的整体。在从原初状态出发的论证中，罗尔斯试图发展出一种解决相关决策问题的一般程序，然后通过诉诸更加具体的信条来详细规定并纠正该程序。这种假想的社会契约观念提供了这一程序："原初状态还作为一种中介理念发挥作用，通过这一中介理念，才能使我们所有人认可的确信产生相互沟通，无论我们的确信所达到的普遍性程度如何，也不管它们是关注使各派置于公平相同之地位的公平条件，还是关注于对各种理由的合理约束；亦不论它们是关注于第一原则和戒律，还是关注于对特殊制度和行动的判断。"① 这样，我们就能够在各种判断中确立更高的一致性；通过这种深刻的自我理解，我们就能达到相互间广泛的一致。

与反思平衡的方法相匹配，政治建构主义并不试图探究道德本质，它主张的是：正义原则可以通过以实践理性和作为自由而平等的道德个人的公民观念为基础的程序被表达出来。这是一种学说自律，而非道德自律。这种自律在政治观念的公共证明中扮演着重要的作用，因为它并没有把正义原则描述为外在地强加于自由而平等公民的道德要求。相反，这些原则被展现为以共享的民主理性为基础的民主公民集体的自我统治和自行决议的行动的结果。政治建构主义面对的是一个独立的道德推理领域，即政治领域，它的目标是揭示与民主社会的公民能够接受的实质性政治理由联系在一起的正义观念，因而必须对道德原则的真实来源持一种开放的态度。

作为罗尔斯思想发展过程中的一种阶段性主张，康德式的建构主义指的是试图以康德式的解释来理解建构程序及其结论：原初状态是对康德式的自律的一种程序性解释，按照从原初状态得出的原则行事，人们就表达了他（她）们作为自由而平等的理性存在者的本性。这样做的目的是表明公平正义原则的可行性和持久性，康德式的解释既完善了从原初状态出发的论证，又构成了这种证明之外相对独立的部分。借此，罗尔斯假定，秩序良好的社会中的每一个人根据同样的理由去确立以正义行事的愿望，这是充分理性的，他（她）们借此实现了作为道德主体和道德上自

---

① 〔美〕约翰·罗尔斯：《政治自由主义》，万俊人译，译林出版社，2000年，第27页。

律的理性存在者的共同本性。①

在《正义论》中，罗尔斯虽然认识到正义原则的公共性条件具有两层含义，但他还没有完全意识到公共性条件的重要性。这时候，罗尔斯仅仅提到正义原则的公共性条件，既没有扩及到人与社会的一般信念，也没有触及到使用自身的语言对正义原则进行完全的公共证明。这三个层次结合在一起，就是"完全的公共性条件"。② 它要求对正义观念的辩护必须让其原则在秩序良好的社会中得到公共的理解。联系正义观念的社会功能，康德式的建构主义实际上是要求对公平正义的康德式的解释应当成为公共证

---

① 罗尔斯在康德式的建构主义中要处理的问题与康德道德哲学中定言命令的契约论表达公式（即"目的王国公式"）相似。康德的契约论公式的含义是，为了确定我们应当遵从何种道德原则，我们必须把自己设想成一个理想社会的成员，作为这个社会的成员，我们都有道德上的动机去做正当与正义所要求的事情；我们将决定并按照这样的原则行事，这些原则是作为目的王国平等成员的、理想的道德行为主体必然会接受并立为法律的。为了给社会契约问题找到一种解决方案，罗尔斯试图为康德抽象的"自律"（实践理性凭借其自身就可以为自己制定规则）概念提供内容。在《正义论》中，罗尔斯已经把康德式的道德人格理想当成是辩护其正义原则的决定性因素，并把原初状态看作是对康德的自律观念和定言命令的一种程序性的解释。康德式的建构主义进一步发展了这种观点，通过把隐含在我们深思熟虑的正义信念中关于个人和社会的理想"建模"成为某种"建构程序"（即原初状态），罗尔斯在契约论的框架内为康德式的道德自律提供了实质性的内容，这种建构程序与正义原则的可行性论证相关。如果同样的正义原则能够从所有进入这一程序或者诉诸这一程序的人们那里推导出来，我们就能够确信这个程序包含了理性与合理性的所有相关的方面。这样一来，我们就能够下结论说，我们得到正义原则不仅是合理的和客观的，而且是由我们的实践理性给予我们的。只要我们遵循这些原则的要求，并按照正义的要求行事，我们就能够被称作是道德自律的。参见 Samuel Freeman, *Justice and the Social Contract*: *Essays on Rawlsian Political Philosophy*, Oxford University Press, 2007, pp. 5 – 6。

② 罗尔斯最先在《道德理论中康德式的建构主义》（Kantian Construction on Moral Theory）中提出了完全的公共性条件。他区分了三种层次的公共性：第一，正义原则的公共性；第二，接受一个正义原则的一般（人和社会）信念的公共性；第三，使用自身的语言对公共正义观念的充分证明的公共性。在秩序良好的社会中这三个层次都得到了体现，这就是"完全的公共性"。参见 John Rawls, *Collected Papers*, Samuel Freeman (ed.), Harvard University Press, 1999, pp. 324 – 325。后来他又在《政治自由主义》中对完全公共性条件的三个层次做了介绍。参见罗尔斯《政治自由主义》，万俊人译，译林出版社，2000 年，第 69 – 71 页。

明的基础。然而，罗尔斯随即意识到，这是不可能的。他最终放弃了康德式建构主义中的某些观点，并把它改造成为政治的建构主义。

给予建构主义以及公平正义的公共正义观念一种康德式的解释，这有什么错？它与公共证明可能存在什么抵牾呢？在回答这个问题之前，需要先弄清楚一个问题。罗尔斯认为，公共性条件之所以必要，是因为它与道德哲学的目标，即"在似乎不存在协议的地方找到它的可能基础"[①] 是联系在一起的。正义原则的公共性条件拥有两层含义，它的第一层含义，即构造社会关系的原则在广为人知的意义上是公共的，但这并不意味着人们会接受和认可并在政治生活中持续地践行它。假如这种原则不公平或者具有压迫性，人们就会想方设法地逃避它。于是，这样的公共原则就不能为证明提供基础。这样的情形也将是不稳定的。正义原则的公共性条件的第二层含义意味着人们能够共同认可和接受公共的正义观念，也就是说，它为人们提供了公共证明的基础，但这并不意味着人们能够理解它。如果这种证明受到一种歪曲的意识形态的影响，社会稳定就是建立在公民们的幻觉之上。这样一来，问题的关键就在于，具有双重含义的公共正义原则对公共证明是否具有适应性。

罗尔斯赋予康德式的建构主义两个不同的目标。其一，其建构的正义观念必须满足完全公共性的条件。这样就"确保了自由而平等的个人居于能够了解和接受塑造他们作为个体的自我观念，以及他们的性格和善的观念的社会背景影响的立场。站在这一立场是自由的前提条件；它意味着没有什么需要隐瞒。"[②] 而且，"完全公共性的实现提供了这样一种社会环境，在其中完全

---

① 〔美〕约翰·罗尔斯：《正义论》（修订版），何怀宏等译，中国社会科学出版社，2009 年，第 460 页。
② John Rawls, *Collected Papers*, Samuel Freeman (ed.), Harvard University Press, 1999, p. 326.

自主的观念能够被理解，个人理想能够有效地调动起人们成为那种人的愿望。"① 其二，它要为公共证明奠定恰当的基础。一种为所有人认可的公共正义观念的存在是靠公共证明得以维持的，民主社会以这种方式实现了公民之间的相互尊重。值得注意的是，罗尔斯在其思想过渡阶段为完全公共性提供的理由并不包含有利于实现后一个目标的条件，完全的公共性只是在培养自由的道德主体和完全自主的公民方面发挥着重要的作用。

然而，这两个目标之间存在着相互紧张。由于合理多元论事实的存在（处于思想过渡期的罗尔斯已经充分认识到了这一点），在发挥作为公共证明基础的社会功能的时候，正义原则必须充当一种共享的观点，它必须公正地对待公民信奉的各种对立的宗教、哲学和道德信念。因而证明正义原则的理由只能是真理的一部分，而不能是真理的全体，它们仅仅是隐含在公民现下所共享的信念的一部分。但康德式的自主观念能否成为这种共享的观念的基础呢？对某些人而言，确实应该如此。因而，问题便转换为如何通过教育启迪他人认可和接受这种观点。然而，由于思想、良心和集会等诸项自由的存在，再考虑到判断的负担，可以预见，在关于自主的内在价值和正义是否是人类至高的善的信念上，自由民主社会的公民们会存在着根本性的差异。许多原本接受罗尔斯正义原则的人，由于无法接受康德式的自主观念，在康德式的启蒙教育下会感到备受压迫。某些人可能会更愿意从情感主义或者休谟的道德哲学出发来接受公平正义的两个原则。强迫他（她）们在康德式自主的基础上接受正义原则，就会破坏公共证明的目标。

公共正义观念满足完全的公共性条件与履行其社会功能这两个目标之间的不一致，推动着康德式的建构主义向政治建构主义转换。在政治建构主义中，康德式的自主观念被抛弃了。作为建

---

① John Rawls, *Collected Papers*, Samuel Freeman (ed.), Harvard University Press, 1999, p.340.

构基础的人和社会的观念（理念），虽然其康德式的色彩依然健在，但已经成为了一种独立的政治观念。其中，自由而平等的道德个人是作为公民的自我意识中所固有的，也是其成为社会合作成员的基本条件。这些理念都是在民主政治文化中隐含着的，它们在政治建构主义的建构程序（原初状态）中得到了表达，正义原则就得自于这种从体现着民主推理基本特征（既包括实践理性的共享规范，也包括具有社会合作必须的道德能力的公民理念）的程序。

为了形成新的具有特定结构的产品（正义原则），政治建构主义的建构过程实质上就是对民主文化中实践理性的相关要求进行反复的思考和平衡，它处理的是政治的观念（政治的价值）。为了从形而上学问题中脱身出来，罗尔斯悬置了道德本质的问题。通过悬置根本性争议，罗尔斯捍卫了民主价值，合理公民都可以自由地从他（她）们信奉的完备性学说出发来认可和接受政治的正义观念。但他并不否认形而上学对公共政治文化的塑造。罗尔斯对政治建构主义的表述，最终消除了正义原则对公共证明（发挥这一实践作用）的不适应性。

三 合理公民与公共证明

政治建构主义（从合理的程序得出合理的原则）与合理性（它是由个人在社会合作中的道德敏感性所揭示出来的）相关，与真理性无关（这并不意味着它排斥真理），而公共性是合理性理念的一部分。在某种程度上，行事合理就是指具有用公共的标准来指导理性行为及其目标，并证明个人行为正当性的愿望。通过合理地行事，我们才作为平等的个人进入了与他人一起组成的公共世界，用我们可以共同推理出来的标准来指导我们的行为，并考虑我们的理性计划对别人的福祉所造成的影响。

对罗尔斯而言，民主政治的公共理性的理想就是专门针对着这种合理公民而提出的理想。它要求无论在公共论坛的辩谈中，还是在民主过程的投票中，公民们都不能仅仅从自己的完备性观点出发来思考和处理问题，至少在涉及宪法根本和基本正义问题的时候不能这样做。但公共理性并不奢求公民们会接受完全相同的正义原则，而只要求他（她）们按照其认可的政治观念参与公共讨论。他（她）们应该真诚地相信，对那些根本问题的观点是建立在可以合理地期待每一个公民都会认可的政治价值的基础之上的。"对于全体选民来说，应当这样来规范他们自身，这是一种很高的理想。"[①] 当人们意识到这一点的时候，他（她）们就知道，不能仅仅因为不能达到充分的一致，就抛弃根本性的民主价值。只要公民们在公共辩谈中诉求政治价值，并用投票来表达他（她）们的真诚意见，公共理性的理想就能够得以维持。为此公民们必须遵守公共理性及其合法性原则，这体现在三个方面（罗尔斯称之为遵守公共理性及其合法性原则的"三个条件"）。其一，公民们重视公共理性的理想；其二，他（她）们相信公共理性是完整的（complete），它能够为多数甚至全部根本性问题提供答案；其三，他（她）们相信自己的完备性观点，以及建立在这种观点上的对特定法律和政策问题的看法，与政治价值达到了合理的结合与平衡。[②]

在论述民主政治条件下诉求政治价值的公民义务的时候，罗尔斯不忘了强调：公民们必须清醒地认识到现实政治生活中的辩谈或投票是不完善的，实际政治过程永远缺乏完备性真理那样的完满性。真理不容妥协，但政治的精髓就是容忍缺陷的存在。政治生活中没有现成的真理可寻，民主国家赋予了公民各项基本自由，作为市民社会的成员，他（她）们也永远不会受到某种现成的完满真理的指导。某些人宣称存在着能够指导政治活动的完满真理，以为真理之石已经掌握在他（她）们的手中。这种哲学王

[①] 〔美〕约翰·罗尔斯：《政治自由主义》，万俊人译，译林出版社，2000年，第255页。

[②] 参见罗尔斯《政治自由主义》，万俊人译，译林出版社，2000年，第256页。

式的自负与自由主义的价值和民主政治的传统是相对立的。不合理的公民主张毫不妥协的完备性学说,但把这样的学说运用在政治生活中可能就会变成压迫性的和残忍的。① 唯有接受一种有缺陷但又能坚持公民义务的政治观念,公民们才可能实现民主政治及其合法性原则所表达的理想,即按照可以合理地期待所有人都认可的理由生活在一起。自由主义的合法性原则要求对政治权力进行公共的正当性证明。在民主政治中,公共证明往往开展于行使公共权力的过程之中。公共证明与公共权力的合法性证明,虽然是两个不同的问题,但是如果区分公共证明的理念(这一理念与政治正义的理念、公共理性的理念联系在一起)与公共证明的实践(或者实现),我们就会发现,后者与确立公共权力合法性的过程实际上是同一个过程。

即便是以公共的名义行使的政治权力也难免会对一部分公民施以强制,但是政治权力的公共性质却要求任何这类政治强制必须符合宪法,而宪法的根本内容又是可以合理地期望自由而平等的公民按照他(她)们共同的人类理性能够认可的。公共权力的合法性需要得到公共的证明,它回答的是如何按照所有人都能够认可的理由来行使公共权力的问题。以公共证明来规范公共权力的行使,这既是其公共性质的内在要求,又是它获得合法性的根本途径。这种证明之所以是公共的,是因为在行使公共权力的时候,当涉及或者接近宪法根本或基本正义问题时,要通过论证寻求所有公民都可以合理接受的理由。"唯有可以合理地期望全体公民认可的政治正义观念,才能作为公共理性和公共证明的基

---

① 公民信奉的完备性学说能否与政治观念(政治价值)相容,这是判断其合理性的标准。但是一种完备性学说,总是在某一范围内不合理的。我们绝不能因为一种完备性学说在一种情况或多种情况下导致了不合理的结论,就拒不承认它可能在绝大多数的情况下是合理的。接受政治生活的有限性,也包括接受完备性学说在某种范围内的不合理性,即它可能会在某些情形下以真理名义被强加于人。

础"。① 在罗尔斯看来,"公共证明的理念的目的是以一种适合于政治正义观念的方式来阐述证明的理念。"② 政治正义观念表达的是公共生活中的政治价值,公共证明只能诉诸政治价值。政治价值既包括政治正义的价值,也包括公共理性的价值。它是一种道德价值,但并非是完备性道德学说在政治领域的运用。在一个正义的社会里,政治价值不必与日常生活中公民们所持有的完备性道德学说发生严重的冲突。但是,它们之间毕竟是不同的,具有发生冲突的可能性。在这样的时刻,按照罗尔斯的看法,政治价值应该处于优先的位置。"政治价值是极为重要的价值,因之是不能轻易僭越的,这些价值支配着社会生活的基本框架——即我们的存在根基——并具体规定着政治和社会合作的根本项目。"③

与公共权力的合法性联系在一起的公共证明要得以正常的开展,离不开负责任的公民,它发生于公民们履行公民义务的过程之中。公民义务是一种道德义务。一方面,它要求担任公职的官员们,或者企图通过合法途径谋取公职的候选人,应该在法律的范围之内按照公共理性的要求来行动,依据他(她)们视为最合理的公共理性,向其他公民解释他(她)们所支持的政治立场的理由。如果他(她)们能够以这样的方式行事,那么他(她)们就履行了公民义务。官员们应该为自己的行为陈述理由,并有义务主动接受其他公民的监督。另一方面,公民义务还要求所有合理的公民都应该把自己视为公共理性的立法者,一旦在他(她)们之中培养起这样的精神气质,他(她)们便倾向于抛弃那些破坏公共利益的政府官员或候选人。通过约束政府官员,公民们完

---

① 〔美〕约翰·罗尔斯:《政治自由主义》,万俊人译,译林出版社,2000年,第145页。
② 〔美〕约翰·罗尔斯:《作为公平的正义——正义新论》,姚大志译,三联书店,2002年,第44页。
③ 〔美〕约翰·罗尔斯:《政治自由主义》,万俊人译,译林出版社,2000年,第147页。

成了他（她）们的义务。①

罗尔斯强调："作为立宪民主政体之理想的公民理念，它呈现出一种可能的事态，将人们看作是一个正义的和秩序良好的社会将会鼓励其生活的社会成员。它所描绘的是可能的和能够达到的理想，但又可能是永远达不到的理想，尽管这些理想对它来说同样根本。"② 同样，由于公共证明是针对秩序良好的理想社会而提出的要求，它本身也表现出一种理想主义的特征。在《作为公平的正义——正义新论》中，出于对政治上更为关注的可能性的考虑，罗尔斯进一步缩小了公共证明的应用范围，他指出我们不能够指望在所有政治问题上都能达成完全一致，但至少要在宪法根本问题上（包括政府的权力结构和公民的基本权利和自由）达成一致。如此一来，合理地解决其他的问题就有了希望和保障。

第二节　民主审议与公共理性的理想

政治自由主义的根本问题是追问正义而稳定的立宪民主政体何以可能。罗尔斯对这个问题的回答包括三个部分的内容：首先，设想在一个秩序良好的社会之内，人们对公共的正义观念有着公共的知识，而且这一观念的正当性还能够得到依据民主文化中所隐含的独立观念的公共证明；其次，在这一社会里存在着合理多元的完备性学说，它们都按照自身的理由来肯定这一公共的观念，因而也存在着重叠共识；最后，答案的第三部分涉及政治过程中公共正义观念的理解和运用。由于重叠共识只是一种"理性的预期"，就要进一步推想它何以发生的社会基础。也就是说，有必要回答以下的一些问题：在像美国这样的民主社会中，这种

---

① 参见罗尔斯《万民法——公共理性观念新论》，张晓辉等译，吉林人民出版社，2001年，第145-146页。
② 〔美〕约翰·罗尔斯：《政治自由主义》，万俊人译，译林出版社，2000年，第226页。

正义观念如何得到公众的理解,并在政治生活的具体情况中得到运用?它如何来指导法律和社会政策的制定?在公民和官员关于公共问题的审议和争论中,它能够扮演什么样的角色?既然正义观念被设想为是与这一社会下人们所支持的合理的善的观念相一致的,怎么能够防止公民们或者有职权的立法者和法官在理解和运用正义观念来创造和解释宪法的时候诉诸他(她)们完备性观点中包含的非公共价值和原则呢?

一 公共理性在民主政治实践中的作用

在罗尔斯看来,如果公民们和立法者在理解良心自由的时候诉诸他(她)们的宗教或道德观点,就很可能会对它做出狭隘的定义。早期的自由主义思想家中,约翰·洛克曾经旗帜鲜明地支持宗教信仰自由。洛克认为,上帝没有给予任何人优于他人的权威,也没有人会自愿将自己的内心信仰托付给他人。唯有个人信念和内在的真诚才使人们获得救赎并接受上帝。首先,灵魂拯救不属于世俗权力的职责范围,它不能强迫他人接受一种信仰。"掌管灵魂的事不可能属于民事官长,因为他的权力仅限于外部力量,而纯真的和救世的宗教则存在于心灵内部的信仰,舍此没有任何东西能够为上帝所接受。"[①] 其次,"教会是人们自愿结合的团体,人们加入这个团体是因为他们认为能够用上帝可以允许的方式礼拜上帝,以达到拯救灵魂的目的"[②]。所以教会的权力只限于其内部,它绝不能以任何方式把自己的权力扩大到公民事务。虽然教会无法因为宽容责任而容纳那些屡经劝告仍执意违反教会法规的人,但是它在行驶革除教籍的权力的时候,也绝不能以任何方式危及被除名者的公民权利,使他们的身体或财产蒙受

---

① 〔英〕约翰·洛克:《论宗教宽容》,吴云贵译,商务印书馆,1982年,第6页。
② 〔英〕约翰·洛克:《论宗教宽容》,吴云贵译,商务印书馆,1982年,第8页。

损失。洛克曾经热情地宣扬宗教宽容和信仰自由，然而他从未曾搁置，更谈不上放弃对上帝的信仰。在洛克的政治思想中，人们实际上只有选择信仰哪个宗教教派的自由。洛克断定："那些否认上帝存在的人，是根本谈不上被宽容的。"① 因为按照洛克的理解，如果人们不信仰上帝，就不可能受诺言、契约、誓言等人类社会基本准则的约束，失去了参与社会生活的道德能力。我们不难发现，洛克实际上仍然在依照宗教的观点来解释信仰自由。他虽然主张给予所有（合理的）宗教以自由，却并不排除政府给予基督教的信仰而不是其他宗教信仰或者非宗教信仰以特殊的支持。

按照政治自由主义的观念，如果要在民主政治过程中抵制这类狭隘的理解，就必须求助于公共证明的理念。在罗尔斯看来，为了给民主社会的法律和宪法找到一个最恰当的道德基础，以便公民们能够接受它们，仅仅说每个人可以单独地、依据其自身的理由（亦即源自于他们特殊的善的观念的理由）接受正义原则是不够的。甚至就算一个比较幸运的社会在某个时刻存在着一种作为独立观点的、对政治的正义观念的公共证明也还不够，因为共同的正义观念必须持续地被加以解释，并用来规定宪法、法律，塑造政策和制度。我们在第四章中曾经论证过，重叠共识仅仅是"一种明智的猜想"，也即一种希望，它没有任何先在的保障（因为政治自由主义回避了形而上学）。但这并不意味着在后形而上学的时代，特殊政治领域中的政治价值会被各种虚无主义所消解。民主社会中的合理公民，为了避免陷入犬儒主义的泥沼，必须在政治生活中把公共证明的理想贯彻到底。至少在谈论宪法根本和基本正义问题时，要真诚地诉诸政治正义观念，哪怕对政治正义观念他（她）们也并不能够达成一致意见。罗尔斯清醒地认识到，政治生活中意见完全一致的情况是非常罕见的。这样，我

---

① 〔英〕约翰·洛克：《论宗教宽容》，吴云贵译，商务印书馆，1982年，第39页。

们就不难理解，后期罗尔斯为何会反复强调，作为公平的正义仅仅是民主社会中的一种自由主义的观念。

民主公民的政治实践在既定的制度和文化背景下得以开展，反过来民主制度和民主文化，也通过对公民的实践活动加以塑造而得以维系。民主政治的正常运作，便可以避免政治生活中出现如此极端的情况（它只是作为一种潜在的危险而存在的），那就是即便在某个历史时刻存在着大家都认可的实质性规定或抽象原则，每个人也会依据他（她）们自己的善的观念来解释和运用那些抽象的原则。在那样的情况下，参与政治的公民对正义到底要求什么就会产生广泛分歧。这种因意见的完备性而产生的政治分歧是深刻的，很容易引发社会冲突，甚至导致政治危机。面对如此的挑战，人民的政府有可能十分虚弱，在喧闹的争吵声中不知所措，听任民主制度和法律程序遭受愈演愈烈的敌对情绪的冲击；也可能会被诱惑着去利用自己的权威，来造成一种压迫性的秩序。要有效地避免这种情况的发生，就必须坚决地捍卫民主制度和法律程序，即便对民主公民而言这意味着暂时放下自己的完备性观点，转而寻求超越深刻意见分析的政治共识。

在持续追求公共证明理想的民主社会，公民们不仅需要一套共享的原则（理由），还需要一些共通的探究和推理的方法（依靠它们公民们能够把原则运用于具体的情况）来作为他（她）们在公共论坛上开展政治辩论和相互理解的基础。正如罗尔斯所言："现在，根本的问题是，一种自由主义的政治观念除了其正义原则之外，还包括各种探究指南（guidelines of inquiry），这些指南具体规定着各种与政治问题相关的推理方式，和检验各种与政治问题相关的信息标准。没有这些指南，我们就无法运用各种实质性的原则，而且也会使政治观念落入不完善和零碎。"[1] 民主公民必须能够依据相同的标准来解释公共的正义观念，认可并依

---

[1] 〔美〕约翰·罗尔斯：《政治自由主义》，万俊人译，译林出版社，2000年，第237页。

据同样的理由把正义原则运用于宪法和法律之中。于是，罗尔斯就引入了公共理性的理念，用它来处理自由民主社会中如何解释和运用公共正义观念的问题，在这一社会里公民们通常是从许多不同的、非公共的观点出发来认可这种观念的。

把公共的正义观念运用于宪法和法律的具体规定，这一问题的产生是由于罗尔斯现在承认那些关于正义观念的、依据多样合理的善的观念的非公共证明的合理性。这一问题在《正义论》中是不存在的（它还没有推进到这样的深度），《正义论》中的假定是几乎每个人都接受相同的部分完备的道德学说，即一种一般性的康德式的道德自主理论。一旦那一学说不被视为关于正义的公共理解的一部分，并为合理多元以及不同学说之间的一种重叠共识所替代，如何在解释和运用政治的正义观念上维持一致协议就成了一个问题。由于人们拥有不同的宗教学说、形而上学学说和伦理学说，他（她）们也拥有不同的评估证据的标准和不同的真理标准。正是在这一背景下产生了对公共理性理念的特殊需要：要靠它来防止在处理宪法根本和基本正义问题时，公民们对相互冲突的善的观念中所隐含的理由和推理方式的不适当依赖，以便他（她）们能够达成为民主社会公共证明寻找基础的实践目标。

在对公共理性理念的最初介绍中，罗尔斯提出公共理性是公平正义的一部分。其内容除了正义的原则以外，还包括运用公平正义两个原则的探究指南，以保证这种探究成为公共的和自由的。在罗尔斯的后期理论中，还存在另一条理解公共理性理念的路径，它并不单纯针对着作为公平的正义。在这种情形下，罗尔斯是通过自由主义的合法性原则来提出公共理性的理念。"只有当我们履行政治权力的实践符合宪法——我们可以合理地期许自由而平等的公民按照他们为他们的共同人类理性可以接受的那些原则和理想来认可该宪法的根本内容——时，我们履行政治权力的实践才是充分合适的。"① 自由主义的合法性原则加给公民们一种能够相互对那些根本性内容做出解释的道德义务（即公民义务）。"他们要相互解释清楚，他们所拥护和投票支持的那些原则与政策怎么才能获得公共理性之政治价值的支持"。②

自由主义的合法性原则建立在公共权力的特殊性质之上。在民主社会里，公共理性是平等公民的理性。作为一个集体性实体的公民，他（她）们在制定和修正法律时，相互发挥着最终的和强制性的权力。民主政治的本质就是建立在平等公民身份之上，围绕着公共权力的行使而展开的公民意见表达、决策与执行的过程。后期罗尔斯极富有政治智慧，他清楚地知道政治是一种可能的艺术。当然，恰恰是因为人们追求不可能之事，可能的才得以可能。考虑到民主政治的本性，罗尔斯把公共理性的限制的范围锁定在宪法根本和基本正义问题之上。"公共理性所施加的限制并不适用于所有政治问题，而只适用于那些包含着我们可以称之为'宪法根本'和基本正义问题的政治问题。"③ 这些（为民主公民所熟悉的）问题包括：谁有权利选举；什么样的宗教或者生活方式应当得到宽容；应该保障谁的机会均等；应该保护谁的财产；等等。罗尔斯为这种限定范围的做法给出了理由。"如果我们在这里不尊重公共理性的限制，我们似乎就会在任何地方都不尊重这些限制。"④

在具体的情形中，公共理性能否为一些涉及根本性问题的疑难提供确定的合理的答案？罗尔斯的回答是否定的。"这是一种正常情况：各种观点的全体一致是不可期待的。合理的政治之正

---

① 〔美〕约翰·罗尔斯：《政治自由主义》，万俊人译，译林出版社，2000年，第145页。
② 〔美〕约翰·罗尔斯：《政治自由主义》，万俊人译，译林出版社，2000年，第230页。
③ 〔美〕约翰·罗尔斯：《政治自由主义》，万俊人译，译林出版社，2000年，第227页。
④ 〔美〕约翰·罗尔斯：《政治自由主义》，万俊人译，译林出版社，2000年，第228页。

义观念也并不总能导致相同的结论,持相同观念的公民也不是总能在特殊问题上达成一致。"① 但是,针对某些具体的情形,罗尔斯很可能会赞同公共权力必须得到有效的行使,以令相关问题得到政治上的解决。必须遵循民主社会政治制度和法律中的合理的程序来行使公共权力,民主投票的多数决定规则必须得到遵守,只要一合理的公正立宪民主政体的公民都真诚地按照公共理性的理念来投票,就不应该让无休止的争论限制他(她)们的手脚。这并不意味着多数决定的结果是真实的或正确的,但在那样的情形下这样的结果仍然是合理的。

对于那些非宪法根本或基本正义问题,比如说有关在公共汽车上年轻人必须向老年人让座的提案(对某些完备性伦理学说而言,无视这一提案与容忍道德败坏相去不远),罗尔斯甚至承认,公民们可以按照他(她)们的非政治价值来投票,并以此来说服其他公民。在立宪民主政体下,如果这一提案的支持者能够说服足够多的人,他(她)们就能在民主的投票程序中赢得多数,将自己的意志转化为公共政策或法律;但他(她)们不能绕开民主程序把自己的意志强加于人,政府也不能无视民意强制推行这类的政策。当然,在现实的政治生活中,宪法根本或基本正义问题与非宪法根本或基本正义问题总是相互联系在一起的。正如公共理性并非是一成不变的,关于非宪法根本或基本正义问题的争论,也许会因为其牵连着更为根本的问题,最终上升为关于宪法根本或基本正义问题的争论。比如说,社会中的某一联合体可能会以其特殊的宗旨为由,把不符合其设定的标准的申请者排斥在外,具体地讲,某个足球俱乐部可能会拒不接受下肢残疾的人,但是这种排斥的做法难道不构成对残疾人的一种歧视吗?如果这个问题受到公民的广泛关注,他(她)们就可以在公共论坛上抗议这种做法,呼吁法律认定这种措施为非法。但启动这一过程,

---

① 〔美〕约翰·罗尔斯:《政治自由主义》,万俊人译,译林出版社,2000年,平装本导论第43-44页。

既离不开正当的民主程序，也离不开合理的正当性证明。一旦转而为公民的基本权利和自由做辩护，在如何论证的方式上就产生了特殊的要求。

二 公共理性的制度背景

在贵族政体和专制政体下，人们不是通过公共理性而是通过统治者的意志来考虑社会善。与之相对，"公共理性是一个民主国家的基本特征。它是民主公民的理性，是那些共享平等公民身份的人的理性。他们的理性目标是公共善，此乃政治正义观念对社会之基本制度结构的要求所在，也是这些制度所服务的目标和目的所在。"① 公共理性的内容是政治的正义观念。既包括实质性的正义原则，又包括各种探究的指南。公共理性必须是完整的，要能够为宪法根本和基本正义问题的疑难提供一个合理的答案。

公共理性的限制适用于公共政治论坛，而不是背景文化。"它的限制并不适用于我们对政治问题的个人性沉思和反思；或者说，不适用于诸如教会和大学这类联合体的成员对政治问题的推理，所有这些都是背景文化中至关重要的部分。显而易见，许多宗教的、哲学的和道德的考虑都可以在此发挥作用。"② 在公民们的私下交往中，公共理性的限制并不发挥作用；公民们在他（她）们的私下谈话中诉诸何种理由，这是他（她）们的良心和言论自由的所在。

在后期罗尔斯的正义理论中，无论是自由主义的合法性原则，还是公民义务，它们强调的都是公民和官员们在公共论坛的政治讨论和争论中可允许的相互引证的公共理由，这些理由被用来证明或批评那些关于宪法根本和法律的提案。正如罗尔斯所

---

① 〔美〕约翰·罗尔斯：《政治自由主义》，万俊人译，译林出版社，2000年，第225页。
② 〔美〕约翰·罗尔斯：《政治自由主义》，万俊人译，译林出版社，2000年，第228页。

说，公民义务是一种"接受采取某种形式的公共辩论的义务"①。这些原则并不意味着公民们在对法律和政策的私下或者联合的审议中不能诉诸非公共的宗教或伦理理由。事实上，公共理性如果禁止人们依靠他（她）们的宗教或者其他完备性的观点，它就会与重叠共识的理念相对立。但是这些政治原则也的确要求，公民们在参与政治过程的时候（是否构成政治过程的一个环节，这决定了公共论坛与私下谈话之间的区别），必须准备按照经得起民主理性检验的政治价值来公共地证明他（她）们的决定。毫无疑问，公民们私下运用的完备性学说也会进入公共论坛，然而当他（她）们在公共论坛上进行政治辩论时，公共理性就适用于他（她）们。不仅如此，当宪法根本和基本正义问题发生危机时，公民们还要以此来指导他（她）们的投票行为。这就避免了公民们在支配选举的公共辩谈中，说的是一套；而在实际投票中，做的又是另外一套。

公共理性的目标是公共证明，所谓公共证明就是运用作为合理的民主公民所拥有的理性能力，向他人做出的可以合理地期待他人认可的推理。公共理性和公共证明的理念都必须满足相互性的标准，它们都以这样的理由和前提作为开端，这些理由和前提是民主公民们可以合理地期待他人能够合理接受的结论，而且他（她）们自己也能够合理地接受这个结论。在立宪民主政体下，如果政府官员和公民都按照公共理性来行事，并在政治生活中尽力贯彻了公共证明的理念，多数通过的法律和规则就是正当的，即便它们并不是完全正义的。

罗尔斯把秩序良好的社会中的立宪民主理解为审议民主（deliberative democracy）。在《政治自由主义》中，罗尔斯并没有对审议民主提出详细的解释，只是指出关于审议民主的特定观念就是审议自身所包含的观念。"当公民们进行审议的时候，他们会

---

① 〔美〕约翰·罗尔斯：《政治自由主义》，万俊人译，译林出版社，2000年，第257页。

就其支持公共问题的理由交换看法,并进行辩论。他们假定,靠与其他公民进行讨论,他们的政治观点可能会得到修正;因此,这些观念便不仅是他们现存私利或非政治利益的固定结果。"① 正是在这一点上,公共理性是至关重要的。公共理性规定着公民们就宪法根本和基本正义问题所做之推理的本质特征,它在审议民主过程中拥有重要的地位和作用。

罗尔斯认为,审议民主包含着三个基本的要素,其一是不尽相同的公共理性的观念;其二是立宪民主政体的制度框架,它具体规定着关于审议民主立法实体的设定;其三是公民们普遍具有的知识和愿望,即遵循公共理性,并在他(她)们的政治行为中实现公共理性的政治理想。② 在《政治自由主义》的导论中,针对审议民主的后两个基本要素,罗尔斯讨论了为公共理性提供内容的政治正义观念,并设想了公共理性所要求的制度背景。

首先,民主政治条件下的政治正义观念应该是自由主义的。一种自由主义的观念具体规定着自由和平等的两种价值,它拥有三个主要特点。前两个特点陈述了基本权利和自由,以及它们的优先性;第三个特点则保证了充分适应各种目的的手段,使所有公民都能够理性而有效地运用他(她)们的自由。从这三个特点可以推断,罗尔斯所谓的社会最小值,即较不利者获得的收入,除了他的差别原则之外,还可以通过多种方式得到保障。罗尔斯认为第三个特点必须满足相互性的标准,因之促使社会基本结构体现这一标准的具体规定,并防止出现过度的社会与经济的不平等。为了达到这一目标,根据常识性政治社会学的应用事实,还

---

① 〔美〕约翰·罗尔斯:《万民法——公共理性观念新论》,张晓辉等译,吉林人民出版社,2001年,第149页。张晓辉等人把"deliberative democracy"翻译成为"慎思民主",我们取谈火生之见,把它译为"审议民主"。对"审议民主"译法的相关解释,参见谈火生编《审议民主》,江苏人民出版社,2007年,编选说明第6-7页。
② 参见罗尔斯《万民法——公共理性观念新论》,张晓辉等译,吉林人民出版社,2001年,第150页。

必须健全以下五个方面的制度规定或类似安排：

其一，对各种选举的公共经费的负担，确保有关政策问题的公共信息的有效获取，并防止财富阶层对公共理性的歪曲和操纵。其二，某种确定的公平的机会平等，尤其是教育和培训机会的均等。如果缺乏这些机会，社会中的各类主体就无法参与使用公共理性的争论，也无法对社会和经济政策表达自己合理的意见。其三，适当的收入和财富的分配。为了避免财富的不平衡导致的政治上的不平等，必须确保所有公民都能够获得实现他（她）们的基本自由所必需的、适合于各种目的的手段。其四，为了提供安全和有意义的工作，社会应当作为最后的雇主，使公民们能够在稳定的职业成就中保持他（她）们的自尊。最后，还需要一个覆盖全体公民的基本医疗保障体系。①

公共理性的理想包含着一种公共政治审议的形式。罗尔斯指出，以上这些制度，尤其是前三项，便是使这种审议成为可能而有效的所必需的条件。对于合理的立宪民主政体而言，相信公共审议的重要性，这一点乃是根本性的。要支持和鼓励这种政治审议，就需要制定各种详细的制度安排。在罗尔斯看来，这些制度为公共理性所要求，或者是它的前提条件。"公共理性的理念告诉我们如何刻画政治审议之社会根本性基础的结构和内容的特征。"②

在论及社会实践中的运用的时候，罗尔斯讨论的主要是公共理性的理想，而不单纯是理念。如果这一理想要在政治生活中得以实现，不仅要求一种体面的社会最小值的背景条件，而且还要求审议民主制度的背景条件。对公共理性的理念和理想的区分在这里是重要的。罗尔斯并不是说，民主不能在某种程度上受公共理性的支配，除非它满足了所有这些制度条件。但十分明显的

---

① 参见罗尔斯《政治自由主义》，万俊人译，译林出版社，2000 年，平装本导论第 46-47 页。
② 〔美〕约翰·罗尔斯：《政治自由主义》，万俊人译，译林出版社，2000 年，平装本导论第 48 页。

是，他认为如果缺少审议民主及其背景条件，公共推理就缺少了某些根本性的成分。在审议民主中，公共理性是对话的模式，与公共理性的理念对应的是一个独立的政治领域和一种特殊的政治理念。在这里，政治活动被理解为以理性对话的方式来解决纠纷。这种规范的政治观念推崇以言而不以力来解决各种社会冲突。理性对话的精神正是审议民主最根本的特征。审议民主是公共推理得以开展的基本论坛。因而，如果某些社会成员的基本需要得不到满足，以致于他（她）们不能有效地使用他（她）们的基本自由，并理性地受惠于它们；如果政治论坛和公共信息的自由传播被金钱的权力或者其他集中的权力所腐化；如果缺乏普及性的教育、就业培训和参与公共生活的公平机会，就不能保证社会的所有部分都能够参与公共理性的争论，或者为社会与经济政策建言献策。结果，某些社会成员或者社会阶层便被排斥在政治过程之外，他（她）们的利益得不到代表，他（她）们的呼声无人问津。如此一来，在这样的社会里，不但公共理性的理想成了泡沫，而且整个社会也会开始变得岌岌可危。

三　公共理性的理想及其可能性

罗尔斯指出，自由主义的政治理想包含着这样的内容：由于政治权力是作为一个合并实体的、自由而平等的公民的强制性权力，所以当宪法根本和基本正义问题产生危机时，这种权力只能以人们可以合理地期待全体公民都能按照他（她）们共同的人类理性加以认可的方式来行使。① 与民主政治的理想相应，公共理性既是一种理念，也是一种理想。概括地讲，公共理性的理想就是要求，公民们在公共争论和辩论中所诉诸的，甚至在投票选举候选人、支持某项法律和社会政策时所依据的东西，都是一些按照他（她）们作为公民的能力，以及与其自由而平等的公民身份

---

① 参见罗尔斯《政治自由主义》，万俊人译，译林出版社，2000年，第148页。

相一致的方式可以接受的考虑。他（她）们会运用公共的而不是非公共的理性和证明的标准来决定基本正义的政治问题。为了实现这一理想，公共理性必须有特定的内容。公民们所诉诸的理由必须按照与自由主义的正义观念相一致的话语来进行陈述，这一正义观念构成了公共理性的基本内容。其次，必须拥有具体规定着这些原则如何被运用的公共探究和推理的指南，它们以常识为基础，并可以针对广泛的、合理的善的观念做出调整。最后，还需要对自由主义正义观念的完全的公共证明。

作为一种理想，唯有在一个受自由主义公共正义观念（比如说作为公平的正义）支配的秩序良好的社会中，公共理性才得以实现。罗尔斯清醒地认识到，公共理性的理想还不是自由民主社会的宪政体系中已经实现的东西。按照秩序良好社会的理念的标准，现实生活中，没有任何一个自由民主社会是秩序良好的。拥有深厚民主政治传统的西方资本主义国家在最佳的情况下也只是大致地朝着这个理想靠近。"我们拥有一部成文宪法，一部公共宪章，可以作为对宪法根本问题进行推理的基础，但是对宪法所包含的正义观念，我们却没有一致意见。这是我们的政治文化的一个缺陷，罗尔斯提出公平的正义，并把它当作民主社会最合适的政治观念，他试图解决的正是这一缺陷。"[①] 虽然现实中的自由民主社会并不完全满足公共理性的理想，但这一理想仍然适合于这种社会中的公民，因为任何一种民主方案都必须体现着合法性原则和公民义务的要求，无论这些社会下的人们是否有效地受到公共正义观念的指导。在任何民主社会中，这些原则都要求在涉及宪法根本和基本正义问题的时候，法律和政策应当按照所有作为民主公民的个人能够接受的共同理由得到正当性证明。

在《政治自由主义》中，罗尔斯曾经指出："接受公共理性的理念及其合法性原则，并不意味着接受某一特殊的自由主义正

---

① Samuel Freeman, *Justice and the Social Contract: Essays on Rawlsian Political Philosophy*, Oxford University Press, 2007, p.201.

义观念。"① 他承认:"公民们对于那种最合适的政治观念也会有不同的看法,这是不可避免的,而且也常常让人高兴,因为公共政治文化必定导致某些可以用不同的方式来加以发展的不同的根本性理念。它们之间长期存在的有序竞争,乃是寻找哪一种理念最合理——如果有的话——的最为可靠的方式。"② 紧接着这段话,罗尔斯又说道:"尽管给所有公民的基本需求提供最起码的满足也是宪法根本的一项内容,但我所谓的'差别原则'却有更高的要求,也不是这种宪法根本的内容。"③ 这种情况同样适用于机会的公平平等的原则:虽然某种机会平等的观念是民主社会的宪法根本问题,但罗尔斯认为他对那一价值的特殊说明却不是。然而,罗尔斯指出,只要政治正义观念包括了宪法根本问题,政治自由主义的目的就达到了,即使这种观念对许多立法机构必须有规则地加以考虑的那些经济问题和社会问题还涉及甚少。"要解决这些较为特殊而琐碎的问题,通常更合理的做法是,超越这种政治观念及其原则所表达的那些价值,并乞助于这一观点并未包括的那些非政治价值。"④ 如果我们区分了公共理性的理想和公共理性的理念,就不会对罗尔斯的这些话产生误解。

罗尔斯并不是准备向环境妥协,放弃公平正义的第二个原则。不能把罗尔斯想象成一条变色龙,其理论主张会随着环境或具体情况的改变而改变。公平正义的两个原则是秩序良好的社会的公共理性的内容,而秩序良好的社会是一种理想的社会安排。对罗尔斯而言,这种社会理想以及正义的规范原则都是民主文化中深思熟虑的正义信念和根本性直觉观念所隐含着的。"使公众

---

① 〔美〕约翰·罗尔斯:《政治自由主义》,万俊人译,译林出版社,2000年,第240页。
② 〔美〕约翰·罗尔斯:《政治自由主义》,万俊人译,译林出版社,2000年,第240-241页。
③ 〔美〕约翰·罗尔斯:《政治自由主义》,万俊人译,译林出版社,2000年,第242页。
④ 〔美〕约翰·罗尔斯:《政治自由主义》,万俊人译,译林出版社,2000年,第244页。

意识到他们对正义原则的承诺,并为关于正义的公共推理提供相互同意的基础,这是罗尔斯工作的一部分。现在我们的公共理性遇到了困惑,需要得到澄清。尤其是对经济正义问题,甚至关于宪法有没有必要规定社会最小值都存在着广泛的不一致。不仅如此,对某些宪法规定的基本自由(如机会的自由和隐私权,再如妇女的平等权利)也仍然存在着不一致。这样,把关于正义的复杂的哲学观念运用于我们尚不理想的自由主义方案就是错误的,因为它还不是这一社会公共理性的一部分。"[1]

回忆一下,我们在第二章中曾经说过,对正义原则的完整证明还包括它们在制度上的运用,但这种运用既不是现实的运用,也不是理论上的运用,而只是表明正义原则是可行的,以及它们如何成为评判社会制度的价值尺度。在《正义论》中,罗尔斯从个人的正义感出发,对民主社会的正义观念进行了系统地论述。公平正义是对20世纪中期西方自由民主国家所面临的众多现实问题的回应。《正义论》诞生的年代,围绕着"要福利还是要自由市场"的争论,西方资本主义国家的公共理性陷入了困惑,需要得到澄清;在美国,公共理性还受到历史残留的种族与性别歧视问题的挑战。罗尔斯的工作就是要调和分歧,启迪公众,使他(她)们意识到对正义原则的承诺,并藉此来奠定立宪民主政体恰当的道德基础。政治哲学家的工作是要为现实的政治生活立法。"哲学应该为每个人所关心,它的对象不应是天上,不应是神。它应该面向现实世界。……(而)哲学家是立法者。"[2] 但这种立法只是为既成政治秩序提供一个评价标准,并期待人们的理解和认可,最终在法律中得到体现,成为指导人们实际行为的东西。这是一个尚在进行的过程,绝不意味着可以把哲学家的论

---

[1] Samuel Freeman, *Justice and the Social Contract: Essays on Rawlsian Political Philosophy*, Oxford University Press, 2007, p. 202.
[2] 王树人、李凤鸣编《西方著名哲学家评传》(第六卷),山东人民出版社,1984年,第72页。

述直接运用于现实政治生活。起初,这种论述还不是为人们所认识和希求的东西。凡是合理的东西,都不能强迫别人接受;这是民主文化的根本特征和要求。但倘若它是合理的,就能够被人们理解和接受,并成为公共理性的组成部分。这是值得期待的。①

---

① 可以结合"公共理性的限制"来理解罗尔斯的工作。罗尔斯区分了政治社会的三种情形:其一是秩序良好的社会;其二是接近于秩序良好的社会,但人们在运用正义原则时,存在着严重的分歧,以至于在公民间产生了猜忌和疏离,缺乏相互信任;其三是公民们在某些根本性问题产生了争执,出现了社会断裂,国家陷入内战的可能性比较大。在第一种情形下,公共理性可以遵循排斥性的观念,即在根本性政治问题上不允许使用完备性理由(完备性学说一旦进入公共论坛,就必须接受公共理性的限制);在第二种情形下,罗尔斯号召公民在公共论坛上讲明他们的完备性学说到底是如何认可政治价值的(这原本是他们的良心自由的一部分),从政治社会学的角度来说,这种开诚布公的恳谈有助于增进互信。与这一过程相应,政治哲学家的工作就是,把政治价值组合成明确的正义原则,通过提出一种可能为公共理性提供内容的合理正义观念,来为这种开诚布公的对话创造条件。在第三种情形中(还包括解决琐碎问题的情形),合理多元并不是很明显的事实,如果存在实质上主张政治价值的完备性学说(公共理性的包容性观念允许公共论坛中使用这种完备性理由),那么(即便爆发了内战)也还有希望弥合社会断裂。人们可以求助于完备性理由来加强这些政治价值,并在这一过程中让它们深入人心,塑造政治文化。政治哲学家只要在和平环境下,教育公民们区分完备性理由和公共理由,罗尔斯式的民主理想就是可能的。在第三章的一个脚注中我们曾提出,对民主文化中隐含的理念不太熟悉,增加了我们理解政治自由主义的难度。在这里我们还要提出另一个困难:由于思维方式的原因,我们中国人缺乏对罗尔斯所谓的完备性观念的形而上学思考或超验信仰,相应地,中国社会也不存在显著的合理多元论的事实。罗尔斯认为,西方社会中持有部分完备观点的普通人很容易通过宪法共识达到重叠共识。类似的,缺乏充分完备性观念的我们很容易产生(借助常识信念)了解一下罗尔斯对两个原则的理论论证的愿望,却往往会忽略对它们在中国社会的可行性的思考。而熟悉西方哲学思想的人,往往能够接受他对公平正义的康德式的解释。我们认为这种现象具有特殊意义。如姚大志就认为,新的稳定性证明对公平正义两个原则的证明而言既不成功,也不必要。在中国走向世界、跨文化交往日益密切的今天,我们拒绝西方的"普世性"价值(其中隐藏着某些西方国家的政治利益),却承认西方一些现代的政治价值和制度具有借鉴意义(这就必须结合国情考虑其可行性),但是这种借鉴只有在了解其完备性的观念背景后才易于进行,这就好比移植植物时最好要带着一点土壤。我们的社会实际上并不存在针锋相对的正义观念严重对立的情况,对何为正义传统文化也为我们提供了基本的共识(我们缺乏的是对如何运用正义、如何分配利益和责任的共识),但问题就在于我们太缺乏这样的理论争论和思想交锋了,为了弥合几十年经济发展中产生的社会裂痕,公共理性的包容性观念适用于中国社会。

罗尔斯假定，政治正义观念与公民们所尊重的公共理性的理想是相互支持的。"一种为人们承认的政治观念所公开而有效规范的秩序良好的社会的公民能够获得一种正义感，这种正义感使他们乐于履行其公民义务，不至于产生与之相对抗的强烈冲动。另一方面，秩序良好的社会的制度又反过来支持已在其公民行为中坚实确立起来的公共理性的理想。"① 这种假设是否正确，换言之，某种正义观念是否能够得到人们的认可和支持，对政治哲学而言，这是极其重要的。"倘若这些假设是错误的，那么，我所提出的公平正义就有严重的问题。"② 政治哲学必须发挥起弥合分歧的功能，如果它的正义观念无法赢得人们的支持，它就不能发挥这种功能；政治哲学家必须正视这一结果，对正义观念做出调整。如果在这种正义观念与公共理性的理想之间形成了良性的互动关系，那么它们就是稳定的。

在罗尔斯看来，公共理性是一个民主国家的基本特征，它是那些共享公民身份的民主公民的理性。值得注意的是，一些在二战后的民主化浪潮中新兴的民主国家，它们在某种程度上也采用了西方式的民主投票程序、国家元首或政府首脑的选任和限任制度，然而它们中的一些国家却宣扬某种完备性信仰或原教旨主义，比如在某些宗教国家，社会统一的基础就建立在对宗教神灵的信仰之上。在这种社会下，人们信奉相同的宗教信条或学说，并以之为依据参与公共辩论。对罗尔斯而言，这并不能使这些宗教学说成为公共理性的一部分。在这样的国家，根本就不存在罗尔斯意义上的公共理性，而只有共享的、排除公共理性可能性的完备性理由。但不存在公共理性这一事实，并不能成为人们反对公共理性理念的论据。确实，西方式的民主存在着自身难以克服

---

① 〔美〕约翰·罗尔斯：《政治自由主义》，万俊人译，译林出版社，2000年，第267页。
② 〔美〕约翰·罗尔斯：《政治自由主义》，万俊人译，译林出版社，2000年，第267页。

的缺陷，而罗尔斯这样政治思想家提出的拯救方案仅仅是一种理想，并且具有使它得以成立的前提和条件。然而，对待这样的理想的现实的态度应该是，在评判罗尔斯式的方案之前，先去考察那些前提和条件是否成立，是否具有可欲性。绝不能把西方的模式当作历史发展的必然趋势。

结　语

　　罗尔斯被许多人视为 20 世纪最重要的和最具影响力的政治哲学家。他的影响力主要体现在两本著作上——《正义论》（1971）和《政治自由主义》（1993），它们分别体现了他前（也属于成熟时期）、后两个时期思想发展的主要成就。这两部作品之间的关系是什么，或者说，罗尔斯的前后期思想有什么区别和联系，这是长期没有得到澄清，而且非常容易遭到误解的问题。在以往的研究中，"《正义论》和《政治自由主义》之间存在着的一贯联系没有得到足够的重视。"[①]《正义论》中对公平正义两个原则的证明与后期罗尔斯对正义而稳定的立宪民主政体的辩护，并不是两个漠不相关的问题，其间的一些差异更不预示着罗尔斯的思想发展分裂为前后两个漠不相关的阶段。罗尔斯是一位追求理论体系化的思想家，他的正义理论不仅是完整的（包括理论、制度和目的），而且自始至终都是一个整体。讨论后期罗尔斯的转向，实际上就是要澄清《正义论》和《政治自由主义》这两部作品中的各个论题之间是如何过渡的，以及应该如何来理解这种转化。因此，对罗尔斯"政治自由主义转向"的系统解释就不应该仅仅包括他的后期思想。[②] 当然，讨论罗尔斯的这一转向，最终还是

---

① Samuel Freeman, *Justice and the Social Contract: Essays on Rawlsian Political Philosophy*, Oxford University Press, 2007, p. 3.
② 讨论罗尔斯的政治自由主义转向必须把从原初状态出发的论证包括在内的另外两个理由是：首先，从原初状态出发的论证是反思平衡的典范，后期罗尔斯思想可以被视为进一步反思平衡的产物，因而熟悉从原初状态（转下页注）

要站在罗尔斯后期思想的立场,来反观罗尔斯正义理论的整体构架。

在《正义论》的稳定性证明中,罗尔斯对公平正义的康德式解释使得它看起来更像是一种完备性的道德观念。后期罗尔斯认识到,在合理多元论的背景下,这种解释是与《正义论》一书的自由主义信守相抵触的。为了澄清正义观念的政治属性,捍卫自由主义原则,在《政治自由主义》中,公平正义从一开始就被表达为一种政治的正义观念(作为独立的政治价值存在于特殊的政治领域),这种改变是理解罗尔斯后期思想的切入点。后期罗尔斯主要关注合理多元论背景下正义秩序的可能性,并把这当成是《政治自由主义》的主要问题。针对《正义论》第三部分稳定性证明的缺陷,后期罗尔斯试图诉诸民主文化中隐含的理念来巩固和完善正义论证明。把正义理论置于自由民主社会的背景中(从普世主义的立场退却),这使得罗尔斯能够联系民主政治过程,从正义观念的社会功能的角度考察其稳定性,并从中引申出公共证明和公共理性的理念。

个人不能离开群体而独存。与他人共处,便离不开对共同规则的遵守。既然规则并非天定,个人就会对它们进行反思和评价。而合理的社会秩序要成为现实,人们必须就规范社会规则或制度的正义原则达成一定程度的共识。但令人遗憾的是,寻求这种共识的努力往往只是缩小了分歧的范围,而不能消除分歧。回首过去,展望未来,人类有关社会协作的分歧不但会继续存在,有时还会通过一些极端的事例爆发出戏剧性的效果。比如说,在

(接上页注②)出发的论证是把握罗尔斯后期思想的方法论前提;其次,考察罗尔斯政治自由主义转向的一个重要内容就是要找出他的哪些思想发生了根本的变化,哪些思想并没有发生根本的变化,比如,我们说从原初状态出发的论证并不依赖康德式的形而上学的解释,因而后期罗尔斯并没有改变公平正义的实质内容和原则,如果不全面地介绍罗尔斯对正义二原则三个部分的论证,我们的相关判断就会缺乏根据。

罗尔斯看来，由于不能充分地尊重个人权利，功利主义作为一种政治原则存在着较大的缺陷。然而，在一些极端的事例下，我们又无法断然拒绝功利主义的原则。假如有证据表明，某位犯罪嫌疑人掌握着事关众多人生命安全的信息，政府是应该对嫌疑人施加酷刑来获得这条信息以挽救更多的生命？还是应该履行尊重个人权利的绝对义务，即便这样做无法避免更多人的生命损失？面对类似的两难困境，规范社会基本结构的正义原则便不能给出明确的指导。那么我们应该感到悲观失望吗？

罗尔斯已经提醒我们，不要轻易地被这类挑战所迷惑。进行政治哲学思考也需要政治智慧，政治生活中的问题纷繁复杂，政治哲学家必须从容面对，分清它们的主次，划清理论的界限，恪守探究的边界。"最好我们还是别假定对所有问题甚或是许多政治正义问题，有现成的可以普遍为人们所接受的答案。相反，我们必须准备接受这样一个事实：在我们被迫探究的问题中，政治智慧正在于辨认出这些能够解决的少数几个问题，它们在各种问题中最为急迫。"① 由于人们无法彻底地摆脱政治生活中的两难困境，政治自由主义必须为其他价值或原则留下地盘。无论是对真主的信仰，还是功利主义的原则；无论是应得分配，还是按劳所得，它们都属于完备性学说的范围，政治自由主义对它们的态度是中立的，既不表示赞同，也不表示反对。政治自由主义承认自己不能处理一些极端的情形，毋宁说它有着自己特殊的主题，只要坚持自身主题的特殊性与立场的独立性，它就有理由期待其他学说政治上的支持。

就个人的理论渊源而言，罗尔斯受到康德道德哲学的影响最深。这种影响主要体现在两个方面。首先，古希腊哲人强调知识即美德，认为没有人会有意为恶。与这种将道德知识化的观点相对，康德指出，知识虽然能够影响人的行动，但道德的关键却在

---

① 〔美〕约翰·罗尔斯：《政治自由主义》，万俊人译，译林出版社，2000年，第166页。

乎理性自身，在乎实践理性。罗尔斯认为自由而平等的公民拥有两种基本的道德能力。虽然不讨论道德之为道德的本体论问题，但强调人的实践理性这一点，罗尔斯却是与康德相同的。其次，传统哲学以理性世界与感性世界的分离解释了现实世界的分裂，作为德国古典哲学的最高峰，黑格尔的思辨哲学却完全从世俗的角度看待世界，并宣称这个世界是我们唯一拥有的世界。汲取黑格尔的哲学智慧，罗尔斯也主张政治哲学必须与现实的政治生活和解。"一种不包含任何正义社会秩序的结构性原则的纯程序理论，在我们这个世界上将毫无用处，在这个世界上，政治的目标是消除非正义和引导社会朝一种公平的基本结构变化。"① 虽然罗尔斯对政治哲学功能的理解带有黑格尔主义的色彩，但"引导社会朝一种公平的基本结构变化"，这正是康德所强调的理想的规范功能。"一种正义观念必须具体指明政治行为的总体方向。对于背景正义来说，缺少这一理想形式，要想不断调整社会运行的过程以保存背景正义，就没有任何合理的基础，要消除现存的非正义也没有任何合理的基础。"② 因此，规定着一种完全正义的基本结构的理想理论具有重要的意义，没有这种理想的理论，公民们改善政治生活的意愿就会缺乏目标。

康德最擅长抓住个别研究对象的实质，为了抓住这个实质，他常常抛开种种关联，以至于孤立地看问题。然而，正是这种方法，使得他能够把问题的实质表现得显豁鲜明。除了康德，还有谁能够像他那样深刻地揭示道德的实质呢？不过，在承认康德理论贡献的同时，我们也必须看到"康德对实践理性和人类理想的能动作用的理解，仍然免不了脱离经验、脱离历史现实"③。对康

---

① 〔美〕约翰·罗尔斯：《政治自由主义》，万俊人译，译林出版社，2000年，第302页。
② 〔美〕约翰·罗尔斯：《政治自由主义》，万俊人译，译林出版社，2000年，第302页。
③ 王树人、李凤鸣编《西方著名哲学家评传》（第六卷），山东人民出版社，1984年，第56页。

德而言，实践理性需要借助灵魂不朽和上帝存在的设定，才能达到至善。康德本人从未言明，但我们可以推论，对他而言实现社会正义的理想，也需借助于这类的悬设。鉴于此，我们就不难理解，对于主张搁置完备性学说，并强调政治哲学的调和功能的罗尔斯来说，其晚年的理论旨趣之所以会稍稍接近黑格尔，是因为康德理论体系中缺乏一种世俗的正义理论。

《政治自由主义》的根本问题是追问正义的民主社会是否可能，它能否基于正当的理由而保持稳定。在回答这个问题的时候，必须诉诸民主政治文化中隐含的理念。但，罗尔斯承认，对此问题的回答反过来又会影响到我们对整个世界的背景思想和态度。"而且，它在我们逐渐进入实际政治问题之前就影响到我们的这些思考和态度，限制或激励我们参与实际政治的行动。"① 通过反对实际上把政治视为一种赤裸裸的强制的观点，政治哲学以它自己的方式抗拒着它所反对的观点的实践运用。在《政治自由主义》平装本导论的结尾，罗尔斯写道："对一般哲学问题的争论，不可能成为政治学的日常材料，但这并不会使这些问题成为无意义的问题，因为我们对这些问题之答案的思考，将塑造我们对政治文化的基本态度和我们的政治行为。"② 假如人们事先就对正义而稳定的民主社会持一种否定或怀疑的态度，这种态度的品质和基调本身就将影响到对它的认识。如果人们根本就不支持它，不相信它，那么无论是重叠共识的理想、公共理性的理想，还是民主政治的理想，就通通都是不可能的。

当然，阅读罗尔斯的著作，与树立对民主社会的信心一样，都并不是一件轻松的事情。为何要去费力地弄懂哲学家的冗长论证呢？对某些人而言，它只不过是政治哲学家故弄玄虚、自由主

---

① 〔美〕约翰·罗尔斯：《政治自由主义》，万俊人译，译林出版社，2000年，平装本导论第49页。
② 〔美〕约翰·罗尔斯：《政治自由主义》，万俊人译，译林出版社，2000年，平装本导论第49页。

义者喜好辩谈的又一次体现罢了,对于政治生活中的重大问题,让精英们去做决定好了。然而,民主公民都知道,生活在罗尔斯所谓的自由民主社会并不是一件轻松的事情,它要求其成员理解规范基本结构的原则,承担公民义务,并对立宪民主政体充满信心。罗尔斯以纳粹的兴起和魏玛立宪民主政体的失败为例提醒人们,和平的时光不能虚度,时机一旦错过,民主公民也可能会沦为受人宰割的对象。

罗尔斯通过他的政治哲学对民主政治文化做出了重要的贡献,这种贡献是抽象的,最终也是实践的。通过支持某些伦理理想,表明它们是合理的和可及的,政治哲学站在了希望的一边,与犬儒主义对立,因为后者是一种伪装的现实主义。政治哲学家做出的努力将会不可避免地受到这个世界上的玩世不恭者的攻击和嘲笑,更不用说玩权弄术者的唏嘘和漠视。关于这一点,罗尔斯认识得很清楚。他承认,对于某些用心险恶或者喜欢生活在表层的读者来说,他的作品可能是"抽象的而不常见的"。[①] 但是,他却以这样的话来结束平装本导论:"我并不想为此辩解。"[②]

虽然罗尔斯对西方民主政治文化做出了重大贡献,但是探讨他的正义理论,尤其是其后期的正义理论,对中国的政治实践有什么借鉴意义呢?一般来说,我们比较容易接受公平正义的两个原则及其理论论证,因为这两个原则对我国的政治制度和公共政策都具有某种程度上的指导意义(罗尔斯本人实际上并不主张这种直接应用),但由于我们对后期罗尔斯政治自由主义转向的研究开展得还不够充分,这导致罗尔斯的正义理论作为一个完整的体系,其理论和现实的意义还没有被完全揭示出来。

一方面,罗尔斯正义思想是一个整体,如果不理解罗尔斯的

---

① 〔美〕约翰·罗尔斯:《政治自由主义》,万俊人译,译林出版社,2000年,平装本导论第51页。

② 〔美〕约翰·罗尔斯:《政治自由主义》,万俊人译,译林出版社,2000年,平装本导论第51页。

后期思想，他的整个理论体系就有被曲解的危险。我们都知道，人与社会的观念是罗尔斯正义理论体系的两根基本的支柱，失去其中的任何一根基本支柱，罗尔斯的整个理论体系都难逃崩塌的厄运。比如说，若不给予后期罗尔斯所着重阐发的作为自由而平等的公民之间公平合作系统的社会理念①——这一理念是由一种政治文化传统所支持的——应有的重视，而是把个人对社会的责任仅仅当作在公共场合进行高谈阔论的材料，那么对绝大多数政治上活跃的人而言，公平正义的两个原则（及其论证）可能就仅仅是（在理性上）可以理解的，但是在进行社会合作利益和负担分配的时候，每个人都会倾向于把个人私利（或者个人意志）作为行动的目的，而把负担看作别人（或者社会中的一部分人对另外一部分人）应承担的责任。如果情况恰好是这样子的，这就意味着生活在这样的社会下的多数社会成员，其正义感还达不到高度自觉的程度，或者缺乏足够的动力去践行体现着他（她）们正义感的原则。如此一来，正义原则在这个社会中的应用也就成为不可能的了。

另一方面，后期罗尔斯的政治自由主义观念包含着十分具有启发意义的内容。首先，阐明公平正义的政治属性意味着罗尔斯传承了发轫于古希腊城邦社会的理性主义政治传统，这一传统（政治观）试图依靠理性说理的方式来使权力变得驯服，这种规范性的政治观念对于中国特色社会主义民主政治实践有着重要的启发意义。其次，美国社会一直都以宽容开放自居，它被人们称作"大熔炉"，不同种族和多元的价值观念都能够在这里和平共

---

① 这一理念包含了两个内涵：第一，对多数人而言，对于置身于并受其塑造的社会，虽然只能生处其中、死出其外，在很大程度上并非他们自由选择的结果（社会是相对封闭的），但如果他们将彼此视作合作伙伴，便可以视为是自愿地参加到社会合作之中。第二，组成这一社会的公民是平等的，因而任何人都不能以任何理由把自己的意愿强加于作为社会合作伙伴的其他成员（相互性的标准所要求的），而且由于相互关联，他（她）们愿意分担彼此的命运。

处,并共同认可和接受自由民主社会的政治价值观念。这个"大熔炉"是如何起作用的,罗尔斯的政治自由主义对这个问题做出了很好的回答。如果自由主义的秩序良好的社会之合理多元论的特征是既定的,那么任何一种完备性学说都无法成为确保这种社会统一的基础,也无法提供有关根本政治问题的公共理性内容,这种社会的统一只能建立在相互冲突的完备性观念对政治的正义观念的共识之上。"只有在达成共识的各种学说得到政治上积极行动的社会公民的确认,而正义要求与公民的根本利益——他们的社会安排培育并鼓励他们追求这些根本利益——又没有太大冲突的时候,稳定才有可能。"① 如果罗尔斯的观点是正确的,这就意味着在现代社会的条件下,我们很难再单纯依靠传统意义上具有罗尔斯所谓的"完备性"的价值观念来实现社会整合,而必须更加重视社会主义民主政治中的核心价值观念以及与这些政治价值观念相容的其他价值观念(不管这些观念的内容是传统的还是现代的)。了解这一点,对于思考解决中国当前面临的许多问题尤其是民族融合问题的长远之计,具有重大的启发意义。

作为政治哲学家,罗尔斯的工作就是通过理论论证,把隐含在民主文化中的各种信念转变成系统的正义理论,以巩固这种政治文化传统。正是基于对自由主义民主的信心,他才敢于宣称:民主社会只要求公民们认同根本性的政治价值(至少在参与公共生活的时候,要接受公共理性的指导),至于他(她)们每个人会如何来认可这些价值则不是罗尔斯担心的问题。这种对自己政治文化传统的自信,对于任何一位从事理论研究的学者来说,都是值得憧憬的。不过,罗尔斯对自由主义意识形态下的资本主义社会的类似信心,也反映了其作为资产阶级理论家的局限性,这一点是我们需要加以重视的。

在《政治自由主义》的平装本导论中,罗尔斯总结了公共理

---

① 〔美〕约翰·罗尔斯:《政治自由主义》,万俊人译,译林出版社,2000年,第141-142页。

性对不同类型的冲突的协调能力，他认为资本主义社会主要有三类冲突，即完备性学说所导致的冲突、阶级和阶层利益导致的冲突以及由各种判断的负担所导致的冲突。罗尔斯指出，政治自由主义能够缓和但无法消除第一种冲突；对第三种冲突则无能为力，这种冲突会一直存在，并限制着公民可能达成一致的程度；但依靠政治的正义原则可以调和第二种冲突，甚至消除这些冲突产生的根源。马克思主义认为，阶级社会中敌对阶级之间的矛盾，虽然在特定的情况下可能会有所缓和，但最终是不可调和的，因此革命的目标就是消灭剥削阶级，推翻旧社会，建立新社会。与马克思主义的观点相对，在罗尔斯看来，既然通过合理的立宪民主政体中的政治正义可以调和阶级与阶层矛盾，那么资本主义社会就是可以不断地加以改良的。正是这一点暴露了罗尔斯狭隘的资产阶级的立场。

作为一个重要的学术事件，人们普遍承认，1971年罗尔斯《正义论》的出版推动了政治哲学的复兴。从原初状态出发的论证树立了道德论证的典范，许多当代的政治哲学家都从罗尔斯那里获得了灵感，或者为他辩护，或者提出反对他的理由。然而罗尔斯并不以《正义论》所取得的重大成就为满足，他以自身的理论转向参与了20世纪后期复兴的政治哲学争论，并以一部《政治自由主义》将正义思考引向了自由民主社会实践的政治领域，再一次启迪了一大批的政治哲学家。实际上，对罗尔斯式问题的探讨并没有随着罗尔斯的去世而终结，这一点对于愿意参考罗尔斯的正义理论，致力于回答本国问题的中国的学者而言，也同样是如此。

参考文献

1. 中文著作

[1] 包利民编《当代社会契约论》，江苏人民出版社，2007年。

[2] 包利民：《生命与逻各斯——希腊伦理思想史》，东方出版社，1996年。

[3] 包利民、M. 斯戴克豪思：《现代性价值辩证论——规范伦理的形态学及其资源》，学林出版社，2000年。

[4] 慈继伟：《正义的两面》，生活·读书·新知三联书店，2001年。

[5] 顾肃：《罗尔斯——正义与自由的求索》，辽海出版社，1999年。

[6] 龚群：《罗尔斯政治哲学》，商务印书馆，2007年。

[7] 葛四友：《正义与运气》，中国社会科学出版社，2007年。

[8] 高全喜：《休谟的政治哲学》，北京大学出版社，2004年。

[9] 韩冬雪：《论民主的自由内涵》，吉林大学出版社，1995年。

[10] 何怀宏：《公平的正义》，山东人民出版社，2002年。

[11] 何怀宏：《良心与正义的探求》，黑龙江人民出版社，2004年。

[12] 何怀宏：《底线伦理》，辽宁人民出版社，1998年。

[13] 何怀宏编《西方公民不服从的传统》，吉林人民出版社，2001年。

[14] 林火旺：《正义与公民》，吉林出版集团有限责任公司，2008 年。
[15] 李小科、李蜀人：《正义女神的新传人》，河北大学出版社，2005 年。
[16] 李志江：《良序社会的政治哲学——罗尔斯分配正义理论研究》，人民出版社，2009 年。
[17] 毛兴贵编《政治义务：证成与反驳》，江苏人民出版社，2007 年。
[18] 钱广华等：《近现代西方本体论学说之流变》，安徽大学出版社，2001 年。
[19] 钱永祥：《纵欲与虚无之上——现代情景里的政治伦理》，生活·读书·新知三联书店，2002 年。
[20] 石元康：《罗尔斯》，广西师范大学出版社，2004 年。
[21] 石元康：《当代西方自由主义理论》，上海三联书店，2000 年。
[22] 孙晓春：《中国传统政治哲学》，吉林人民出版社，2003 年。
[23] 谭安奎：《政治的回归：政治中立性及其限度》，中央编译出版社，2007 年。
[24] 王树人、李凤鸣编《西方著名哲学家评传（第六卷）》，山东人民出版社，1984 年。
[25] 万俊人：《政治哲学的视野》，郑州大学出版社，2008 年。
[26] 万俊人：《正义为何如此脆弱》，河北大学出版社，2005 年。
[27] 汪行福：《社会公正论》，重庆出版社，2008 年。
[28] 汪行福：《分配正义与社会保障》，上海财经大学出版社，2003 年。
[29] 徐向东：《自由主义、社会契约与政治辩护》，北京大学出版社，2005 年。
[30] 姚大志：《现代之后——20 世纪后期西方哲学》，东方出版社，2000 年。

[31] 姚大志：《何谓正义：当代西方政治哲学研究》，人民出版社，2007年。

[32] 应奇：《从自由主义到后自由主义》，生活·读书·新知三联书店，2003年。

[33] 应奇编《自由主义中立性及其批评者》，江苏人民出版社，2007年。

[34] 应奇、张培伦编《厚薄之间的政治概念——〈政治与社会哲学评论〉文选（卷一）》，吉林出版集团有限责任公司，2008年。

[35] 姚洋编《转轨中国：审视社会公正和平等》，中国人民大学出版社，2004年。

[36] 袁久红：《正义与历史实践：当代自由主义正义理论批判》，东南大学出版社，2002年。

[37] 朱光磊：《当代中国政府过程》，天津人民出版社，2002年。

[38]〔美〕乔治·霍兰·萨拜因：《政治学说史》（上册），盛葵阳、崔妙因译，商务印书馆，1986年。

[39]〔美〕乔治·霍兰·萨拜因：《政治学说史》（下册），刘山等译，商务印书馆，1986年。

[40]〔美〕约翰·麦克里兰：《西方政治思想史》，彭淮栋译，海南出版社，2003年。

[41]〔英〕彼得·斯坦、约翰·香德：《西方社会的法律价值》，王献平译，中国法制出版社，2004年。

[42]〔英〕芬纳：《统治史（卷一 古代的王权和帝国）——从苏美尔到罗马》，马百亮、王震译，华东师范大学出版社，2010年。

[43]〔英〕罗斯：《亚里士多德》，王路译，商务印书馆，1997年。

[44]〔英〕乔纳森·巴恩斯：《亚里士多德的世界》，顾肃译，凤凰出版集团　译林出版社，2010年。

[45] 〔古希腊〕柏拉图:《理想国》,郭斌和、张竹明译,商务印书馆,1986年。

[46] 〔古希腊〕亚里士多德:《政治学》,吴寿彭译,商务印书馆,1965年。

[47] 〔古希腊〕亚里士多德:《尼各马可伦理学》,廖申白译,商务印书馆,2003年。

[48] 〔英〕托马斯·霍布斯:《利维坦》,黎思复、黎廷弼译,商务印书馆,1985年。

[49] 〔英〕约翰·洛克:《论宗教宽容:致友人的一封信》,吴云贵译,商务印书馆,1982年。

[50] 〔德〕伊曼努尔·康德:《道德形而上学原理》,苗力田译,世纪出版集团 上海人民出版社,2005年。

[51] 〔德〕康德:《实践理性批判》,韩水法译,商务印书馆,2001年。

[52] 〔德〕黑格尔:《法哲学原理》,范扬、张企泰译,商务印书馆,1979年。

[53] 〔加〕威尔·金里卡:《当代政治哲学》,刘莘译,上海三联书店,2004年。

[54] 〔英〕亚当·斯威夫特:《政治哲学导论》,萧韶译,江苏人民出版社,2006年。

[55] 〔英〕乔纳森·沃尔夫:《政治哲学导论》,王涛、赵荣华译,吉林出版集团有限责任公司,2009年。

[56] 〔英〕戴维·米勒、韦农·波格丹诺等:《布莱克维尔政治学百科全书》,邓正来等译,中国政法大学出版社,2002年。

[57] 〔英〕戴维·米勒:《政治哲学与幸福根基》,李里峰译,译林出版社,2008年。

[58] 〔英〕麦基:《思想家》,周穗明、翁寒松译,生活·读书·新知三联书店,1992年。

[59] 〔澳〕乔德兰·库卡塔斯、菲利普·佩迪特:《罗尔斯》,

姚建宗、高申春译，黑龙江人民出版社，1999 年。

[60]〔英〕迈克尔·莱斯诺夫：《社会契约论》，刘训练等译，江苏人民出版社，2005 年。

[61]〔英〕奥诺拉·奥尼尔：《迈向德性与正义：实践理性的建构性解释》，应奇等译，东方出版社，2009 年。

[62]〔英〕布莱恩·巴里：《正义诸理论》，孙晓春、曹海军译，吉林人民出版社，2004 年。

[63]〔英〕布莱恩·巴利：《作为公道的正义》，曹海军、允春喜译，江苏人民出版社，2008 年。

[64]〔美〕芭芭拉·赫尔曼：《道德判断的实践》，陈虎平译，东方出版社，2006 年。

[65]〔英〕史蒂芬·缪哈尔、亚当·斯威夫特：《自由主义者与社群主义者》，孙晓春译，吉林人民出版社，2007 年。

[66]〔英〕尚塔尔·墨菲：《政治的回归》，王恒、臧佩洪译，江苏人民出版社，2005 年。

[67]〔英〕以赛亚·伯林：《自由论》，胡传胜译，译林出版社，2003 年。

[68]〔美〕迈克尔·沃尔泽：《正义诸领域：为多元主义与平等一辩》，褚松燕译，译林出版社，2002 年。

[69]〔美〕迈克尔·桑德尔：《自由主义与正义的局限》，万俊人等译，译林出版社，2001 年。

[70]〔美〕约翰·罗尔斯：《正义论》，何怀宏、何包钢、廖申白译，中国社会科学出版社，1988 年。

[71]〔美〕约翰·罗尔斯：《正义论》（修订版），何怀宏、何包钢、廖申白译，中国社会科学出版社，2009 年。

[72]〔美〕约翰·罗尔斯：《政治自由主义》，万俊人译，译林出版社，2000 年。

[73]〔美〕约翰·罗尔斯：《万民法——公共理性观念新论》，张晓辉等译，吉林人民出版社，2001 年。

[74] 〔美〕约翰·罗尔斯:《作为公平的正义——正义新论》,姚大志译,上海三联书店,2002年。

[75] 〔美〕约翰·罗尔斯等:《政治自由主义:批评与辩护》,万俊人译,广东人民出版社,2003年。

[76] 〔美〕约翰·罗尔斯:《道德哲学史讲义》,张国清译,上海三联书店,2003年。

[77] 〔美〕詹姆斯·布坎南:《自由、市场和国家:20世纪80年代的政治经济学》,吴良健、桑伍、曾获译,北京经济学院出版社,1988年。

[78] 〔美〕詹姆斯·布坎南:《自由的界限》,顾肃译,联经出版事业公司,2002年。

[79] 〔美〕詹姆斯·布坎南:《财产与自由》,韩旭译,中国社会科学出版社,2002年。

[80] 〔澳〕杰佛瑞·布伦南、〔美〕詹姆斯·布坎南:《宪政经济学》,秋风、冯克利等译,中国社会科学出版社,2004年。

2. 中文期刊

[1] 顾速:《重叠共识如何可能?——后期罗尔斯的自由主义理念》,《南京大学学报》1999年第3期,第92-98页。

[2] 顾速:《从伦理到政治的建构主义——罗尔斯政治哲学的思想逻辑基础》,《马克思主义与现实》2009年第3期,第69-75页。

[3] 刘雪梅:《重叠共识对政治秩序的公共证成》,《马克思主义与现实》2009年第3期,第81-86页。

[4] 刘莘:《评罗尔斯"交叠共识"之理想》,《学术月刊》2008年第2期,第67-74页。

[5] 刘莘:《罗尔斯的"政治"转向》,《社会科学》2007年第8期,第132-140页。

[6] 林火旺:《公共理性的功能及其限制》,《政治与社会哲学评论》2004年第8期,第47-77页。

[7] 石元康:《政治自由主义之中立性原则及其证成》,《哲学门》2003年第1期,第52-72页。

[8] 谭安奎:《政治的,抑或道德的——对政治自由主义一个关键悖论的解读》,《现代哲学》2007年第5期,第99-104页。

[9] 谭安奎:《民主与民主的条件——论民主在〈政治自由主义〉中的角色》,《中共南京市委党校学报》2009年第3期,第41-46页。

[10] 谢世民:《后启蒙的哲学计划:罗尔斯的政治自由主义》,《二十一世纪》2003年2月号,第10-17页。

[11] 姚大志:《〈正义论〉之后的罗尔斯》,《哲学动态》2000年第10期,第30-33页。

[12] 姚大志:《重叠共识观念能证明什么?——评罗尔斯的政治自由主义》,《天津社会科学》2009年第6期,第41-46页。

[13] 姚大志:《从〈正义论〉到〈政治自由主义〉——罗尔斯的后期政治哲学》,《中国人民大学学报》2010年第1期,第23-29页。

[14] 姚大志:《公共理性与合法性——评罗尔斯的〈政治自由主义〉》,《江苏行政学院学报》2010年第2期,第25-30页。

[15] 应奇:《后〈正义论〉时期罗尔斯思想的发展》,《浙江大学学报》1998年第3期,第15-22页。

[16] 袁久红:《政治自由主义的正义"共识"——析罗尔斯后期的政治正义论》,《江苏行政学院学报》2002年第3期,第100-106页。

[17] 周保松:《稳定性与正当性》,《开放时代》2008年第6期,第53-69页。

3. 英文著作

[1] A. Sen and B. Williams (eds.), *Utilitarianism and Beyond*,

Cambridge: Cambridge University Press, 1982.
[2] D. D. Raphael, *Problems of Political Philosophy*, Pall Mall Press Ltd., 1970.
[3] Frederick Beiser (ed.), *The Cambridge Companion to Hegel*, Cambridge University Press, 1993.
[4] H. L. A. Hart, *Essays in Jurisprudence and Philosophy*, Oxford University Press, 1983.
[5] Jonathan Barnes, *Aristotle: A Very Short Introduction*, Oxford University Press, 2000.
[6] Jonathan Barnes (ed.), *The Cambridge Companion to Aristotle*, Cambridge University Press, 1995.
[7] John Rawls, *A Theory of Justice*, Belknap Press of Harvard University Press, 1971.
[8] John Rawls, *A Theory of Justice* (revised edition), Belknap Press of Harvard University Press, 1999.
[9] John Rawls, *Political Liberalism*, Columbia University, 1996.
[10] John Rawls, *Collected Paper*, Samuel Freeman (ed.), Harvard University Press, 1999.
[11] John Rawls, *Lectures on the History of Moral Philosophy*, Barbara Herman (ed.), Cambridge Mass: Harvard University Press, 2000.
[12] John Rawls, *Justice as Fairness: A Restatement*, Erin Kelly (ed.), Belknap Press of Harvard University Press, 2001.
[13] Jonathan Wolff, *An Introduction to Political Philosophy*, Oxford University Press, 2006.
[14] Paul Weithman, *Why Political Liberalism? ——On John Rawls's Political Turn*, Oxford University Press, 2011.
[15] Paul Guyer (ed.), *The Cambridge Companion to Kant*, Cambridge University Press, 1992.

[16] Richard Kraut (ed.), *The Cambridge Companion to Plato*, Cambridge University Press, 1992.

[17] R. Bruce Douglass & Gerald M. Mara (eds.), *Liberalism and the Good*, New York: Routledge, 1990.

[18] Samuel Freeman (ed.), *The Cambridge Companion to Rawls*, Cambridge University Press, 2003.

[19] Samuel Freeman, *Justice and the Social Contract: Essays on Rawlsian Political Philosophy*, Oxford University Press, 2007.

[20] Samuel Freeman, *Rawls*, Routledge, 2007.

[21] Thomas Pogge, *John Rawls: His Life and Theory of Justice*, Michelle Kosch, trans. Oxford: Oxford University Press, 2007.

[22] Zeno Vendler, *Linguistics in Philosophy*, Cornell University Press, 1970.

4. 英文期刊

[1] Bruce Ackerman, "Political Liberalism", *The Journal of Philosophy*, 7, 1994: 364 – 386.

[2] Charles Larmore, "The Moral Basis of Political Liberalism", *The Journal of Philosophy*, 12, 1999: 599 – 625.

[3] Norman Daniels, "Wide Reflective Equilibrium and Theory Acceptance in Ethics", *The Journal of Philosophy*, 5, 1979: 256 – 282.

[4] Samuel Freeman, "The Burdens of Public Justification: Constructivism, Contractualism, and Publicity", *Politics Philosophy Economics*, 6, 2007: 5 – 43.

[5] Stephen Macedo, "The Politics of Justification", *Political Theory*, 2, 1990: 280 – 304.

后　记

　　本书是在我的博士论文的基础之上修改完成的。从论文答辩至今，已经过去七个年头了。在此期间，我经历了一次工作上的调动，离开中共重庆市委党校《探索》编辑部的岗位，从2013年5月起开始在西南政法大学政治与公共管理学院任教。最近三年来，一直在为本院政治学与行政学专业的本科生讲授"政治学经典著作选读"和"当代西方政治思潮"。为了更好地同参与课程学习的同学们分享罗尔斯的思想，我经常重温罗尔斯的著作。几个学期下来，对罗尔斯的理论又积累了一些新的想法。2017年寒假前夕，在学院和政治学学科领导的共同鼓励下，结合这些年的上课所得，我下决心对博士论文认真做一番修改。删除了研究生学位论文中必要的摘要和文献综述等内容，但对论文的总体结构并没有做太大的调整；重写了本书的导论，对原先论文中许多地方的论证和文字表述都做了修正；根据审稿专家的建议重新拟定了书名，基于简洁的考虑放弃了论文原来的副标题。

　　毕业后的这些年，每当想起从前求学的经历，一个个温馨的片段便又在记忆的碎片中被拼凑成清晰画面，让人难以忘怀。然而，美好的时光终归一去不复返了。同样让人感到遗憾的是，在笔者精力最为旺盛、思维最为活跃，但思想还比较稚嫩的人生阶段完成的研究生学位论文，虽经过努力的修改，但当初存在的那些缺点恐怕也还难以完全消除。

　　利用写这篇短小后记的机会，想要感谢我的两位导师，清华大学马克思主义学院的韩冬雪教授、南开大学周恩来政府管理学院的孙晓春教授，他们在学业和职业选择上给了我数不清的谆谆教诲和热心帮助；感谢我的两位师兄，东北大学文法学院的曹海军教授、长江师范学院地方政府治理研究中心的李锋博士，他们在生活和工作上给予我许多的关心和照顾；感谢漫长的学生时代在吉林大学行政学院和南开大学周恩来政府管理学院有缘相见、相识和相知的诸位师友；感谢中共重庆市委党校《探索》编辑部的几位领导：苏伟教授、王骏教授、陈剑教授，负责带我的资深编辑向波编审，以及编辑部共事的其他同事；感谢现在就职的单位西南政法大学政治与公共管理学院的党政领导和所有的同事；感谢长江师范学院地方政府治理研究中心的郑万军教授、社会科学文献出版社的任晓霞老师；感谢所有在论文的写作、答辩过程中，本书的编辑、出版过程中，以及这些年来帮助过我的敬爱的师长和亲爱的朋友们。

王 涛

2018 年 7 月 6 日

于山城重庆

图书在版编目(CIP)数据

罗尔斯的政治自由主义转向/王涛著. -- 北京：社会科学文献出版社，2018.8
(善政思想与治理创新)
ISBN 978 - 7 - 5201 - 3007 - 3

Ⅰ.①罗… Ⅱ.①王… Ⅲ.①罗尔斯(Rawls，John Bordley 1921 - 2002) - 自由主义 - 政治哲学 - 研究 Ⅳ.①B712.59②D091.5

中国版本图书馆 CIP 数据核字(2018)第 146913 号

善政思想与治理创新
罗尔斯的政治自由主义转向

著　　者 / 王　涛

出　版　人 / 谢寿光
项目统筹 / 任晓霞
责任编辑 / 任晓霞　冯婷婷

出　　版 / 社会科学文献出版社·社会学出版中心 (010) 59367159
　　　　　 地址：北京市北三环中路甲 29 号院华龙大厦　邮编：100029
　　　　　 网址：www.ssap.com.cn
发　　行 / 市场营销中心 (010) 59367081　59367018
印　　装 / 三河市尚艺印装有限公司

规　　格 / 开　本：787mm × 1092mm　1/16
　　　　　 印　张：16.25　字　数：218 千字
版　　次 / 2018 年 8 月第 1 版　2018 年 8 月第 1 次印刷
书　　号 / ISBN 978 - 7 - 5201 - 3007 - 3
定　　价 / 79.00 元

本书如有印装质量问题，请与读者服务中心 (010 - 59367028) 联系

▲ 版权所有 翻印必究